킵차크
칸국

중세 러시아를 강타한
몽골의 충격

킵차크
칸국

**중세 러시아를 강타한
몽골의 충격**

찰스 핼퍼린
Charles J. Halperin

권용철 옮김

글항아리

차례

러시아의 역사가들 사이에서 몽골 지배시기를 소홀히 다루는 것은 예외가 아닌 관례였다. 마이클 체르니압스키Michael Cherniavsky는 "전체적인 의문을 가능한 빨리 제거하고 회피하려는 막연한 희망이 널리 퍼진 것처럼 보인다"라고 예리하게 관찰했다.1 중세 러시아 역사를 다루는 대부분의 전문가는 몽골의 영향력이 사소하거나 전반적으로 해로운 종류의 것이었다고 서술하면서, 신속하게 다른 연구 주제로 넘어가버렸다.2 '타타르의 멍에Tatar Yoke' 시기부터 겪었던 러시아의 역사적 경험은 러시아 작가들 사이에 이러한 전통적인 편견이 생기는 데에 기여했다. 러시아가 오스만튀르크, 중앙아시아의 무슬림 그리고 일본과 같은 아시아인과 지속적으로 전쟁을 치렀던 제국 시기에 러시아 사람들은 무슬림, 유목민, 아시아인들을 경멸과 의심의 눈으로 바라보는 경향이 있었다. 표트르 대제 Peter the Great에 의해 시작된 서구화는 18세기 러시아 역사 서술에서 유럽적 우월감이 끼어들게 만들었고, 19세기 러시아 역사 서술에는 인종주의와 식민주의 이데올로기가 들어오게 만들었다. 20세기로 전환되면서 소수민족에 대한 러시아 제국의 정책은 극단적인 쇼비니즘을 발생시켰다. 러시아에서 내륙 아시아 연구가 학문적으로 번성하게 된 것은 19세기 말에 이르러서였고, 엄청나게 많은 러시아의 고전 역사서에서 다루고 있는 러시아-타타르 관계에 영향을 끼치기에는 너무 늦은 것이었다.[3] 심지어 동방에 대한 러시아의 초기 연구들은 유목민과 무슬림을 향한 그 시기의 편견을 모두 반영하고 있다.[4]

러시아 혁명 이후 소비에트의 학문은 중세 러시아와 몽골 제국 연구에서 큰 진전을 이뤘다. 이와 동시에 러시아 제국 역사 서술에서 일부의 편견은 지속되었고, 몇몇 더 새로워진 교조敎條가 삽입되었다.[5] 러시아 출신 망명 학자들 사이에서는 1920년대의 유라시아 운동을 통해 러시아와 초원의 관계를 재해석하려는 시도가 있었지만, 공상을 일삼는 파벌로 인해 실패하고 말았다. 유라시아주의는 러시아-타타르 관계에 대한 전문가로 인정받고 있는 미국인 조지 베르나츠키George Vernadsky를 고무시켰지만, 이 주제에 대한 그의 논문들에는 특유한 결함이 들어 있다.[6] 일련의 고유한 선입견을 가지고 있으면서 다양한 지식 수준을 보유한 서구의 학자들은 유명하면서도 그 출처가 의심스러운 구절인 "러시아를 긁어내면 타타르를 찾을 것이다"[7]는 말만 종종 되풀이했다. 그래서 민족주의적 편견, 문화적으로 생색내기, 학문적 무지는 러시아 역사에 킵차크 칸국이 끼친 영향을 계속 소홀히 취급하는 데 기여했다.

최근에는 상황이 변하기 시작했다. 서구와 소비에트의 수많은 역사학자, 고고학자, 문헌학자가 몽골 지배시기를 상당히 주목해야 할 필요를 느끼게 된 것이다. 그러나 아무도 그들의 연구 결과를 통합하려는 시도를 하지 않았고, 러시아 역사에서 몽골의 역할을 새롭게 전반적으로 해석하려는 움직임도 나타나지 않았다. 이 연구에서 필자는 중세의 민족-종교적 접경 패러다임을 비교를 위한 틀로 활용하여 이 문제에 접근할 것이다.

감사의 말

필자는 이 책을 준비하는 과정에서 두 학자의 연구와 지식으로부터 크나큰 혜택을 입었다. 래리 모지스Larry W. Moses는 필자가 내륙 아시아 역사, 몽골 제국, 그리고 킵차크 칸국을 이해하는 데에 큰 도움을 줬다. 미셸 루블료프Michel Roublev는 「신의 징벌The Scourge of God」이라는 미간행 논문을 이용할 수 있게 해줬는데, 여기에서 그는 몽골의 침략이 중세 러시아 경제에 끼친 영향과 모스크바의 성장에 기여한 몽골의 역할에 대해 분석하고 있다. 루블료프의 방법, 목표, 전제는 종종 필자의 것과 현저하게 달랐지만, 필자는 그의 몇몇 결론에서 설득력 있는 부분을 발견했다. 필자가 이 연구를 구성하는 데 활용한 부분에 대해서는 모지스와 루블료프의 책임은 없다.

필자는 구소련과의 학문적 교류에 참여하는 길이 막혔던 1980~1981년에 국제 연구부와 교류부로부터 재정적 지원을 받았고, 이로 인해 이 책의 기본적인 초안을 작성할 수 있었다. 1981년 가을 학기 동안 추가적으로 이뤄졌던 재정 지원은 중견학자 교류부를 통해 구소련에서 필자가 연구를 지속할 수 있게 해줬다. 또한 필자를 1982년 봄 학기에 중견 연구원으로 만들어 재정적인 지원과 연구실까지 제공해준 컬럼비아대학의 러시아 연구소에도 감사드린다.

또한 편집을 도와준 월터 미체너Walter Michener에게도 진심으로 감사를 표한다.

×

1장

중세의 민족
—종교적 접경

중세에 두 개의 세계적 종교인 기독교와 이슬람교는 유럽, 지중해 세계, 중동을 장악하기 위해 충돌했다. 기독교도와 무슬림들은 모든 민족이 결국에는 자신이 믿는 유일하게 진실한 신앙으로 개종할 것이고, 모든 잘못된 종교는 지구상에서 사라지게 될 것이라고 열렬하게 믿었다. 그러는 동안 두 종교의 신학자들은 이교도들이 영원한 파멸을 맞이할 것이라고 비난했다. 종교적인 교리는 밥을 함께 먹는 것과 같은 모든 (비폭력적인) 접촉마저도 혐오스러운 것이라며 금지시켰다. 이러한 종교적인 갈등은 반드시 상호 간의 악감정을 동반했고, 그것은 경멸과 의심에서부터 명백한 증오에까지 걸쳐 있었다.

  물론, 두 신앙 사이의 반목은 신학적인 차이점 이외의 것에도 근거를 두고 있었다. 비록 기독교도와 무슬림들은 때때로 교리의 내용을 둘러싸고 같은 종교를 믿는 사람들과 싸우느라 많은 시간을 소비했지만, 서로 간에 전쟁을 벌이기도 했다. 이슬람의 군대는 7세기에 아라비아 사막으로부터 중동, 북아프리카, 스페인의 일부, 발칸반도를 정복했고 곧 유럽 전체를 위협했다. 기독교의 유럽은 이에 대한 보복을 감행하여 다양한 성공을 거두었고, 15세기에는 무슬림의 진출을 저지하고 이를 뒤엎고자 했다. 이러한 전쟁들 속에서 벌어진 마을의 약탈, 학살, 중세의 모든 전투에서 드러난 잔인함은 두 문화 사이의 적대감을 악화시켰고, 편견을 증폭시켰다.

그러나 이러한 적대감이 있었음에도 어느 정도의 친밀함도 필요했다. 전쟁의 효율적인 수행은 적의 군사적 전략 및 적의 영토, 방어의 특성은 물론이고 정치 조직, 사회적 습관, 경제적 자원에 대한 정확한 지식에 의존하고 있었다. 역설적으로는 전투의 과정에서 항복 협상, 포로 교환, 휴전 협정만을 위해서는 때때로 평화적인 접촉을 할 수밖에 없었다. 이렇게 신중한 교류에는 어쩌면 범할 수 있는 중대한 실수를 피하기 위해 서로의 문화를 적어도 약간은 이해해야 했다. 그리고 같은 목적을 위해서 통역, 두 가지 언어를 할 줄 아는 사자使者를 구비해야 했고 필요하다면 훈련도 시켜야 했다. 기독교도들은 결국에는 모든 무슬림이 기독교의 보편주의에 포섭될 것이라고 확신했고 무슬림들은 언젠가 모든 기독교도가 알라를 받아들일 것이라고 자신했지만, 단기적으로는 기독교도와 무슬림이 같은 땅에 거주하고 종종 매우 근접해 있다는 사실은 그대로 유지되고 있었다. 어느 한쪽을 완전히 없애버리지 못한다면, 양측은 어느 정도의 타협을 해야만 했다.

기독교 세계와 이슬람교 세계 사이의 접경 지역에서는 의심스러우면서도 친밀한 접촉이 아주 다양하게 발생할 수밖에 없었다. 이교도들이 어느 집단과 전쟁을 할 때에도 서로 동맹을 맺는 것이 종종 각자를 위한 수단이 되기도 했다. 정치는 항상 낯선 동료를 만들었던 것이다. 편의와 경제적인 수요는 무슬림과 기독교도들이 자주 상호 교역을 하도록 했고, 양쪽 진영에서 온 행상行商들은 이교도들이 사는 땅을 통과했다. 이익을 도모하기 위해 방문객들과 주인들은 모두 상대방의 신앙, 음식, 관습을 용인하는 법을 익혔다. 이러한 제휴를 통해 명백한 이득을 얻기 위해서는 종교적 교리와 편견을 가진 상태에서 양립하기 어려운 사회적, 문화적 적응이 필요했다.

개개의 기독교도들과 무슬림들 사이에서는 우호적인 사적 관계가 나타났다. 통치자와 전사戰士들은 적들의 정치적 통찰력, 군사적 용맹함, 성실함을 차츰 존경하게 되었다. 상인들은 다른 신앙을 가진 상대방의 사업 감각 혹은 정직함에 감명을 받기도 했다. 기독교 성직자들과 무슬림 신학자들은 그들의 교리를 더 잘 논박하면서 신자들을 설득하는 상대편의 언어와 경전을 연구했다. 이 분야에 대한 탐색은 상대 진영의 문헌학적 기술이나 분석 능력을 마지못해 칭찬하게 만들었다. 물론, 이론적으로는 한 이교도의 훌륭한 자질을 인정할 수는 있었지만, 그것이 이교도의 본질적인 사악함을 변화시키지는 못하는 것이었다.(그래서 기독교도는 무슬림 한 명을 좋은 사람이라고 간주할 수도 있었지만 이는 다른 무슬림들과 비교했을 경우에 한정된 것이었다.) 그러나 실질적으로는 두 신앙 사이에서 교류해 형성된 개인적인 유대감은 종교적 편협이 가지고 있던 원래의 경직성을 희미하게 만들었다.

기독교도-무슬림 전쟁의 일진일퇴는 두 신앙이 나란히 존속하는 정복 사회를 형성시켰다. 이슬람교는 애초부터 중동에서 기독교도를 포함한 주요 종교적 소수자를 상대해야 했다. 유럽의 외곽 지역에 위치한 몇몇 기독교 국가들—이베리아반도, 발칸 지역, 동유럽—도 같은 문제에 직면했다. 우마이야 아랍 제국Umayyad Arab Empire과 초기 오스만 제국의 영역에는 대규모의 기독교도 인구가 포함되어 있었고, 비잔틴 제국이 꽤 많은 무슬림이 살고 있는 지역을 한동안 되찾았던 시기도 있었다. 프랑스 십자군이 팔레스타인에서 그랬던 것처럼, 대개 정복자들은 피정복자에 비해 그 숫자가 아주 적었다. 13세기에 오늘날의 스페인인 차이메 1세의 아라곤 가톨릭 왕국이 발렌시아를 점령했을 때 왕국 인구의 85퍼센트는 무어인[이베리아반도와 북아프리카에 거주하는 아랍계 사람들을 가리키는 말]이었다.

정복 국가가 세금을 납부하는 전체 주민을 학살하거나 추방하는 것은 성전聖戰을 계속 수행하기 위한 지도자의 경제적 수단을 없애버릴 수도 있었다. 그러나 다종교 사회는 실질적인 문제에 봉착했는데, 접경 지역에서 선택적인 접촉을 시도하는 두 문화 사이의 관계를 뛰어넘어야 하는 것이었다. 그 결과 기독교도의 정복이 가지고 있는 공공연한 목표는 기독교의 확산이고, 지하드Jihad[이슬람교에서 성전을 일컫는 말]의 목적은 이슬람교의 확산이었음에도 불구하고 정복 사회의 지배자들은 종종 피정복자의 문화를 용인하거나 심지어 그 일부분을 받아들여야만 했다. 이방인의 지배에서 오는 긴장을 완화하기 위해서는 지방의 정치적 구역, 관료제, 세금 징수 체계를 유지하는 것이 하나의 방법이었던 것이다. 정복은 항상 인구를 감소시켰고, 많은 국가는 이러한 인구 손실을 메우기 위해 이교도들에게로 시선을 돌렸다. 13세기의 차이메 1세는 무슬림들을 이주시켜 발렌시아에 정착하게 했고, 술탄 메흐메드 2세Mehmed II는 1453년에

1451년 에드르네에서의 술탄 메흐메드 2세.

오스만 제국의 수도를 콘스탄티노플로 정하고 난 이후에 정교회 기독교도들을 콘스탄티노플에서 다시 살게 하라는 명령을 내렸다. 엄밀하게 말하자면, 이러한 정복 국가들은 무슬림과 기독교도의 접촉에 대한 필요성 혹은 가능성을 제거하기 위해 창건되었음에도 불구하고, 두 종교 사이의 사회적 교류는 급속하게 증가했다. 게다가 지배 엘리트들은 토착민들의 관습을 모방하려는 경향을 가지고 있었다. 발렌시아의 가톨릭교도들은 공중목욕탕을 가게 되었고, 예루살렘의 프랑스인들은 그 지역의 음식을 받아들였으며 우마이야의 통치자들은 전혀 무슬림답지 않은 형상의 예술품으로 장식되었던 비잔틴 궁전에 거주했다. 물론, 종교와 정치는 사회적 동화에 명확한 한계를 설정한다. 정치적 패권은 사회적 구분을 유지하는 것에 달려 있었고, 종교적 편견은 많은 문화적 침투를 저지시켰다. 그럼에도 기독교도와 무슬림이 함께 거주하는 정복 사회라고 하는 바로 그 존재가 종교 전쟁의 논리적 토대를 깨뜨렸던 것이다.

무슬림, 기독교도 성직자들은 그들의 신학을 민족-종교적 접경에서 벌어지는 삶의 현실에 어느 정도 적응시키고자 했다. 두 종교 모두 원치 않은 개종은 신념이 부족하고 강압적인 개종은 종교 윤리를 위반하는 것이라는 사실에 동의했다.(실제로 신념과 강압을 구분하는 기준은 종종 애매해졌고, 종교적 열의는 자주 이러한 도덕관념을 짓밟았다.) 무슬림은 성공이 보장되었을 때에만 지하드를 수행해야 했다. 그래서 기독교 국가와의 휴전이 영구한 평화 협정이 아니라면 정당화될 수 있었다. 두 문명의 신학자들은 자신의 경계 안팎에 이교도들이 계속 존재하도록 묵인해야 하는 불쾌한 필요성이 불가피하다는 점을 수긍했다. 기독교 이론가들은 무슬림 국가가 기독교도들을 억압하지 않고 선교 활동을 막지 않으며 순례를 방해하지 않고 한때 로마 제국의 영역이었던 곳이나 팔레스타인과 같이 협상의 여지가 없는 기독교도들의 지역을 점령하지 않는다면 자연스러운 정당성을 가질 수 있다고 주장했다. 이슬람교의 교리에 따르면, 기독교도와 같은 성서의 사람들Peoples of the Book[이슬람교에서 기독교도와 유대인을 지칭할 때 사용하는 말]이 무슬림의 신앙을 모욕하지 않고 교회의 종을 울리지 않으며 이슬람교로의 개종을 방해하지 않고 특별한 세금을 납부하면서 열등한 법적, 정치적 지위를 받아들인다면 무슬림들 사이에서 살 수 있었다. 물론, 이방인의 지배 아래에 있는 자존심이 강한 무슬림 혹은 기독교도 공동체가 이렇게 복잡한 이론의 지나치면서도 비현실적인 요건을 시종일관 지속적으로 맞추면서 살아갈 수는 없었다. 이와 비슷하게 정복 국가의 지배자들이 이교도 피정복자들을 다루는 데에 있어서 이러한 요건들이 실질적인 가치를 크게 지니고 있지 않았다. 그럼에도 신학자들은 접경 세계에 존재하는 사실상의 공존을 받아들이려고 노력했다.

아주 엉성한 신학적 근거조차도 이교도들로부터 제도를 차용하는 것을 정당화해줄 수는 없었다. 그러나 제도의 차용은 중세 시대에 정복 국가의 모든 접경에서 발생하고 있었다. 아랍과 오스만의 정복자들은 단순히 다른 대안을 가지고 있지 못했던 것 같다. 그리고 발전된 정치 제도를 이전에 경험한 적도 없었다. 그러나 발렌시아의 스페인 가톨릭교도들은 아라곤-카탈루냐의 제도를 보유하고 있었음에도 압도적으로 우세한 이슬람교도들을 향해 자신의 제도를 처음부터 강요하지 않는 방침을 선택했다. 잠재적으로 적이 될 수 있는 피정복자들의 절대적인 수치는 현존하는 정치적인 구조를 그대로 놔두어야 할 상황을 만들었고, 정복자

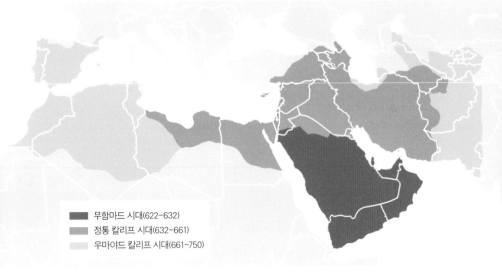

무함마드 시대(622~632)
정통 칼리프 시대(632~661)
우마야드 칼리프 시대(661~750)

칼리프의 시대

들은 거기에 따랐다. 이렇게 하는 것이 영리하면서도 실용적이었지만, 이 전략은 기독교주의의 종교적 근거와 조화를 이룰 수 없었을 것이다. 이와 마찬가지로 무슬림 국가들도 같은 문제에 직면했거나 혹은 문제를 만드는 상황을 회피했다.

몇몇 지역에서는 정복자들이 양쪽의 언어를 말할 줄 아는 중간에 낀 민족 집단을 중개자로 이용하면서 피정복민들의 문화로부터 거리를 유지할 수 있었다. 예를 들면, 스페인은 아랍어와 스페인어를 모두 할 줄 아는 유대인들을 관료, 서리, 번역가, 통역가로 활용했다. 십자군 통치 시기의 예루살렘에서는 동방기독교도(이단 혹은 기독교에서 분리되어 나온 종파인 네스토리우스교를 믿는 셈족 계열의 사람들)들이 이와 비슷한 역할을 수행했다. 이러한 집단이 지배 엘리트와 대다수 민중 사이의 직접적인 접촉을 최소화하는 데 도움을 주었던 것이다. 그래서 그들은 신앙의 확산이라는 공언된 목표와 대부분의 무슬림 국가들은 무슬림이고 기독교도 국가들은 기독교도라는 분명한 사실 사이에 존재하는 괴리를 아주 기술적인 개념을 통해 조화시켰다. 접경 국가들의 바로 그 특성에 의해 제기되는 역설은 결국에는 이러한 완충 장치에 의해서만 약간 경감될 수 있었다. 무엇보다도 이교도와의 접촉이 제3의 종교를 믿는 사람들과의 교류로 대체되었을 뿐이었다. 무슬림과 기독교도가 겹쳐져 있는 모든 곳에서 개종 혹은 절멸이라는 이름으로 수행되는 정복이 오히려 공존이라는 결과를 가져오고 있다는 모순을 사람들이 모를 리 없었다. 이러한 상황이 가져다주는 불쾌한 국면을 합리화시키려는 신학적인 시도가 결여되어 있다는 점은 너무 자명했다. 그리고 접경의 정복 사회는 그러한 시도를 지원하기 위한 여유와 경제적인 자원을 가지고 있지도 않았다. 그 대신, 한쪽에 있는 편견 및 목표와 다른 쪽에 있는 경험 및 업적 사이에 존재하는 불일치를 처리하기 위해서 접경을 따라 자리한 모든 무슬림과 기독교도는 다른 방법—즉, 침묵의 이데올로기—의 힘을 빌리게 되었다.

기독교와 이슬람교가 섞여 있던 중세의 사회는 사실상 주변에 명백히 드러나는 것들로부터 결론을 이끌어내지 않고, 공통의 합의나 대중적 모의 혹은 사회적 관습을 통해 이러한 문제를 해결했다. 일상생활의 현실은 종교적 이데올로기의 영역을 침범하거나 종교적 편견을 어지럽히는 행위를 할 수 없게 했다. 이교도들을 불구대천의 원수로 규정하고 있는 종교적 교리에 대해서는 절대로 이의가 제기될 수 없었다. 그런데도 두 신앙 사이에 성립된 평화로운 사회적, 정치적, 경제적 관계가 무너져서도 안 되었다. 이질적인 제도는 차용, 채택되었지만 정식으로 인정되지는 않았다. 단지 오래된 명칭만이 발렌시아에서 사용된 무어인의 세금 구조 혹은 우마이야 제국과 초기 오스만 제국에서 활용된 비잔틴 관료제의 기원을 드러내고 있을 뿐이었다. 16세기 오스만 제국의 역사서들은 초기 오스만 제국에서 기독교도 군대, 농부, 장인匠人, 관료들이 광범하게 활용되었다는 점에 대해 침묵하면서 넘겨버렸다. 발렌시아의 13세기 교회 문서들은 기독교의 기반을 창설했다는 것을 찬사의 어투로 기록하고 있다. 수녀들과 수도사들의 새로운 질서가 수립되었고 수도원, 종교적 자선 시설, 교회가 건설되었다는 것이다. 이러한 기록들은 단지 인구의 15퍼센트가 기독교의 신을 숭배했다는 점을 조심스럽게 생략하고 있다. 교회들은 교회에 결코 들어가지 않았던 사람들에 의해 지원을 받았다.

기독교도 국가에서는 누군가에 대항하여 무슬림의 어느 집단과 맺었던 연맹, 무슬림 용병의 활용, 무슬림 상인들과의 교역, 무슬림 거주민 수용, 무슬림 의사들에게 받는 진찰 등에 대해서 말하지 않을수록 좋은 것이었다. 물론, 이슬람교 국가에서도 기독교도와의 우호적인 접촉은 이와 비슷한 골칫거리를 야기했다. 적에 대해서 나쁘게 말할 수 없다면, 차라리 아무 말도 하지 않는 것이 더 나았다. 두 신앙의 입장에서 상대방 문명의 어떠한 측면을 기탄없이 받아들이는 것은 잠재적으로 매우 위험했다. 상대방의 신앙이 정치적 혹은 종교적 정당성을 가질 수도 있다는 모든 주장은 스스로의 종교가 가지고 있는 유일한 자격을 훼손시켰고, 그로 인해 스스로의 정치적, 사회적 질서의 근본을 망가뜨렸다. 기독교도와 무슬림들은 모두 평상시처럼 행동하면서 되도록 그것에 대해 침묵을 지켰고, 상황이 개선되기를 기다렸다.

그리고 결국에는 그렇게 했다. 아바스 왕조는 페르시아의 관료제 지식을 충분히 흡수했을 때 우마이야 왕조에 의해 활용되었던 비잔틴의 기구들을 없애버렸던 것이다. 훗날 오스만 제국의 투르크족은 그들의 관료제 기술과 종교적 자격의 정통성에 대해 충분한 자신감을 느끼게 되면서 기독교도 관료와 제도들을 사용하지 않았다. 스페인 사람들은 충분한 자원을 축적하게 되자 무어인들을 추방시키거나 개종시켰다. (중동과 발칸 지역에는 많은 기독교도가 있었는데 아랍, 페르시아, 투르크 제국 중 어느 누구도 그들을 절멸시키기를 진지하게 바라지 않았다. 비록 극소수의 극단주의 자들이 그것을 시도하려고 했지만 말이다.) 현실과 종교적 교리를 맞추려는 이러한 노력들에는 이념적 조정이 필요하지 않았고, 그러한 조정이 가능하지도 않았을 것이다. 차이가 존재하고 있다고 인식하는 것은 적절하지 못한 행동이었다. 그래서 중세의 민족-종교적 접경이 가지고 있는 진정한 본질은 지적인 표현 없이 역사적인 것으로 남아버리게 되었다.

접경의 특성인 적대감과 평화로운 협조 사이의 미묘한 균형은 그 유용함보다 오래 살아남았다. 이것은 그 당시에 중요한 역사적 현상이 되었다. 자명한 사실들로부터 원하지 않는 결론을 끌어내는 것에 대한 광범한 기피 현상이 발생했던 것이다. 이것은 아마도 인간의 위선을 보여주는 유감스러운 증거 정도로 일축될 수도 있다. 그러나 일정한 시간과 장소에서는 침묵의 이데올로기가 다원적인 사회들을 수많은 근대 국가보다 더욱 관용적으로 만들 수 있었다.[1]

몽골의 정복보다 앞선 시대인 키예프 시기는 9세기부터 13세기에 걸쳐 있었는데 이때 러시아인들과 초원의 투르크 민족들 사이의 관계는 모든 본질적인 측면에서 민족-종교적 접경의 그것과 닮아 있었다. (비록 러시아가 기독교로 개종한 것은 10세기 말이 되어서야 이루어졌지만 말이다.) 이슬람교는 유목민들에 의해 신봉되는 다양한 신앙 중의 하나에 불과했지만, 러시아의 민족적·종교적 편견은 이교도들을 구별하지 않았다. 비록 키예프 시기부터 러시아의 사료들은 명백히 유목민들을 비난하고 있지만, 유목민과의 관계는 앞에서 언급했던 패턴을 따르고 있었다. 동슬라브족과 그들의 이웃인 투르크 민족들은 서로 교역했고, 제도를 차용했으며 심지어 통혼通婚도 했다.

크림 칸국의 기병 궁수.

몽골의 정복과 함께 러시아 역사에서는 '타타르의 멍에Tatar Yoke'라고 알려진 시기가 시작되었다. 칭기즈칸의 거대한 제국을 계승한 몽골 국가인 킵차크 칸국[영어로는 주로 Golden Horde라고 쓰는데 이를 직역하면 황금 군단이 되겠지만, 여기서는 일반적으로 통용되고 있는 킵차크 칸국이라는 용어를 사용하고자 한다.]이 1240년부터 1480년까지 러시아를 지배했던 것이다. 몽골의 정복과 착취는 두 문화 사이에 철저하게 적대적인 관계가 생기는 토대를 제공했다. 동시대의 러시아 사료들은 몽골의 약탈, 파괴, 억압을 묘사하면서 이를 한탄하는 데 수고를 아끼지 않았다. 그러나 장기적인 접촉을 통해서 러시아인들은 불가피하게 몽골의 행정, 정치, 사회,

언어에 대해 상세하게 알게 되었다. 상업적, 사회적 교류가 일어났고 동유럽과 페르시아에 대항하는 합동 군사 작전이 수행되었으며 제도의 차용과 통혼도 이루어졌다.

13세기에 흑해와 카스피해의 초원에 도착한 몽골인들은 대부분의 토착 투르크 민족들이 받아들였던 것과 같은 다양한 형태의 샤머니즘을 신봉했다. 새롭게 뭉쳐진 투르크-타타르인[이 책에서는 몽골과 타타르를 별다른 구분 없이 섞어서 사용하고 있는데, 사실 타타르는 몽골과는 다른 유목민 부족의 명칭이었다. 몽골족이 제국을 건설할 때 타타르족은 이에 편입되었는데, 서방 세계에서는 오히려 몽골이 타타르라는 이름으로 알려졌다. 여기서는 타타르가 곧 몽골이라고 간주해도 무방하지만, 원서의 Mongol은 몽골로, Tatar는 타타르로 각각 번역했다.]들은 13세기 후반에 이슬람교로 개종했고, 14세기에 접어들면 이슬람교는 킵차크 칸국의 국교國敎가 되었다. 이와 함께 러시아-타타르인 정복 사회는 중세 기독교-무슬림 접경에서 일어났던 삶의 본류로 진입했다.

이와 동시에, 타타르인들은 유목민이었고 또한 동쪽의 문명과도 접촉을 하고 있었기 때문에 러시아에서 무슬림과 기독교도의 공존으로 발생한 결과들은 스페인, 발칸 지역, 중동의 그것과는 현저하게 달랐다. 몽골인들의 유목적 생활 방식은 초원에서 그대로 유지되었다. 그들은 러시아의 삼림 지대로 이주하지 않았던 것이다. 몽골인들은 러시아보다는 그들의 동쪽, 남쪽에 이웃한 중앙아시아와 페르시아, 이집트로부터 이슬람교의 문화적, 정치적 구조를 받아들였다. 발렌시아의 가톨릭교도들, 팔레스타인의 십자군들, 이전의 로마 제국과 비잔틴 제국의 영토였던 곳을 장악했던 다양한 아랍, 투르크 민족들이 모두 새로운 피정복자들의 제도를 차용했던 것과는 달리 타타르인들은 그렇게 하지 않았다. 그들은 러시아의 생활 방식에 영향을 계속 받지 않았던 것이다. 오히려 러시아인들이 몽골 지배자들의 방식을 모방하게 되었다. 그래서 대부분의 정복 사회들에서 영향력이 전달되는 주요한 흐름의 방향이 역전되었다.

몽골의 지배 아래에서 러시아인들이 겪었던 경험은 13세기에 몽골에 정복되어 14세기 말까지 지배를 받았던 페르시아인, 중국인과도 독특하게 구별되는 것이었다. 페르시아와 중국의 지식인들은 유목민의 정복을 설명하고 정당화하기 위한 철학적인 수단을 가지고 있었다. 그러나 러시아의 지식인들은 그러지 못했다. 중국에서는 이방인 침략자들이 관여했던 것의 여부를 따지지 않고 왕조의 교체를 천명天命의 변화로 설명할 수 있었다. 페르시아에서는 제국에 대한 순환 이론이 몽골의 시기는 곧 지나갈 것이라고 하면서 무슬림 민중들을 안심시켰다. (어쨌든, 몽골의 왕조인 일 칸국이 이슬람교로 개종한 것은 페르시아에서의 종교적 딜레마를 크게 경감시켰다.) 러시아에서의 상황은 이와 달랐다. 지난 키예프 시기의 러시아 '문인文人'(작가, 편집하는 사람, 서기書記, 필사하는 사람)들은 유목민과의 충돌에서 발생한 러시아의 승리와 패배를 신이 그의 민족에 대해 만족감 혹은 불쾌감을 드러내는 표시라고 설명하는 데에 익숙했다. 그러나 문인들이 의심의 여지가 없는 정복을 합리화하기 위한 요청을 받을 일은 결코 없었다. 완벽한 패배라고 하는 이념적으로 곤란한 사실에 직면하는 대신 문인들은 러시아-타타르의 관계가 종주권의 변화가 없는 상태에서 키예프와 초원 사이에 이루어진 관계를 단순히 연장한 것일 뿐이라면서 몽골 정복이라는 현실을 교묘하게 다루었다. 그래서 러시아의 문인들은 침묵의 이데올로기를 고도로 끌어올렸고 몽골의 헤게모니에

1389년경의 킵차크 칸국

대한 지적인 암시를 의도적으로 은폐했던 것이다.

　따라서 킵차크 칸국의 일부분이었던 러시아는 침묵의 이데올로기를 포함하여 중세의 민족-종교적 접경이 가지고 있는 다양한 특징들을 공유했다. 이와 동시에 러시아의 경험은 적어도 14세기 말까지 몽골인들이 지배했던 광범한 아시아에 걸쳐 있는 나머지 지역들의 그것과도 어느 정도 유사했다. 몽골이 정복한 모든 지역의 주요한 정주 문명들 중에서 몽골의 지배가 러시아에 가져온 결과는 복잡했다.[2] 한편으로 몽골인들은 러시아의 경제를 상당히 파괴했고, 인구를 심각하게 감소시켰다. 그들은 이방인의 행정과 번거로운 세금을 강요했고 러시아의 정치와 공작公爵의 계승에도 간섭했다. 또 다른 한편으로 몽골인들은 국제 상업을 육성했고 러시아는 이로부터 혜택을 입었다. 몽골의 보호 아래에서 러시아 정교회는 물질적인 자원의 측면에서 거대하게 성장했다. 타타르인들은 폴란드, 리투아니아와 같은 동유럽의 적들을 방어해줬고, 훗날의 모스크바 공국에 의해 활용되었던 많은 군사적·재정적·관료적 모델을 제공해줬다.

분명히 러시아에 끼친 몽골의 영향은 하나의 관점으로만 정의내릴 수 없다. 이 책은 러시아가 두 개의 세계—유럽 기독교 국가와 몽골의 영역—의 공통된 경계에 놓여 있었던 13세기부터 15세기까지 러시아에 미친 킵차크 칸국의 복합적 영향력을 탐구할 것이다.

2장

키예프 공국과
초원

역사가들은 대개 6~8세기에 현재의 우크라이나로 동슬라브족이 이주한 것에서부터 13세기 중반 몽골의 정복이 있기 전까지를 지칭하는 러시아사의 키예프 시기를 민족의 전성기로 간주하고 있다. 키예프 국가의 중심은 드네프르강 유역이었는데, 이 강은 발트해의 관문인 북쪽의 노브고로드로부터 흘러와서 아래로는 남쪽으로 내려가 키예프를 지나 흑해와 콘스탄티노플로 흘러간다. 대공大公이 있는 곳이었던 키예프는 9세기부터 수도가 되었고, 대공 블라디미르가 988년에 세례를 받고 난 이후부터 키예프는 러시아 정교회의 대주교도 머무르는 곳이 되었다. 노브고로드, 블라디미르-수즈달리아, 갈리시아-볼히니아와 같은 주변 지역의 분리적 성향은 실제로 키예프의 번영을 보여주는 징후였다. 이러한 지역들은 드네프르강에서의 교역 외에 새로운 경제적 네트워크를 만들었기 때문이다. 활발하면서도 경건한 키예프의 기독교 문화는 교회 건축과 종교 문학에서 선명하게 나타났고, 11세기와 12세기의 러시아 엘리트들은 스스로를 기독교 세계의 일부라고 생각했다. 활기찬 국제 교역, 번영하는 도시, '민주적인' 제도, 문화적 성취로 인해 키예프 공국은 역사가들에 의해 이상화되었다.[1] 이러한 해석은 이후의 몽골 시기에 대한 역사적 판단을 애매하게 만드는 경향이 있다. 키예프 역사에 대한 탈신화적 이해가 러시아 역사에서 몽골의 중요성을 가늠하는 데 있어 더욱 확실한 토대를 제공할 것이다.

키예프 시기 내내 동슬라브족들은 흑해, 카스피해 초원과 볼가강 본류를 따라 남쪽과 동쪽의 초원에 거주했던 이웃 민족들을 상대해야 했다. 키예프 공국과 이러한 유목민들 사이의 전쟁은 늘 일어나는 일이었지만, 전투의 횟수가 과장되어서는 안 된다.[2] 키예프 시기에는 수많은 다양한 유목민이 초원을 차지했고, 러시아인과 그들의 관계는 이득을 둘러싼 갈등과 결합에 따라 다르게 나타났다. 종교적인 독설을 가미한 러시아 자료들은 적개심과 관련된 이야기들만 강조하고 호혜적 협조를 보여주는 증거의 대부분을 무시하고 있다. 이러한 자료들로 인해 모든 노력이 실패, 비난으로 끝나버렸다는 인상을 받게 된다. 초원의 이웃한 부족들과 러시아인의 관계에 드러나는 적대적인 측면을 굳이 생략하지 않더라도 서로간의 영향은 동시대의 사료들이 보여주는 것보다 훨씬 더 복잡했다. 일련의 초원 민족들—반+유목의 하자르 제국, 정주하며 도시에 살았던 볼가 볼가르족, 유목민 페체네그족, 경계 지역의 예속된 세력이었던 체르니예 클로부키, 유목민 폴로브치—과 키예프의 관계에 대한 고찰은 훗날 타타르의 멍에에 대한 러시아인들의 반응을 탐구하기 위한 맥락을 제공할 것이다.

『러시아 원초 연대기』. 노브고로드의 올레그 왕자가 907년 러시아-비잔틴 제국 전쟁 당시 콘스탄티노플 원정을 감행하는 모습이다.

8세기부터 10세기까지 동슬라브족이 중요한 관계를 맺었던 첫 번째 유목민은 하자르족이었다. 하자르족의 기원은 아마도 투르크족이었을 것이고, 통치 엘리트들은 유대교로 개종했다. 하자르족 자체는 유목민들이 었지만, 그들의 제국은 볼가강에 있는 제국의 수도인 이틸에서 국제 무역을 통제했고 특히 코카서스 북쪽으로 이슬람교가 확산되는 것을 저지하는 등 국제적인 사건에서도 두드러진 역할을 수행했다. 하지만 몇 세기 이후에 나온 『러시아 원초 연대기Russian Primary Chronicle』에 기록된 소략한 전설적인 내용으로는 하자르족과 슬라브족의 관계에 대해 많은 것을 추론하기가 어렵다.[3] 연대기에 따르면, 슬라브족들은 키예프 공국을 창설한 민족이라 알려져 있는 스칸디나비아의 바랑고이족이 9세기에 도래할 때까지 하자르족에 공물을 바쳐야만 했다. 10세기가 되어서 키예프의 스비아토슬라프 공은 하자르족을 정복했고, 그들의 제국을 멸망시켰다.

동슬라브족의 농민들이 하자르족 관료들에게 공물을 납부했다는 주장을 받아들이기 위한 증거로서 8~9세기 동슬라브족의 사회적·경제적·정치적 환경은 충분히 알려져 있지 않다. 확실히 키예프-하자르의 접촉에 대해서 어떠한 결론을 내리기에는 근거가 약하다고 할 수 있다. 하지만 무언가 시사점을 주는 러시아의 차용 사례가 있다. 하자르의 지배자들은 카간kagan(황제라는 뜻)이라는 칭호를 쓰고 있었다. 이것은 내륙 아시아에서 사용되는 최고의 칭호로서 하늘의 명을 받은 신성한 씨족들만이 사용했다. 하자르족은 이 칭호를 돌궐突厥 제국으로부터 받아들였던 것으로 보이고, 카간은 몽골리아의 오르콘강에 있는 8세기의 돌궐 비문에 나타나고 있다. 세 가지의 사료는 키예프의 통치자를 지칭하는 데에 이 칭호를 사용하고 있다. 하나는 『베르틴 연대기Annales Bertiani』

러시아의 일러스트레이터 이반 빌리빈Ivan Bilibin(1876 ~1942)이 그린 이고르의 원정 이야기.

(839)이고, 또 하나는 11세기에 키예프의 대주교였던 일라리온의 설교 '율법과 은총에 대한 이야기On Law and Grace'이며 나머지 하나는 1186년에 폴로브치에 대한 러시아의 원정을 묘사한 서사시 「이고르의 원정 이야기The Tale of the Host of Igor(Slovo o polku Igoreve)」다.[4] 이것은 카간이라는 칭호가 유목민이 아닌 사람들에 의해 사용되었음을 보여주는 유일한 사례일 것이다. 키예프에서 사용된 초원의 칭호는 상당한 문화적 교류를 암시하고 있고, 하자르가 남긴 이러한 영향력의 흔적이 보여주는 중요성은 오랫동안 인식돼왔다.[5] 기독교 고위 성직자들에게 있어서 샤머니즘에서 사용하는 칭호로 통치자를 찬미하는 것은 엄청나게 파격적인 것이다.[6] 이렇게 희한한 기록 방식이 정해졌다는 점은 이러한 종교적 부조화가 당시 문인들에게 있어서도 명백한 것이었음을 드러내고 있다.

하자르 제국의 영역 중에는 볼가강 상류에 있는 볼가 볼가르족의 거대한 도시형 상업 중심지가 포함되어 있었다. 하자르가 러시아인에게 패배당한 이후 볼가 볼가르족은 독립 상태에 놓이게 되었고, 13세기에 몽골이 올 때까지 자치체로 생존했다. 볼가 볼가르족은 무슬림이었다.(『러시아 원초 연대기』에 있는 '종교 테스트'라고 하는 가공의 이야기에 따르면, 하자르족의 사절 중 한 사람이 10세기 말에 성 블라디미르를 개종시키려고 했다.)
러시아인들과 하자르족의 관계는 주로 교역으로 이루어져 있었지만, 연대기들은 이에 대해 거의 언급하지 않고 있다. 미국의 역사가 토머스 누넌은 동북부 러시아에 있는 블라디미르-수즈달리아 공국이 아시아에서 동유럽으로 비단과 향료를 싣고 오는 대상로隊商路의 서쪽 종착점을 독점적으로 관리하기 위해 볼가 볼가르족과 교역에 있어서 공동 지배 관계를 만들었다고 주장했다. 키예프 공국의 공작 가문들과 볼가 볼가르족 사이의 통혼은 기록되어 있지 않은데, 아마도 종교적 장벽 때문이었을 것이다. 비록 분명한 적대감에 대한 증거는 적지만, 12세기 말에 러시아 대공 안드레이 보골류프스키는 표면적으로는 볼가 볼가르족의 수도인 대볼가르Grand Bolgar를 향한 '십자군'을 만들었다. 이 공격은 아마도 특이한 사건이었던 것으로 보인다. 적어도 대부분의 시기에 종교적인 대립은 서로 이득을 보는 교역으로 인해 명백하게 억제되고 있었다. 그러나 자료의 침묵 때문에 러시아가 볼가 볼가르 국가와 그들의 언어, 관습, 정치 조직을 잘 알고 있었다는 점은 여전히 추측의 영역으로 남아 있다.[7]

러시아인들이 본격적으로 상대해야 했던 첫 유목민 투르크 부족 연맹체는 페체네그족(또는 파트지나크족)이었다. 그들은 10세기에 흑해 초원으로 이주하여 11세기 후반까지 그곳을 지배했다. 비록 러시아인과 페체네그족 사이의 접촉은 대부분 군사적인 측면에서만 이루어졌지만, 러시아인들이 적을 잘 알았음을 보여주는 증거가 있다. 키예프 연대기의 968년 항목에는 페체네그가 도시를 포위했을 때의 전설이 포함되어 있다. 지략이 풍부했던 한 키예프 청년은 대공에게 위험을 알리기 위해 주위를 에워싸고 있는 페체네그족 진영을 뛰어다니면서 고삐를 흔들고 잃어

972년 페체네그족 쿠르야Kurya 왕의 매복군들이 키예프 공국 스뱌토슬라프 1세Sviatoslav I를 살육하는 장면.

버린 말을 찾아다닌다며 진영을 탈출한다.[8] 연대기 작가가 이야기를 풀어놓는 것으로 판단해보면, 소년이 페체네그 방언을 말할 수 있어서 페체네그와 말이 통하고 또 페체네그의 고삐를 만들 줄 알았다는 점에 대해 연대기의 독자들인 키예프 도시 엘리트들은 전혀 놀랄 것이 없었다. 이야기는 소년의 영리함을 칭찬하고 있고, 페체네그의 방식에 대한 익숙함은 너무나도 당연한 것이었다. 이 장면은 유목민에 대항하기 위한 무기로 유목민들에 대한 상세한 지식을 활용하고 있는 전통을 보여주는 이른 시기의 실례實例다.

페체네그족은 키예프 공국이 기독교로 개종하는 988년이 되면 이미 주요한 위협이 되지 못했고, 연대기에서 그들이 자주 언급되는 시기는 이보다 전인 10세기 초다. 이러한 연대기에서 페체네그족은 이교도라 불리지 않았고, 어떠한 종교적 별칭도 사용되지 않았다. 기독교로 개종하

체르니예 클로부키chernye klobuki 상상도.

기 이전의 동슬라브족은 페체네그족을 그들과는 다른 유목민으로 인지했고, 이교도라고 생각하지 않았다.[9] 이교도 동슬라브족과 이교도 페체네그족 사이의 적대감은 종교적으로는 표현되지 못했던 것이다.

11세기가 되면 페체네그족과 베렌데이, 토르키 같은 다른 소규모 부족들은 러시아의 가장 강력한 이웃 유목민들이었던 폴로브치에 의해 흑해 초원에서 쫓겨났다. 목초지에서 쫓겨나면서 피난민들은 단일한 비민족적 연맹을 형성했고, 이는 보통 체르니예 클로부키(러시아어로 검은 두건이라는 뜻)라고 불렸다. 폴로브치와 불구대천의 원수로서 체르니예 클로부키는 기꺼이 키예프 공작들의 휘하에 들어갔다. 그들의 군사적 기술은 아주 중요했다. 체르니예 클로부키는 기마 궁수로서 초원의 전쟁에서 폴로브치와 상대할 호적수였고, 경계병[10]과 정찰병의 임무를 수행할 뿐만 아니라 귀중한 첩보의 출처이기도 했다. 그들의 영향력은 군사적인 문제로만 한정되지는 않았다. 왜냐하면 그들의 군사적 역량은 곧 상당한 정치적 비중을 가져다주었기 때문이다. 수비대가 수도 내에 주둔하고 있었고, 많은 수의 체르니예 클로부키는 계승 분쟁과 내전에 개입할 수 있을 정도로 키예프와 가까운 지역에 배치되어 있었다. 키예프를 점거한 블라디미르-수즈달리아의 공작들은 체르니예 클로부키와 좋은 관계를 유지하기 위해서는 폴로브치와의 연맹을 단절해야 한다는 것을 곧 알게 되었다.

소련의 학자들은 걸핏하면 더욱 '발전된' 키예프 문화가 유목민 체르니예 클로부키에게 끼친 영향력을 발견하곤 했다. 그들의 주장에 따르면, 키예프 문화는 기독교 정교회, '봉건적' 관계, 농업, 정주 생활의 수용이라는 결과를 가져왔다. 그러나 체르니예 클로부키의 대부분은 유목민으로 남아 있었음이 틀림없다. 유목적 생활 방식을 포기했다면 신속히 위축되어야 할 그들의 초원 전쟁기술을 보존하고 있었던 것만 보더라도 알 수 있다. (아마도 초원으로부터 막 유입된 유목민들은 키예프의 수비대에 정규적으로 편입되었을 것이다.) 확실히 체르니예 클로부키는 상당히 키예프 사회와 정치에 흡수되었다. 1151년부터 연대기의 기록을 보면, 그들은 '러시아의 땅russkaia zemlia'을 위해 죽겠다는 의지를 표현하고 있다. 이러한 생각은 키예프 공국 엘리트로서 최고의 충성을 표시하는 것이었다. 키예프 연대기가 러시아의 정치적 이데올로기를 드러내는 이러한 표현을 체르니예 클로부키에게 무작정 이입시키지는 않았을 것이다.[11]

러시아 출신 망명 역사가인 D. A. 라숍스키는 키예프인들이 체르니예 클로부키의 문화로부터 영향을 받았다는 의문을 아무도 가지지 않았고, 이는 유목민은 문화가 없다고 당연하게 생각했기 때문이었음을 날카롭게 지적하고 있다. 그는 경쟁관계에 있는 공작들이 서로 적대적인 투르크 유목민 분견대를 고용했고 초원의 장신구, 옷, 관습의 양식이 널리 유행하고 있었던 점을 언급하며 키예프 정치에서 '아시아의 성향'이라는 문제를 제기하고 있다.[12] 비록 라숍스키가 고고학적 증거를 과장하고 있지만, 문제에 대한 그의 접근법은 여전히 전도유망하다.

키예프인들이 상대했던 가장 강력한 투르크 유목민 연맹은 폴로브치(투르크어로는 킵차크족Kipchaks, 라틴어와 그리스어로는 쿠만족Cumans 혹은 Kumans)였다. 이들은 11세기에 흑해, 카스피해 초원을 차지했고 몽골이 공격해올 때까지 이 지역을 보유했다. 폴로브치의 지배력은 시베리아와 중앙아시아에서부터 우랄 산맥과 볼가강을 가로질러 발칸 지역에까지 이르렀다. 그들은 키예프, 볼가 볼가르족의 국가, 크림반도, 헝가리, 불

폴로브치 전사의 투구와 마스크.

가리아, 중앙아시아의 호레즘Khwarizm의 역사에서 중요한 역할을 수행했고, 간접적으로는 비잔티움의 역사에도 영향을 끼쳤다. 폴로브치는 안정성과 중요도의 측면에서 몽골 시기 이전 서부 유라시아 초원에 있던 다른 모든 투르크 유목민을 뛰어넘었고 압도했다.[13]

폴로브치와 키예프 공국 사이의 전쟁은 일상적인 것이었지만, 종종 폴로브치의 침입이라고 묘사되어 있는 기록은 사실 러시아의 내전인 경우가 많았다. 12세기 러시아에서는 권력이 분산되어 있었다. 도시 키예프가 수도, 대주교의 거주지로서의 상징적 중요성을 보유하고 있었지만 특히 서남쪽의 갈리시아-볼히니아, 북쪽의 노브고로드 도시국가, 동북쪽의 블라디미르-수즈달리아와 같은 주변 공국들이 주요한 세력으로 부상했다. 동슬라브족 사이에서 결코 멈추지 않았던 내전은 점점 더 자주 일어났다. 이러한 치명적인 싸움이 일어나는 동안에 서로 경쟁했던 공작들은 스칸디나비아인, 폴란드인, 헝가리인, 폴로브치를 포함한 러시아에 이웃하고 있는 민족들과의 동맹에 의지했다. 희생된 지역의 연대기 작가들은 이교도들과 공모하여 그들의 침입을 야기시킨 공작들에게 신의 저주가 내릴 것을 빌었던 반면에, 성공을 거둔 공작의 서기들은 이러한 외부의 원조라는 문제에 계속 신중하게 침묵을 지켰다. 그래도 전반적으로 연대기 작가들은 이러한 전쟁을 외부의 침입으로 기술하면서 내전이라는 껄끄러운 사실을 덮어버리려는 경향이 있었다.

러시아의 다른 이웃들처럼, 폴로브치도 그들의 목표를 달성하기 위해 러시아의 혼란을 이용했다. 러시아 공작들이 서로를 피투성이로 만드는 데에 몰두하고 있는 동안에 폴로브치는 동슬라브족의 영토를 더욱 자주, 깊숙이 침입하기 시작했다. 그러나 지속적인 침입과 이에 맞서는 반격이 있었음에도, 일부 접경은 항상 유지되었고 동슬라브족의 삼림 지대는 결코 유목민의 손에 넘어간 적이 없었다. 동슬라브족과 폴로브치 사이의 전투는 군사적으로 교착 상태에 빠져 있었던 것이다.[14] 유목민들은 스스로가 강력하게 요새화된 키예프마저도 돌격하여 약탈할 수 있다는 점을 완벽하게 보여줬지만, 그들이 침략했던 토지를 차지하지는 않았다. 러시아의 삼림과 도시들은 정주 러시아인들에 대한 폴로브치의 군사적 위력을 부여하는 유목적 생활방식을 받아들이지 않는 방법으로만 지켜질 수가 있었다. 유목민들이 이러한 상황을 변화시킬 의지가 있거나 변화를 만들 수 있었다고 하더라도 그들은 제국의 야망을 유지하기 위한 정치적, 행정적 능력이 아주 부족했다. 단지 이러한 이유들로 인해 아마도 하자르족을 제외한 흑해, 카스피해 초원의 민족들은 어느 누구도 러시아 삼림 지대의 도시와 농지를 초원 제국으로 편입하려는 시도를 하지 않았다. 분명 폴로브치도 그렇게 하려는 열망이 없었다. 그러나 흑해 초원은 대개 자급자족의 생활을 영위하는 유목민들을 지탱하기에는 너무나 빈약했다. 러시아의 여러 공작과의 간헐적인 연맹뿐만 아니라 경제적인 필요성은 폴로브치가 침입자로서 러시아 지역에 반복적으로 들어오게 만들었지만, 그들은 침략을 완수하고 난 뒤에는 항상 초원으로 되돌아갔다.

또한, 러시아의 공작들이 스스로 침입에 착수하는 경우도 있었다. 그들이 통합되었을 때에는 초원 깊숙이 침입하여 폴로브치의 동영지冬營地를 파괴하고 가축을 약탈하며 여자와 아이들을 노예로 만들 수 있었던 것이다. 이러한 침입은 남자들이 다른 일로 자리에 없을 때 가장 안전하면서도 효율적으로 이루어졌다. 아마도 비잔틴의 묵인 아래에서 시행되었던 러시아인의 가장 파괴적이었던 침입은 폴로브치가 비잔틴 제국에 대항하는 불가리아인들을 돕기 위해 발칸 지역으로 원정을 나갔던 때와 동시에 진행되었다. 러시아인들은 자신들이 약탈했던 지역을 차지하려는 마음이 유목민들보다도 없었다. 그들은 초원을 자신의 땅으로 삼기 위한 기술이 부족했고, 자신의 땅에서 멀리 떨어져 있는 수비대에 군량을 공급할 수도 없었으며 유목을 통해 얻는 생산물로 살아갈 수도 없었던 것이다. 러시아인이 할 수 있었던 최선의 방법은 성 블라디미르

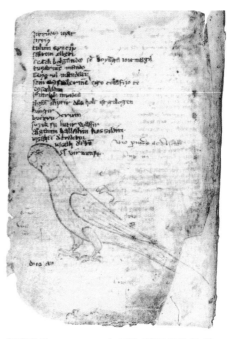

『쿠만의 서Codex Cumanicus』는 중세 시대의 언어 매뉴얼로, 유목민 폴로브치들(쿠만)과 의사소통하기 위한 목적으로 가톨릭 선교사들에 의해 만들어졌다.

가 페체네그족으로부터 위협을 받았을 때 했던 것처럼 흙으로 만든 방벽과 요새의 남쪽 한계선을 확장시켜 폴로브치의 침입을 막고자 노력하는 것이었다.15

폴로브치와 키예프 공국 사이의 지속적인 전쟁에서, 월등한 기동성을 보유한 유목민들은 분명한 강점을 가지고 있었다. 무엇보다도, 유목민들은 자신들의 '집'도 자유롭게 이동시킬 수 있었다. 그럼에도 어떤 의미에서 이 전쟁은 이길 수 있는 것이 아니었다. 물론, 전투에는 승패가 있었지만 영토는 결코 변하지 않았고 가까운 미래에 또 다른 전투가 항상 벌

어졌다. 11세기부터 13세기 초기까지 폴로브치와의 전쟁은 러시아인들의 생활에서는 당연한 사실이었다. 이러한 장기적인 접촉이 키예프의 사회 구조를 근본적으로 바꾸지는 못했지만, 키예프의 사회사에 미묘한 영향력을 발휘했다. 폴로브치의 지속적인 출현으로 인해 러시아인들이 폴로브치의 지리, 언어, 문화에 익숙해지면서 사실상 폴로브치는 키예프 공국의 사회 조직을 이루는 일부분이 되었던 것이다.

이러한 점은 11세기 후반과 12세기 초반에 폴로브치와의 전쟁에서 가장 유능하고 활력적인 군사령관이었던 블라디미르 모노마흐 공작이 그의 아들에게 내린 '가훈Pouchenie'에서 찾아볼 수 있다. 자서전과 아버지로서의 충고가 혼합되어 있는 이 가훈에서 모노마흐는 자신이 패배시키고 사로잡았거나 살해한 폴로브치 귀족들의 이름을 아래와 같이 열거하고 있다. "두 형제인 바구바르소바, 아시니아와 사크지아, 보니아크, 아에파, 샤루칸, 오세니아, 코크수스, 부레비치, 아즈굴루이, 우루소부, 크치이아, 아를라나푸, 키타노트푸, 쿠마나, 쿠르트카, 체레그레푸, 수르바리아" 등이다.[16] 모노마흐는 그의 아들과 '가훈'의 다른 독자들이 이들을 정치적 중요성 혹은 군사적 용맹함을 가진 사람들로 인식하기를 바랐다. 모노마흐에게 있어서 적들은 명백하게 획일적이지 않았고, 비인간적이지도 않았다. 모노마흐가 각기 다른 폴로브치족을 잘 알고 있었다는 점과 그들의 이름을 정확하게 기록할 수 있는 능력이 있었다는 사실은 상징적이다. 연대기들은 많은 폴로브치족의 이름을 열거하고 있고, 문인들은 그들의 투르크식 이름을 종종 번역해서 사용했다.[17]

1186년의 러시아-폴로브치 전투에 대한 서사시인 「이고르의 원정 이야기」의 작가는 초원의 식물과 동물, 지리, 관습에 대한 최상급의 지식을 보유하고 있었다. 그에게 있어서 폴로브치의 초원을 '미지의 땅'이라고 여기는 것은 적절하지 않은 행동이었다. 다른 어떤 문헌보다 그의 서사시는 러시아인들에게 있어서 '폴로브치의 땅polovetskaia zemlia'[18]이 정확히 그 반대의 개념 즉, 잘 알려진 땅이었다는 점을 보여주고 있다.(비록 러시아 연대기들은 대개 폴로브치의 다양한 씨족과 부족들을 '우리의'(동맹을 맺은) 혹은 '미개한'(적대적인) 폴로브치로 인식하고 있지만,[19] '폴로브치의 땅'을 지도로 충분히 표시할 수 있을 정도로 명확한 명칭을 사용하고 있다.) 키예프인들은 자신들과 싸우고 있는 폴로브치 집단 혹은 다른 부류를 불문하고 초원과 그 민족에 대한 엄청난 양의 지식을 필요로 했다.[20] 유목민들과 동맹을 맺기 위해서 키예프인들은 무엇보다도 폴로브치의 씨족들 사이에서 이루어져 있는 연맹과 적대 관계를 알아야 했다. 그 이후에 장래의 동맹을 찾을 수 있어야 했고, 그러기 위해서는 그들의 여름 목초지와 겨울 목초지에 대한 지식을 확보해야 했다. 협상의 과정에서는 준수되어야 할 외교적 의례와 찬양되어야 할 정교한 가계家系가 있었다. 키예프인들은 그들이 가져가는 선물이 자칫 치명적일 수도 있는 종속 혹은 예속이 아니라 동맹을 상징한다는 점을 확실히 보증해야 했다. 새로운 연맹은 효율적인 전략을 조정하기 위해 서로 간의 군사적 역량을 명확히 이해하고 있어야 했다. 즉, 키예프인들의 군사적 생존은 초원의 지리, 매년 이루어지는 유목민의 이주, 유목민의 관습과 금기, 계보, 언어에 대한 철저한 인식에 의존하고 있었다. 이러한 지식 자체는 키예프 문화에 대해 폴로브치가 기여하고 있는 부분이었다.

폴로브치는 키예프 공국에서 비잔티움으로 이어지는 드네프르강 교역로를 차단했다고 종종 비난을 받았다. 이 교역로를 따라 비잔틴의 사치품을 구입하기 위해 러시아 삼림 지대의 생산품과 키예프의 노예를 탈취하기 위해 벌인 원정에서 획득한 포로를 남쪽으로 운송했던 것이다. 그런데 드네프르강 대상로 교역의 침체는 폴로브치보다는 비잔틴 제국의 교역에 대한 이탈리아인의 독점 증대와 더욱 관련이 있었을 가능성이 높다. 유목민들은 이러한 무역을 소멸시키기보다는 '관세'와 강탈을 통해 무역을 활용하기를 원했다. 이것은 러시아의 공작들에게 있어서는 이득이 적어진다는 것을 의미했기 때문에 연대기들은 폴로브치가 교역에 개입하는 것을 터무니없고 악의적인 파괴라고 간주하고 있는 것이다. 사실, 볼가 볼가르족은 물론이고 대★ 노브고로드와 블라디미르-수즈달리아도 이익을 보고 있었던 볼가강 유역의 교역은 폴로브치의 힘이 절정에 달해 있을 때에 번성했다. 볼가강과 드네프르강 하류에서 유목민들은 동슬라브족과 직접 교역하면서 가공품과 소금, 생선, 가축을 교환했다. 러시아 장인들의 생산품(그리고 장인들도)은 폴로브치의 동영지와 러시아-알란족21의 '도시'로 이동했다.22 교역의 균형성 정도를 확정할 수는 없다. 전체적으로 키예프 경제에 끼친 폴로브치의 영향은 아마도 부정적인 것이었지만, 계급의 차이는 누가 고통을 받고 누가 혜택을 입고 있는지를 결정했다. 귀족, 상인, 몇몇 장인들은 유목민들과 유리한 교역을 지속할 수 있었지만, 농민들은 러시아 삼림 지대에 대한 폴로브치의 침입으로 인해 목숨을 잃거나 노예로 전락하게 되었을 가능성이 높다.

어떠한 행정 기구를 발전시킬 이유가 없었던 폴로브치로부터 키예프인들이 정치적 제도를 차용했음을 보여주는 증거는 존재하지 않는다. 그러나 키예프 공작의 계승이 여전히 분쟁의 대상으로 남아 있었음에도 류리크 씨족[키예프 공국을 통치했던 지배자 가문] 내에서는 명백히 방계를 통한 계승(즉, 부자상속이 아닌 형제상속)이 선호되고 있었다. 이러한 관습의 또 다른 예가 단지 내륙 아시아의 유목민들에게서만 확인되고 있다는 점은 무언가 의미심장하다.[23]

러시아 공작들과 우호적인 폴로브치 가문들 사이에 때때로 통혼이 성사되기도 했다. 러시아 공작들이 초원으로부터 샤머니즘을 믿는 아내를 데리고 왔을 때 종교적인 장벽은 문제가 되지 않았다. 폴로브치 공주들이 러시아 정교로 개종을 했기 때문이다. (그러나 러시아 여성들은 폴로브치와 혼인하지 않았다. 유목민 남성과 혼인하면 초원으로 이동해야 하고, 유목민 군주의 여러 아내 중 한 사람에 지나지 않음을 의미하는 것이었기 때문이다.) 키예프 공국에서 이러한 통혼은 몇몇 가계에서 충분히 이루어질 수 있는 일이었고, 12세기 후반에 일부 러시아 공작들은 혈통적으로 여덟에 일곱이 투르크인이었다.[24] 그들이 자신들의 유산을 알지 못했을 리가 없다.

키예프 공국의 언어에 투르크어가 언어학적으로 차용된 정도는 아쉽게도 결코 단정할 수 없다. 분명히 러시아인과 폴로브치는 상호 소통이 가능했지만, 두 개 언어를 병용하는 것에 대한 증거는 대부분 간접적이다. 키예프 공작들과 혼인한 유목민 공주들은 기도, 대화를 위해 러시아어를 틀림없이 배웠을 것이고, 공주들과 함께 온 하인들도 당연히 그래야 했을 것이다. 키예프 공작들의 수행원druzhiny이 된 다양한 투르크 유목민들은 두 개의 언어를 말할 수 있었을 것이고, 폴로브치 혹은 체르니예 클로부키를 정기적으로 상대했던 키예프의 많은 공작, 귀족, 상인도 똑같이 두 개의 언어를 말할 수 있었을 것이다. 폴로브치 언어를 구사했던 러시아인들에 대한 기록이 없지만, 이것은 놀랄 만한 일은 아니다. 그러한 기록이 부적절한 것으로 여겨졌기 때문이다. 필자가 알고 있는 범위 내에서 키예프 자료들은 통역을 사용했다는 것을 언급하지 않고 있다. 대화를 이끌어내기 위해서 통역은 굳이 필요하지 않았거나 일상적이지 않았던 것으로 보인다. 그러나 키예프의 기록에 존재하는 폴로브치 이야기들은 정보 제공자와 번역자들은 반드시 있었다는 것을 암시하고 있다.[25]

유목민들이 키예프 문화에 영향을 끼쳤다고 하는 대부분의 주장은 실증하기가 어렵다.[26] 그러나 구전과 민간전승이라고 여겨지는 유목민들의 문학이 러시아 연대기들에 기록되어 있다. 예를 들면, 연대기 작가들은 페체네그의 군주 쿠리아가 대공 스뱌토슬라프의 두개골을 술잔으로 만들었다고 기록하고 있다.[27] 다른 이야기들은 더욱 섬세한 내용을 보여준다. 오트로크와 쑥에 대한 전설은 아름다움과 페이소스를 보여주는 완벽한 이야기다.[28] 이 이야기에서 폴로브치 공작인 오트로크는 블라디미르 모노마흐에 의해 그가 태어난 초원에서 쫓겨난다. 훗날에 모노마흐가 사망한 이후, 한 사신은 오트로크에게 냄새를 맡게 하기 위해 초원으로부터 깃털 같은 풀을 가져온다. 그 향기로 인해 그는 향수병에 걸려 초원으로 돌아간다. (내륙 아시아 전문가들은 유목민 씨족들이 목초지를 찾기 위해 단지 방랑하는 것이 아니라 사용할 권리를 상속받은 전통적인 여름 목초지, 겨울 목초지를 보유하고 있었다는 점을 최근에야 깨닫기 시작했다. 유목민들의 땅에 대한 애착 관념은 농민들처럼 강했다.) 연대기 작가와 그의 독자가 오트로크의 고향에 대한 사랑에 공감하고 그로 인해 감동을 받았기 때문에 이 이야기가 연대기에 실릴 수 있었던 것이다.

이와 같은 서로 다른 문화에 대한 이해를 몇몇 학자가 훗날의 위조라고 간주하고 있기는 하지만, 키예프의 「이고르의 원정 이야기」에서도 분명하게 나타난다.[29] 노브고로드-세베르스크의 공작 이고르 스뱌토슬라보비치는 승리 이후 돈강에 상징적으로 자신의 투구를 담글 수 있기를 기대하면서 1186년에 폴로브치의 공작 및 콘차크 공작에 대한 원정에 착수한다. 이고르는 사로잡히고 말았지만, 크게 명예로운 대접을 받는다. 그의 종교적인 요구를 충족시키기 위해 성직자를 부르는 것이 허용되었다. 또한, 진영에서 자유롭게 돌아다닐 수 있었고 그의 아들은 콘차크의 딸과 약혼했다. 심지어 폴로브치의 수령들은 그를 사냥에도 데리고 갔는데, 이는 내륙 아시아 유목 사회에서는 커다란 영예를 나타내는 것이었다. 군사 귀족들 사이의 이러한 친밀한 관계는 지중해의 한쪽 끝에서부터 다른 쪽 끝에 해당하는 지역까지 존재하고 있었던 종교적·문화적 장벽을 초월할 수 있었고, 다른 기사도적인 서사시에서도 이는 명백하게 드러났다. 이를테면 「엘 시드El Cid」[11세기에 활약하며 발렌시아를 정복한 스페인의 영웅 엘 시드를 묘사한 서사시로, 그는 스페인 아랍 국가들의 정치와 이슬람 율법 및 관습까지도 익혔다고 전해진다], 「롤랑의 노래La Chanson de Roland」[중세 프랑스의 무훈시로 샤를마뉴 대제가 에스파냐 원정의 귀로 중 피레네 산중에서 바스크족의 습격으로 후군이 전멸한 바 있는 778년의 사건을 배경으로 한다. 여기에 드러난 풍속, 사상 등은 모두 12세기 초기의 것이다], 「디게니스 아크리타스Digenis Akritas」[비잔틴과 아랍 혈통이 섞인 주인공의 활약을 묘사한 11세기 비잔틴의 영웅 서사시] 등이다.

초원 민족들과의 관계에서 키예프 시기의 러시아인들은 지중해 세계에서 곤란한 상황을 겪고 있던 기독교도 및 무슬림들과 아주 비슷한 문제들에 직면했다. 유목민들과의 상호 소통은 근본적으로 양면적인 것이었다. 초원의 모든 연맹 반대편에는 초원 전쟁이 존재했다. 모든 평화로운 상업적 거래의 반대편에는 대상隊商에 대한 약탈이 있었다. 모든 우호적인 협조의 행동 반대편에는 극단적인 적대감이 자리했다. 초원에 적대적인 이교도가 존재하고 있다는 사실은 키예프인들이 해결할 수 있는 것이 아니었다. 이와 동시에 자연적으로 발전한 상호 간의 친숙함과 주기적인 협력은 가장 철저하게 지켜온 원칙과 조화를 이루지 못했고, 키예프 사회 러시아 정교회의 근본을 위협했다. 중세 민족-종교적 접경의 전통 속에서 러시아 지식인들은 침묵의 이데올로기에 시선을 돌리면서 이러한 딜레마를 해결했다. 이교도들과 러시아인들의 관계에 내재된 본질적인 양면성은 그 당시의 기록들에서는 잘 드러나지 않는다. 키예프의 문인들은 명료한 적대감으로 유목민들을 대했고, 침입과 잔인함을 정성들여 기록했다. 반면에 이와 똑같은 중요성을 가진 평화로운 협력은 무시해버렸다. 모노마흐가 유목민들에 대항하여 싸우고 있을 때 그의 문인들은 모노마흐를 기독교의 수호자라며 치켜세웠다. 모노마흐가 수많은 경우에 그렇게 해왔듯이 폴로브치 집단과 연맹을 맺고 그들과 함께 싸웠을 때에 그의 문인 혹은 모노마흐 스스로는 어떠한 설명도 없이 사실을 기록하거나 아예 내용을 생략해버렸다. 키예프인들의 종교적 이데올로기는 그들이 초원에 사는 이교도와 무슬림들의 화해할 수 없는 적이라고 규정했다. 이러한 것이 실제 삶 속에서 항상 들어맞지 않았기 때문에 키예프인들은 기록 속에서 그렇게 만들었던 것이다.

몽골족은 1223년에 남러시아 초원에 처음으로 나타났다. 러시아인들은 이 민족을 예전에 봤던 적이 없었지만, 이들의 유형을 알고 있다고 생각했다. 키예프의 연대기 작가는 "아무도 그들이 누구인지, 어디에서부

블라디미르 모노마흐가 1103년경 유목민들과 싸우면서 스뱌토폴크 2세와 함께 야전회의를 하고 있다.

터 왔는지, 그들의 언어가 무엇인지, 어느 부족에 속해 있는지, 그들의 종교가 무엇인지에 대해서 알지 못한다. 일부는 그들이 타타르족이라고 말하고, 다른 사람들은 타우르메니Taurmeny라고 부르며 또 다른 이들은 페체네그라고 칭한다"라고 기록했다.[30] 초원 민족들과 이루어진 수 세기 동안의 접촉을 거치면서 러시아인들은 그들의 추정이 맞을 것이라고 믿었다. 하지만 그 생각은 틀렸다. 몽골족 전투 조직의 파괴력은 러시아인들이 예전에 보았던 모든 것을 무색하게 만들었다.[31] 초원의 다른 유목민들은 침입과 약탈에만 만족하고 있었던 것이다. 이제 키예프 공국은 자신이 빠른 속도로 거대한 몽골 제국에 복속하여 합병되고 있음을 깨달았다. 그들의 역사에서 최초로 이방인의 지배라고 하는 압박을 느끼게 되었던 것이다. 이것은 타타르의 존재를 드러내는 한 가지 측면이었는데, 초원 민족들에 대한 러시아의 오래된 경험은 러시아인들이 타타르족에 전혀 대비를 하지 않도록 내버려두었다.

　이미 침묵의 이데올로기를 활용하기 시작한 러시아 문인들이 늘 하던 것처럼 반응했음은 그리 놀라운 일이 아니다. 몽골의 정복을 묘사하면서도 그들은 이전 시기의 태도를 그대로 유지했다. 저항하는 러시아인들이 전투에서 지면 그들은 죄로 인해 처벌을 받은 것이었다. 러시아인들이 이기면 기독교 신의 힘과 신앙의 진리가 확인된 것이었다.[32] 연대기들은 이제는 구식이 되어버린 침입과 반격이라고 하는 예전 시기의 어휘를 활용하여 몽골 지배의 사건들에 대해 기록했다. 키예프 공국과 다른 유목민들 사이의 전쟁은 대체로 엄청나게 중요한 정치적 결과가 없는 별개의 군사적 만남으로 이루어져 있었다.[33] 러시아와 타타르의 관계를 이와 똑같은 용어로 설명하면서 문인들은 몽골족이 형세의 법칙을 변화시켰다는 사실을 부정하려고 했다. 러시아 지식인들은 몽골족이 단순히 폴로브치를 계승한 사람들이라고 기록했고, 그렇게 하면서 러시아의 정치적 지위에 생긴 변화를 직접적으로 다루는 것을 회피했다. 정교하게 다듬어진 침묵의 이데올로기 속에서 13세기부터 15세기까지 러시아의 저술가들과 연대기 작가들은 러시아가 정복되었다는 점도 부인했다.

3장

✕

몽골 제국과
킵차크 칸국

러시아에 대한 몽골의 지배는 전통적으로 1240년부터 1480년까지 지속되었다고 보는데, 이는 몽골족이 그들의 패권을 거의 150년 동안 유지했던 중국이나 페르시아에 대한 지배보다도 한 세기가 더 긴 것이다. 몽골 제국과 킵차크 칸국을 포함한 그 계승 국가들의 수명은 유연하고 창조적인 행정과 칭기즈칸의 카리스마적인 지도력 및 정치적 통찰력의 유산에 크게 힘입은 것이었다. 비록 칭기즈칸은 러시아 정복 이전에 사망했지만, 역사에 끼친 몽골의 영향을 고려할 때 세계 정복자의 형상은 다시 크게 나타나고 있다.

칭기즈칸과 그의 업적에 대한 평가는 양극단으로 갈리는 경향이 있다. 일부 역사가들에게 있어서 칭기즈칸은 고귀한 야만인이자 무지한 하늘 숭배자인데 그의 훌륭한 지도력, 인간의 특성에 대한 완벽한 판단력, 군사적 재능은 세상에 알려지지 않았던 몽골족을 세계 권력의 정점으

로 올려놓았다. 또 다른 역사가들에게 있어서 칭기즈칸은 대단한 폭력
배이고, 피에 굶주린 잔인함과 인간의 삶에 대한 무관심은 야만인 몽골
족들이 죽음과 파괴로 점철된 세계적 규모의 광란을 위해 움직이도록
만든 사람이었다. 이러한 두 종류의 이미지는 중세 사료에 대한 무비판
적 이해로부터 비롯된 것이다. 신격화된 인물로서의 모습은 이른바 『몽
골비사Secret History of the Mongols』라는 기록에서 나타나고 있다. 비록 이
문헌의 기원과 의미가 종종 불명확하기는 하지만, 몽골의 관점을 표현했
다는 장점이 있다.[1] 칭기즈칸을 비판하는 사람들은 몽골의 침략을 받은
정주지대의 문명, 특히 중국과 페르시아 및 러시아에서 기록된 연대기
들에 의존했다. 이러한 자료들은 몽골의 정복에서 발생한 잔학한 행위를
타고난 악행으로 여기고 있다. 이러한 관점들은 모두 액면 그대로의 모
습을 드러내지 못하고 있다. 제국의 건설은 항상 파괴를 동반하는 과정
이었고, 피정복자에게는 환영을 받지 못했다. 타키투스는 로마인들이 황
폐한 지역을 만들고 그것을 평화라고 불렀다는 사실을 기록하면서 로마
확장의 어두운 측면을 부각시켰다. 칭기즈칸의 군사적, 정치적 재능과
카리스마적인 지도력은 의심할 여지가 없지만, 그가 영광을 추구하는
과정에서 많은 사람이 목숨을 잃었다는 점도 분명하다. 이러한 점은 알
렉산더 대제, 율리우스 카이사르, 나폴레옹에게도 똑같이 적용되는 것이
다. 칭기즈칸은 이전과 이후 시기 제국 건설자들보다 더 잔인하지도, 덜
잔인하지도 않았다. 도덕적인 판단은 그의 중요성을 이해하는 데 있어서
별로 도움이 되지 않고, 여기에서는 이에 대해 논하지 않겠다.

칭기즈칸의 대단한 능력만이 그의 성공에 일조했던 것은 아니었다. 그
의 성공은 내륙 아시아 초원의 상태와 그곳에 거주했던 유목민들의 문

칭기즈칸 초상화.

화에 달려 있는 것이기도 했다.[2] 유목 사회의 핵심 단위는 씨족이었고, 그것이 모든 경제적·사회적·정치적·군사적 기능을 담당했다. 여자와 아이들이 가축을 돌보았고, 남자들은 자유롭게 전쟁에 나설 수 있었다. 남자는 소년 때부터 기마 궁수로서의 훈련을 받았다. 그들은 씨족 연장자의 지휘 아래에서 한 부대로 전투를 치렀고, 연장자는 또한 총괄적으로 씨족의 정치적인 충성 대상을 결정했다. 초원 전쟁은 방목을 위한 권리, 정치 혹은 개인적인 불화로 인해 발생할 수 있었지만, 유목민들은 중세 유럽의 기사들보다는 자주 싸우지 않았다. 한 씨족이 다른 씨족을 패배시키면 승리자는 패배자를 씨족의 군사 단위로 흡수했는데, 아마 새로운 지휘관들도 함께 들어왔을 것이다. 패배한 씨족은 그들을 정복한 씨족의 명칭을 취했다. 이러한 과정을 거쳐 만들어진 계층 체계는 사회적 용인을 필요로 했기 때문에 터무니없는 상황이 만들어지기도 했다. 두 씨족은 한 형제의 후손이었고, 승리자는 연장자의 후손이라는 식의 이야기들이 만들어질 수 있었던 것이다. 더욱 일방적인 경우에는 패배한 씨족이 더욱 강력한 씨족 조상들의 신하 혹은 노예의 후계자들이었다고 결정이 날 수도 있었다. 성공을 거둘 때마다 병사들의 수는 늘어갔고, 승리는 또 다른 승리를 만들어냈다.

군사적인 성공은 또한 정치적 야망을 키우게 했고, 카리스마를 가진 인물에게 명성을 안겨줬다. 성장하는 한 장군이 점점 유력해지고 있는 주요 지도자들의 직속 신하가 되었을 때, 그 장군이 가진 본래의 정치적 능력은 그 자신의 목표를 달성하기 위해 현재의 주군을 배신하면서 드러나게 되었다. 내륙 아시아의 최상위 수준에서 이루어지는 계략은 확실히 초원을 뒤덮었고, 몽골리아에서 점점 강력해지고 있는 모든 유목민

지도자는 중국의 근심을 야기했다. 중국의 조종에 저항하는 데 있어서 최선의 방어는 공격이었다. 그래서 경계 지역에 자리한 보잘것없었던 지도자가 군사적·정치적 기술을 보유하고 운이 상당히 따르면 중국에 대한 잠재적 정복자로 신속하게 성장할 수 있었다. 내륙 아시아의 많은 군주가 이러한 길을 따랐고, 칭기즈칸도 그러한 사람들 중 하나였다.

칭기즈칸에게는 신성한 사명이 있었고 명예, 전리품보다 더욱 높은 목표를 설정했다. 내륙 아시아의 위대한 푸른 하늘인 텡그리Tengri가 그에게 모전毛氈 천막에 거주하는 모든 사람을 지배할 권리를 주었다는 것이다.3 칭기즈칸은 최고의 칭호인 칸(혹은 카간)을 돌궐 제국으로부터 가져왔고, 결국 이것이 그의 이름 중 일부가 되었다. 그리고 부분적으로 칭기즈칸의 군사적 통찰력은 이전의 초원 군사 지도자들이 이룩했던 업적을 뛰어넘게 만들었다. 그는 중국 등 여러 정주 사회를 패배시키는 데 있어서 그의 기마 궁수들이 전장戰場에서 보유한 우월성이 충분하지 않을 수도 있다는 점을 깨달았다. 도시들을 습격하기 위해서는 공성전攻城戰 분야의 전문가가 필요했다. 그는 무슬림과 중국인들로부터 이러한 전문가들을 선발했고, 세계의 어떤 도시도 포위할 수 있는 군대를 만들었다. 몽골족은 그들이 얻은 군사적 기술을 개량하지 않았다. 그들은 단순히 적들의 도시에 투입할 공성 무기들의 절대적인 숫자를 늘렸다. 이러한 이점과 전술, 모든 유목민 군대가 보유한 강한 규율로 칭기즈칸은 거의 패배하지 않는 전투 조직을 창설했고 이들은 거대한 규모로 협동 작업을 수행할 수 있었다.

칭기즈칸의 '몽골족'은 실질적으로 다양한 우랄-알타이 민족들로 이루어진 부족 연맹이었고 그들 중 대부분은 투르크계 사람들이었다. 이들은 칭기즈칸과 몽골 부족의 지휘를 받았다. 군대는 유목적인 씨족-부족 체계로 뭉쳐져 있었고, 그들이 진군하면서 정복한 사람들로 인해 병사들의 숫자가 늘어났다. 비록 칭기즈칸 고유의 천명天命은 유목민들에게만 적용되는 것이었지만, 그의 군대는 초원의 끝에 도달했을 때에도 멈추지 않았다. 몽골족은 최후에 이집트의 맘루크 왕조에 격퇴될 때까지 그리고 태풍으로 일본 정복이 무위로 돌아갈 때까지 혹은 유럽에서 그랬던 것처럼 철수를 결정할 때까지 계속 진군했다. 칭기즈칸은 몽골 제국이 가장 거대한 규모에 도달하기 이전인 1227년에 사망했다. 초원 씨족들의 사회 구조와 그것이 그의 기마 궁수들에게 안겨줬던 우수성이 없었다면 칭기즈칸은 아무것도 이루지 못했을 것이다. 칭기즈칸의 성장을 가능하게 했던 조건들과 삶의 방식이 수천 년 동안 존재했지만, 아틸라나 티무르 혹은 어느 누구도 이렇게 성공적인 업적을 거두지는 못했다.

비록 칭기즈 가문의 이데올로기는 초원에 뿌리를 두고 있으면서 원래는 초원 너머로 확장되지 않았지만 천명은 곧 '세계 제국universal empire'이라는 개념으로 수정되어야 했다. 이러한 해석은 초원 외부를 향한 몽골의 정복 이후에 나타난 것이었고 정복을 유발하지는 않았다.[4] 여기에서 세계 제국이라는 '문명화된' 이론의 영향력을 찾을 필요는 없다. 중국인들에게 있어서 '세계적' 패권은 중국에 속하는 것이었고, 기독교의 보편주의는 연맹 중에서 네스토리우스교를 믿었던 부족들을 통해 칭기즈칸에게 전달되었다는 추측이 있지만, 둘 다 칭기즈칸에게는 적합하지 않았다. 칭기즈칸은 텡그리를 숭배했고, 제국이라는 개념은 돌궐 제국으로부터 온 것이었으며 그의 천명은 모든 사람에 대한 지배를 아직 열망하지 않았을 때에 초원에서 생겨났다. 중국 혹은 기독교의 이론에 근거하지 않고 '세계' 지배라고 하는 초원의 한정된 개념을 지리적으로 광범한 야망으로 변화시키는 데에 성공한 것이었다. 칭기즈칸은 여전히 텡그리를 변함없이 숭배했고, 제국의 영토 대신에 그 영역을 정복했던 유목민 군대를 나누어 그의 후계자들 각각에게 많은 씨족과 부족을 분배하고자 했다.

알렉산더와 샤를마뉴의 제국은 그들이 사망한 뒤에 분열되었지만, 칭기즈칸의 제국은 그렇지 않았다. 그의 개인적 유산은 몽골의 힘과 통일성을 위한 중요한 주춧돌이었다. 단지 그의 후손인 황금 씨족만이 몽골 제국과 그 계승 국가들을 통치할 수 있었다.[5] 칭기즈칸의 일대기는 17세기에 편찬된 몽골 역사서의 기초가 되었고,[6] 그가 남긴 흔적과 규범은 경의의 대상이 되었다.[7] 몽골족이 16~17세기에 불교로 개종했을 때에 칭기즈칸은 불교적 성인聖人이 되었다. 그의 명성이 가진 중요성과 힘, 몽골 제국의 계승 국가에서 가지고 있는 그에 대한 기억은 야사Yasa에서 드러나고 있는데, 야사는 칭기즈칸의 사망 이후에 만들어졌지만 위대한 정복자가 제정한 것으로 여겨졌던 가공架空의 법전이었다.[8]

칭기즈칸은 정교하게 혼합되어 있는 초원 고유의 샤머니즘, 다신교, 토테미즘을 결코 포기하지 않았다. 그의 후계자들은 모든 종교의 성직자를 마술사로 여겼고, 그들이 단 하나의 종교를 채택했을 때도 다른 신앙에 대한 관용을 유지했다.[9] 역설적으로 이 점으로 인해 그들은 상당한 찬사를 받았다. 기독교도, 무슬림, 도사道士, 불교도, 유학자들은 모두 몽골의 관용을 자신들의 신념에 대한 특별한 호의라고 인식했다. 각각의 신앙을 믿는 성직자와 연대기 작가들은 대체로 몽골 시대를 종교적인 관점에서 그들이 믿는 종교에 유리한 점들을 기록했다. 그래서 자료에 따르면, 칭기즈칸은 코란을 인용하고 있고 네스토리우스 기독교에 호의를 보이고 있으며 도교에 대한 믿음을 간직하고 있다. 주로 종교와 관련된 이러한 자료들은 몽골 제국의 행정 구조를 중대하게 다루지 못하고 있기 때문에 마치 그러한 것이 없었다는 인상을 만들게 된다.[10] 이러한 점은 몽골 지배의 모습을 왜곡하고 있고, 몽골의 정복이 가져온 종교적인 영향력으로 인해 몇몇 학문적 연구에서는 또 다른 양상들이 제외되었다.

칭기즈칸의 아들인 툴루이와 그의 아내 소르칵타니.

　사실, 몽골의 행정은 복합적이면서 절충적이었다. 새로운 제국의 대규모 정주지대 사람들은 초원에서는 결코 직면할 수 없었던 정치적, 행정적 문제들을 불러일으켰고 몽골족은 즉시 사용할 수 있는 수단으로 이에 대응했다. 몽골리아에서는 이미 본질적으로 봉건적인 개념들을 개발했다.[11] 신하들은 가축과 씨족으로 구성된 봉토와 이에 수반되는 목초지에 대한 권리를 받았다. 봉건적 계층제도가 몽골의 정치 조직에 담겨 있었던 것이다. 몽골족은 제국을 건설하는 과정에서 그들의 관습법이 가진 특징을 유지하면서 다양한 출처들로부터 관료제 구조를 받아들였고, 새로운 상황에 대처하기 위해 새로운 법률을 제정했다. 래리 W. 모지스

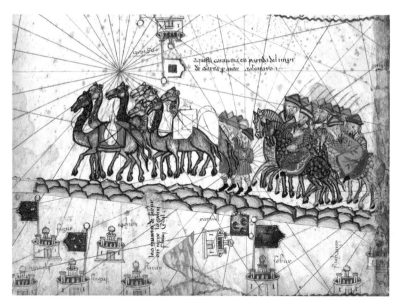

유대인 지도 제작자 예후다 크레스케스가 1375년경에 만든 카탈루냐 지도첩 중에서 마르코폴로가 실크로드를 따라 몽골 제국을 횡단하는 부분.

가 주장했던 것처럼, 몽골 제국의 힘은 봉건제와 씨족-부족제, 관료제, 제국적 사회 구조와 정치적 제도들을 통합하는 능력에서 나왔다.[12] 한 몽골족이 동시에 봉신封臣, 씨족의 귀족, 관료가 될 수 있었던 것이다. 유목민이 보유한 씨족-부족제의 기반은 귀족 엘리트가 새로운 군사적·정치적·관료적 책임을 떠맡게 되었을 때에도 지속되었다. 정체성의 혼합, 체제와 형식의 조직화는 제국에 응집력을 부여했고, 시간이 지나면서 그 실용성이 입증되었다.

몽골족은 아시아의 거의 대부분을 정복했고, 내륙 아시아의 모든 초원 제국이 꿈꾸었던, 중국에서 페르시아로 향하는 대륙 대상로의 통제를 달성했다. 팍스 몽골리카Pax Mongolica[몽골 제국으로 인해 생긴 평화를 일컫는 관용어귀를 위해 들어간 엄청난 파괴적인 희생은 부정될 수 없지만, 몽골 제국은 넓은 지역의 정치 제도와 경제 발전, 문화적 다양성에 중요한 기여를 했다. 아무리 많은 지식을 가지고 있다고 하더라도 몽골이 파괴만 저질렀다고 생각하는 것에 만족하게 만드는 몽골 제국의 역사는 존재하지 않는다.[13]

킵차크 칸국은 칭기즈칸의 아들 주치, 손자 바투의 상속 재산이었다. 그 영역이 변경되어 정확하게 윤곽을 그려낼 수는 없지만, 기본적으로 킵차크 칸국은 볼가강 상류, 이전 볼가 볼가르 국가의 영토, 시베리아에서 우랄 산맥 일대, 북北코카서스, 불가리아(잠시 보유), 크림반도, 중앙아시아의 호레즘을 포함하고 있었다.[14] 킵차크 칸국의 중심이면서 그 정체성과 성공의 핵심이었던 곳은 흑해·카스피해 초원이었다. 러시아 정복 이후인 13세기 중반에 킵차크 칸국은 여전히 대몽골 제국의 일부였다. 킵차크 칸국과 러시아의 인구 조사는 멀리 떨어진 제국의 수도인 몽골리아의 카라코룸으로부터 지시를 받았고, 킵차크 칸국의 지배자들은 여전히 중국과 페르시아에 영지를 보유했다. 킵차크 칸국에서 차출된 병력은 몽골 제국의 원정들에 참여했다. 그러나 14세기 이전에 모국에 대한 충성은 대체로 상징적이고 의례적인 성격만 남게 되었다. (이러한 허구성은 1368년에 몽골 전통의 보고寶庫였던 원나라가 없어질 때까지 유지될 가치가 있었다.) 칭기즈 가문의 유산은 여전히 중요했지만, 킵차크 칸국은 완벽히 자치 상태에 놓였다. 킵차크 칸국의 지배자들은 칸이라는 칭호를 사용했고, 스스로의 화폐를 주조했으며 권력과 영향력을 놓고 다른 몽골 계승 국가들과 경쟁했다.

킵차크 칸국의 이념적 기초와 초기의 제도적 장치들은 몽골 제국의 것이었다. 몽골의 인구 조사, 10진제로 편성된 군대 조직, 역참 체계(이를 얌yam이라고 한다), 초원의 세금을 사용했다. 그러나 긴 역사를 거치는 동안 킵차크 칸국은 흑해·카스피해 초원과 세계에서의 위치에 따른 긴급한 국면에 대처하면서 변화해나갔다. 14세기에 이슬람교의 채택과 함께 이슬람 세계에서 가장 정교한 관료 기구인 페르시아의 디완diwan 제도를 받아들였다.[15] 몽골의 가문 회의인 쿠릴타이quriltai는 4명의 베클리아리 베크bekliaribek로 구성된 중앙 회의로 대체되었다. 재상은 재정을 담당했다. 그리고 이슬람교의 법관, 법률 고문 등 완전한 무슬림의 종교 지배층이 볼가강 하류에 위치한 킵차크 칸국의 수도 사라이에 등장했다. 이슬람의 외교 방식은 칭기즈칸 이래로 존재하고 있던 몽골의 사절단 관행과 결합되었다.[16] 칸들이 러시아 정교회에게 주었던 면세 문서에서 세금 체계의 범위와 복잡성을 추론할 수 있다.[17] 그래서 내부적, 대외적인 사무에서 킵차크 칸국은 완벽한 기능을 가진 문서 관료제를 보유하고 있었고, 이는 그 계승 국가들에게도 결정적인 영향을 끼쳤다. (불행하게도, 킵차크 칸국의 문서들은 1390년대에 티무르가 사라이를 약탈했을 때 소멸되었다.)

이러한 행정은 말을 탄 상태에서는 운영될 수 없었다. 러시아, 볼가 볼가르, 호레즘 등의 주변 지역으로부터 차출된 노동자, 장인들을 활용하여 킵차크 칸국은 볼가강 하류의 중심지대에 사라이와 같은 새로운 도시들을 건설했다. 대부분의 일반 몽골족들이 초원에서 유목민으로 남아 있으면서 그들의 군사적 효율성을 유지했던 반면에 사라이에서는 영구적으로 도시화된 관료제가 형성되었다. 14세기의 2/4분기에 사라이를 방문했던 여행가 이븐 바투타는 수도관을 통해 공급되는 유수流水와 모스크, 이슬람 신학교, 대상들의 숙박소, 외국 상인들의 거주지, 귀족과 황실 사람들이 사는 궁전 등이 있는 일반적인 무슬림 도시를 묘사했다.[18] 문헌 기록과 고고학적 증거를 살펴보면, 킵차크 칸국의 사회 구조가 복잡했음이 명백하게 드러난다.[19] 칸은 여전히 대부분의 군사 진영(이를 오르다orda

사라이의 궁전에서 떨어져나온 벽의 타일 조각.

라고 부른다)을 데리고 볼가강의 상류와 하류를 상징적으로 순행했던 것으로 보이지만, 전성기의 킵차크 칸국에서는 유목 씨족과 정주 관료제 요소가 미묘하게 균형을 맞추며 공생하고 있었다. 이것은 대몽골 제국과도 닮은 점이었다.

몽골족이 흑해·카스피해 초원을 지배했던 약 250년에 달하는 시기에 이러한 체계는 그 탄력성을 입증했다. 에미르emir[이슬람권에서 지위가 높은 왕족이나 귀족 등을 가리킬 때 사용하는 호칭]인 마마이는 1380년에 쿨리코보 평원 전투에서 드미트리 돈스코이에게 패배한 이후에, 그리고 토흐타미쉬는 1391년에 테레크강에서 티무르에 의해 재앙에 가까운 패배를 당한 이후에 모두 세력을 회복하여 새로운 군대를 일으킬 수 있었다. 러시아에 대한 킵차크 칸국의 지배력은 그 자체의 궁정 갈등, 왕가의 음모에도 불구하고 결코 와해되지 않았다. 로마와 콘스탄티노플의 황실 궁전에 사는 황제의 수명은 짧았던 적이 많았지만, 로마 제국과 비잔틴 제국은 높은 차원에서 그 효율성이 혼란에 의해 파괴되지 않게 하는 수단을 가지고 있었다. 이러한 점은 킵차크 칸국에도 똑같이 해당되는 것이었다.

킵차크 칸국 외교의 범위와 세련됨은 러시아 제국의 위대한 역사가인 솔로비예프가 주장한 것처럼 그들이 하찮은 도적 떼는 아니었음을 보여주고 있다. 대규모로 이루어진 국제 외교는 분명하면서도 상당히 효율적인 정부 기구를 필요로 했다. 킵차크 칸국의 대외 정책이 시행되는 주요한 대상은 페르시아의 몽골 일 칸국이 보유했던 아제르바이잔의 풍부한 목초지와 이득이 남는 교역로가 위치한 남쪽을 향해 있었다. 그 이익을 찾는 과정에서 킵차크 칸국은 이집트의 맘루크 왕조와 협조했고, 콘스탄티노플 해협을 거쳐 흑해에서 지중해로 왕래할 수 있도록, 비잔틴 제국에게 일 칸국과의 우호 관계를 청산하라고 압박했다.[20] 이러한 외교적 노력은 광범하게 이루어졌고, 그 대가는 막대했다. 이집트로 향하는 주요 사절단이 50번 정도 기록되어 있는데, 갈 때마다 맘루크 술탄을 위해 금, 은, 말, 낙타, 매 등의 선물을 가져가야 했다. 몽골족은 이슬람 외교의 까다로운 기준을 모두 준수했다. 서신은 정확한 크기의 종이에 적절한 펜과 잉크 그리고 특별한 금색의 글자로 된 고유한 문자로 기록되어야 했고, 시인들과 학자들만 완벽하게 숙달할 수 있는 정교한 어투로 표현했다. 맘루크 왕조는 몽골 전문가[21]들을 서기로 고용하고 사라이의 칸에게 보내는 편지에 몽골의 관습과 칭기즈 가문의 계보를 면밀하게 배려함으로써 이에 응답했다. 맘루크 왕조와 킵차크 칸국 사이의 동맹은 접촉이 끊기고 왕조의 통혼이 실패했음에도 불구하고 유지되었고, 일 칸국이 네스토리우스 기독교에 대한 호의를 버리고 이슬람교를 채택한

맘루크 왕조의 교역 중심지인 알레포의 상류층.

이후에도 계속되었다. 아제르바이잔을 둘러싼 킵차크 칸국과 일 칸국의 싸움은 일 칸국 그 자체가 존재하는 한 지속되었다.

킵차크 칸국의 대외 정책은 또한 동유럽, 중동, 중앙아시아를 모두 적극적으로 포용하고 있었다. 페르시아, 중앙아시아, 중국, 몽골리아의 몽골 가문들로부터 사절단이 왔던 것처럼 아르메니아와 조지아의 군주들, 크림반도와 흑해에 있는 제노바 식민지들의 이탈리아인들, 호레즘과 이집트 사람들, 교황이 보낸 사절과 선교사들도 모두 사라이로 왔다. 13세기와 14세기에 몽골의 지배가 어떻게 러시아를 고립시키는 결과를 가져다줄 수 있었는지에 대해서는 확인하기가 어렵다. 몽골의 대외 정책에서 러시아의 역할은 매우 적어서 대체로 아제르바이잔 원정에 인력과 세금을 제공한 것 정도였지만, 킵차크 칸국의 외교를 따르는 것은 러시아의 권익에도 상당히 중요했다. 사라이에 종종 찾아왔던 러시아 공작들은 볼가강 하류를 방문하는 외국 고관들의 행렬을 분명히 목격했다. 킵차크 칸국이 시도했던 유럽과의 중요한 접촉은 또한 러시아를 국제 사회에 노출시키도록 하는 경향이 있었다. 원나라가 무너진 이후에 킵차크 칸국은 중국, 몽골리아와 접촉할 수 없게 되었고, 15세기가 되면 중동의 주요한 세력이라기보다는 동유럽의 지방 정권으로 전락했다.

이렇게 국제적으로 활동적이었던 국가의 경제는 유목, 상업에 기반을 두고 있었다. (농민들과 장인들의 생산품은 경제적 잉여를 창출하지 못했다. 그것은 국내 소비를 위한 것이었고, 반드시 필요한 것이었지만 수익이 발생하지는 않았다.) 대부분의 몽골족이 가축에 의지해서 살아갔던 반면, 경제의 핵심은 몽골이 대상로를 방어해주면서 촉진되었던 국제 교역이었다. 가장 부유했던 것은 비단, 향료를 가지고 동방에서 지중해와 유럽으로 오는 교역로였다. 이 교역로는 사라이와 볼가강 하류의 다른 몽골 도시들을 통과했다. 또한 킵차크 칸국은 모피 교역로가 우스티우그와 사라이를 통해 카스피해로 지나가도록 방향을 바꾸었고, 러시아와 볼가르 중개자들을 교역에서 배제시켰다.[22] 몽골족은 교역에 직접적으로 개입하지는 않았지만, 팍스 몽골리카를 이용하는 외국 상인들에게 세금을 징수했다. 그 상인들은 대부분 아르메니아인, 이탈리아인,[23] 유대인, 중앙아시아 무슬림들이었다. 킵차크 칸국은 폴란드-리투아니아, 한자 동맹[해상 교통의 안전 보장과 공동 방호 및 상권 확장 등을 목적으로 13~17세기에 독일 북쪽과 발트해 연안에 있는 여러 도시 사이에서 이루어졌던 연맹](노브고로드를 거치는 무역), 이집트와 비잔티움, 크림 반도의 카파에서 온 제노바인, 페르시아, 중앙아시아와의 무역을 장려했다. 그들은 스스로의 은화를 주조했는데, 이는 무역 균형이 잘 이루어지고 있음을 나타내는 것이었고 내전 기간에도 칸들은 각자의 화폐 주조소를 설립했다.

킵차크 칸국의 정치사는 적대적인 러시아, 페르시아의 사료와 우호적인 맘루크의 사료들로부터 재구성될 수 있다.[24] 첫 번째 내부 분열은 14세기가 되기 이전에 일어났다. 칭기즈 가문의 정계正系였는지 의심을 받고 있는 노가이라는 인물은 크림반도와 발칸 지역에 세력 근거지를 세우고, 킵차크 칸국의 지배를 놓고 볼가강 하류에 있는 칸들과 경쟁했다. 이 내전의 근본적인 원인은 교역로를 둘러싼 씨족, 부족 간의 대립과 분쟁이었다. 어쩌면 상당히 이른 시기에 발생했을 이러한 분리의 시도는 진압되었고, 14세기 초기 우즈베크 칸의 통치시기에 킵차크 칸국은 통상 최전성기라고 여겨지는 시대를 맞이했다. 우즈베크의 치하에서 이슬람교가 킵차크 칸국의 국교가 되었다. 세기 후반이 되면 내전과 불안정이 다시 나타났고, 거의 무정부 상태에 가까운 기간이 20년 동안 유지되었다. 토흐타미쉬 칸은 킵차크 칸국의 사실상 권력자였던 에미르 마마이를 쫓아냈고, 마침내 겉으로나마 질서를 회복했다. 토흐타미쉬의 성공은 그리 오래가지 않았음이 입증되었다. 킵차크 칸국의 도시 근거지는 흑사병으로 인해 황폐화되었고, 중앙아시아의 위대한 지배자인 티무르는 1390년대에 최후의 일격을 가했으며 엄청난 전투에서 토흐타미쉬를 짓밟았다. 티무르는 구 사라이와 신 사라이[바투가 볼가강 하류에 건설한 도시를 구 사라이라 부르고, 구 사라이에서 서북쪽으로 약 180킬로미터 떨어진 곳에 베르케가 건설한 새로운 도시를 신 사라이라고 부른다]를 약탈했고, 아시아의 비단과 향료를 교역하기 위해 오는 상인들을 카스피해의 남쪽으로 가도록 경로를 변경시키면서 볼가강 연안에 있는 킵차크 칸국의 상업 도시들을 우회하게 만들었다. 이러한 어마어마한 손실은 경제가 감당해 낼 수 없는 것이었다. 도시 중심지의 점증적인 약화, 유목민과 정주민 몽골족 사이의 이해관계 충돌은 도시와 초원의 공생 관계를 파괴했고, 지역 분리주의의 경향도 나타나게 되었다. 훗날 들어서게 되는 각각의 칸국들은 그 자신의 경제적 연계를 추구했다. 에미르 에디게이는 킵차크 칸국을 다시 하나로 묶으려는 마지막 노력을 시도했지만 실패했고, 15세기 중반에 킵차크 칸국은 완벽하게 분열되었다.

대몽골 제국이 분열되었을 때 주치 가문이 통치하는 킵차크 칸국은 물론이고, 중국의 원나라와 중앙아시아의 차가타이 칸국, 페르시아의 일 칸국이 탄생했다. 200년이 지나고 다른 계승 국가들이 사라지고 난 이후에도 킵차크 칸국은 그 자신의 계승 국가를 만들 수 있을 정도로 여전히 존재하고 있었다. 계승 국가들로는 볼가강 중류의 카잔, 볼가강

차가타이 칸국과 그 주변(13세기 후반)

하류의 아스트라한, 기레이 가문이 통치하는 크림반도, 쉬반 가문이 통치하는 시베리아, 모스크바의 속국인 카시모프, 유목 생활을 하는 노가이 오르다[13세기 말에 킵차크 칸국의 지배를 위해 경쟁했던 노가이의 후손들이 15세기 중엽에 흑해·카스피해 초원 일대를 차지하고 세운 왕조다] 등이 있었고, 킵차크 칸국의 유목 중심지에 있는 잔여 세력이었던 대 칸국Great Horde은 변경에 위치한 계승 국가들에 둘러싸인 광활한 지역을 여전히 배회하고 있었다. (대 칸국은 더 이상 부유한 상업 세계의 일부분이 되지 못했다. 관세, 강탈로 인한 손실을 피하기 위해 킵차크 칸국의 도시화된 계승 국가들은 모스크바 공국과 힘을 합쳤고, 결국 1502년에 대 칸국을 멸망시켰다.)

칭기즈칸의 유산은 여전히 효능 있는 힘으로 남아 있었다. 위에서 언급한 모든 국가는 적어도 명목적으로는 칭기즈칸의 후손들에 의해 통치되었다. 모지스가 주목했듯이 몽골 제국에서는 마마이, 에디게이(논쟁의 여지가 있는 노가이의 경우는 제외했다)와 같이 칭기즈 가문이 아닌 지배자가 통치하는 선례가 없었다. 심지어 그 대단한 티무르도 몽골 귀족의 혈통을 가지고 태어났지만 칭기즈 가문은 아니었던 탓에 왕조의 정당성을 위해 갖출 형식을 존중해야 했다. 비록 티무르가 자신을 칭기즈칸과 연결시키는 위조된 계보를 지지하기는 했지만, 감히 스스로를 칸이라고 부르지는 못했다. 대신에 그는 황실 가문과 통혼하여 꼭두각시 칸들을 활용했다. 킵차크 칸국을 계승한 국가들에서도 칭기즈 가문이 아닌 지배자들은 티무르의 예를 따랐다.

몽골족은 도시, 농경 사회를 관리할 능력이 없고 러시아의 맹렬한 저항에 주눅이 들었으며 혹은 이러한 두 요인이 결합되었기 때문에 러시아를 점령할 수 없었다고 여겨졌다. 그러나 페르시아와 중국은 적어도 러시아만큼 강력하게 저항했고, 통치의 대상으로 엄청나게 많은 인구가 존재했다. 중국, 페르시아, 중앙아시아에 대한 장기적인 점령을 가능하게 했던 제도들이 러시아를 통치하는 데에도 유용했을 것이다. 오히려 러시아가 몽골족에게 별로 제공한 것이 없었기 때문에 러시아가 점령되지 않은 상태로 남아 있었다는 것이 사실에 가깝다. 러시아는 초원의 일부도 아니었고, 수익이 창출되는 교역로에 위치하지도 않았던 것이다. 러시아에서의 상업은 러시아인들에게는 중요했겠지만, 사라이의 동쪽과 남쪽에 있는 교역로를 따라 이루어지는 교역과 비교하면 중요성이 떨어졌다. 몽골의 세금은 러시아 경제에 커다란 부담이었던 것 같지만, 몽골족들에게 있어서 이 소득은 호레즘, 볼가르, 크림반도, 아제르바이잔에서 흘러들어오는 재산보다는 덜 중요했다. 러시아는 킵차크 칸국의 권익에서는 단지 주변적인 존재에 불과했던 것이다.[25] 몽골족은 호레즘이나 볼가르와 같은 정주 지역의 지배자들을 몽골 관료로 대체했지만, 러시아는 아르메니아-조지아처럼 토착 공작들의 수중에 통치를 맡겨놓았다. 직접적인 행정에 드는 비용을 이득이 상쇄하지 못했던 것이다. 몽골족은 최소한의 비용으로 최대의 이익을 뽑아내기를 원했다. 그들의 행위에 대한 어떠한 해석이 이러한 가정으로부터 출발하지 않는다면, 아마 우리는 잘못된 길로 인도될 것이다.

킵차크 칸국에서 러시아의 위상은 변칙적인 것이었는데, 이는 부분적으로 러시아가 몽골 울루스ulus[이는 몽골어로 영토, 국가, 백성을 뜻한다. 더 나아가 세습된 영지, 관할 영역을 뜻하기도 한다]의 일부분이 아니었기 때문이다. 본래 정치적 상속 재산이라는 뜻을 가지고 있는 울루스라는 용어는 칭기즈칸의 제국과 킵차크 칸국처럼 몽골 제국의 일부분으로 칭기즈칸의 후계자들에게 남겨진 모든 것에 적용되었다. 주치와 그의 아들 바투의 울루스인 킵차크 칸국은 4개의 부분—사라이, 크림 반도, 호레즘, 킵차크 초원(폴로브치 초원)[원문에는 Desht-i-Kipchak로 되어 있는데 이는 페르시아어로 킵차크 초원을 뜻한다]—으로 되어 있다고 간주되었다.[26] 러시아는 여기에 포함되지 않았고, 볼가르와 같은 지역의 범주로 전락하지도 않았다. 러시아는 또한 울루스 내지의 외부에 있으면서도 몽골의 존재에 직접적인 영향을 받았다. 몽골의 정치 이론에서 러시아의 지위를 가리키는 용어는 알려진 것이 없고, 몽골 헤게모니 속에서 러시아의 이론적·이념적인 위상도 불명확한 상태로 남아 있다.[27]

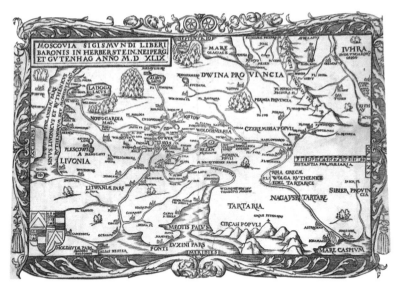

볼가강 하류를 그린 중세의 지도를 보면 중간에 도시들이 밀집해 있음을 알 수 있다.

러시아를 지배했던 몽골족들은 중국, 페르시아의 몽골 왕조들보다 몇 몇 확실한 이점을 가지고 있었다. 러시아에 도착하기 이전에 몽골족은 이미 나이만, 케레이트, 타타르와 같은 많은 투르크 계통의 부족을 흡수 했다. 투르크어 집단인 폴로브치와 같은 흑해·카스피해 초원의 토착 민 족은 대체로 샤머니즘을 신봉하는 유목민들이었고 문화적, 민족적으로 새로운 정복자들과 유사했다. 몽골족은 볼가 볼가르, 폴로브치, 체르니 예 클로부키의 사회-정치적 기반을 제거했고 이들 대부분을 서부 초원 에서 볼가강으로 이주시켰다. 그러면서 킵차크 칸국은 방대한 폴로브치 사람들과 초원의 다른 유목민들을 받아들였고, 점점 투르크어를 사용 하는 국가가 되었다. 토착 유목민들은 원래의 정체성을 상실했고, 훗날의 몽골 시기부터 새로운 민족 집단이 몽골식 이름을 가지고 나타나게 되었다. 폴로브치, 볼가 볼가르, 체르니예 클로부키는 사라졌고 타타르, 우즈베크, 노가이 민족으로 교체되었다.[28] 중국과 페르시아에서는 몽골 왕조가 그들과는 문화와 종교가 전혀 다른 사람들을 지배했다. (비록 일 칸국은 결국에는 이슬람교를 채택했지만 말이다.) 피정복민의 문화적·종교적 적대감 때문에 동화가 이루어지지 않는다는 것은 큰 문제였고, 동화가 이루어진다는 것은 몽골족으로부터 그들의 힘이 나오는 전통적인 근원을 빼앗는 것이었기 때문에 위험했다. 킵차크 칸국은 대체로 초원에 머물러 있었고, 이러한 문제들에 직면하지 않았다. 투르크어를 사용하는 인구를 흡수한 것은 초원에 대한 몽골의 지배력을 강화시켰고, 킵차크 칸국에게 민족적, 문화적 단일성을 부여했다.[29]

러시아의 종교와 문화는 적어도 중국과 페르시아의 그것들처럼 몽골족과 맞지 않았지만, 몽골의 지배는 러시아에서 간접적으로 이루어졌기 때문에 더 길게 지속되었다.[30] 흑해와 카스피해의 초원이 이를 가능하게 했다. 직접적인 지배가 필요했던 중국에서는 적당한 목초지가 부족해서 몽골 기병들이 극심한 혼란을 겪었다. 일 칸국은 형편이 조금 나았지만, 남부 페르시아와 다른 지역에 대한 지배는 페르시아 북부와 아제르바이잔의 목초지를 기반으로 하고 있는 군대를 통해 시행해야 했다. 반면에, 킵차크 칸국은 흑해와 카스피해 초원의 넓은 목초지를 중심으로 두고 있었고, 이는 모든 몽골 군대를 무한정 지원하기에 충분했다. 러시아는 자신의 이득을 챙기기에는 초원과 너무 가까웠다. 심지어 가장 멀리 떨어진 러시아의 도시도 쉽게 공격할 수 있는 거리 내에 있었다. 그래서 몽골족은 초원의 상태가 알맞게 유지되는 한 러시아를 통제할 수 있었다.

러시아의 해방은 몽골의 정치적 조화가 완전히 사라지고 난 뒤에야 도래했다.

몽골족은 처음에는 바스카키baskaki[원형은 바스카크baskak이고, 바스카키는 바스카크의 복수형 단어다]라고 불리는 고유의 몽골 관료들을 통해 러시아를 지배했다. 훗날에는 이 제도가 없어졌고, 몽골은 몽골 주군의 소망을 러시아 공작들에게 알려주는 포솔리posoly라 불리는 사절을 활용하여 사라이에서 러시아를 통치했다. 몽골족은 중국과 페르시아에서 몽골 왕조가 무너지고 난 이후 약 100년 동안 러시아의 삼림 지대를 계속 다스렸다.

러시아의 역사가들은 몽골의 정복 및 러시아 공국의 분열을 벗어나게 하지 못했던 러시아의 계속된 무능력을 모두 비난했다. 그들은 러시아가 통일되었다면 타타르의 멍에를 벗어던질 수 있었다고 가정하는 것이다. 그래서 1380년에 드미트리 돈스코이가 거둔 승리에 영광과 중요성이 부여되었다. 사실, 엄청난 단합이 있었어도 러시아 공작들은 1237~1240년의 몽골의 파괴력을 감당할 수 없었을 것이다. 그리고 13세기와 14세기의 어느 순간에도 러시아 공작들은 유목민 군대와 도시화된 관료제 사이의 균형을 견고하게 유지하면서 국제 상업을 통해 얻는 이익으로 운영되고 있는 킵차크 칸국을 극복할 수 없었을 것이다. 러시아는 킵차크 칸국의 관심에서는 부차적인 것이었다. 그 결과, 킵차크 칸국의 대외 관계와 국내 갈등은 러시아의 정치활동 혹은 저항보다는 킵차크 칸국의 대러시아 정책을 주로 결정지었다. 비록 모스크바 공국의 점증하는 힘(그리고 카시모프 칸국의 창설자에 대한 모스크바의 보호)이 영향을 끼쳤지만, 러시아는 킵차크 칸국의 최후 붕괴와는 그다지 관련이 없었다. 흑사병으로 인해 많은 인구가 사망하지 않았던 도시들을 황폐하게 만들고 아시아 교역로로부터 킵차크 칸국을 단절시켰다는 측면에서 본다면, 드미트리 돈스코이보다는 티무르가 킵차크 칸국의 약화에 더욱 일조했다.

몽골족은 초원에서 러시아를 지배했지만, 많은 사람이 주장하는 것처럼 이러한 점이 중세 러시아의 정치적·경제적·사회적·문화적 생활에 적은 영향력을 끼쳤음을 의미하지는 않았다. 사실, 장기적인 몽골의 헤게모니로 인해 몽골의 제도들이 지속적인 영향을 주고 있었을 수도 있다. 몽골의 영향에 대한 모든 연구는 분명히 타타르의 멍에 시기의 러시아-타타르의 관계에서 출발해야 한다.

4장

×

몽골의
러시아 통치

몽골의 러시아 정복 직후에 교황을 대표하여 파견된 프란체스코회 선교사 카르피니는 카라코룸으로 가는 도중에 러시아를 통과하면서 몽골의 최초 행정가들에 대해 서술했다. 그들은 바로 바스카키(투르크어에서 기원한 단어로 틀림없이 몽골족이 침략하고 정복한 민족들로부터 받아들인 것)였다.[1] 카르피니의 보고에 따르면, 바스카키는 조세 징수를 감독했고 병력을 징집했으며 몽골의 지배에 대한 저항을 억누르면서 질서를 유지했다.[2](바스카키가 아닌 세금 징수 청부업자도 있었는데, 1262년에 무슬림 세금 징수 청부업자들이 일련의 동북부 러시아 도시들에서 쫓겨난 것이 잘 알려져 있다.)[3] 바스카키는 러시아의 삼림 지대에 배치되었는데, 상황의 변화에 따라 킵차크 칸국이 그 행정 방식을 바꾸면서 바스카키를 초원으로 소환했다. 그들의 임무는 사라이로부터 지령을 받은 사절들에게 넘겨졌다. 이제 러시아의 특정 지역에서 일어나는 발전을 따르는 전문가들이 사라이의 관료 기구에 포함되어 있었던 것이다. 그러나 변화가 몽골족의 지배력이 느슨해진다는 것을 의미하지는 않았다. 비록 몽골족이 러시아 공국들의 정치 기반을 그대로 놔두었지만, 몽골족은 13세기에서 15세기 대부분의 기간에 러시아에서 아주 효율적으로 권위를 행사했다.[4]

몽골의 러시아 통치를 분석하기 위해서는 개별적으로 현존하는 사료와 그것이 묘사하는 커다란 상황에 대한 엄밀한 조사가 필요하다. 몽골 관료에 대한 많은 언급은 이후 시기의 신뢰할 수 없는 문헌들에서 나오고 있고, 이는 후대에 삽입되었음을 분명하게 보여주고 있다. 이와 동시에 사료의 세부 사항에 대한 정밀한 연구가 행정적 변화를 설명할 수 있는 킵차크 칸국 발전의 더욱 광범한 구조를 가려서는 안 된다. 이러한 위험성은 우리가 러시아에 끼친 바스카크 제도의 영향을 입증하려고 할 때에 명백하게 드러난다. 이 체계가 언제 시작되고 끝났는지, 바스카키는 어디에 배치되었는지, 업무를 어떻게 집행했는지에 대한 결단이 필요하다.

카르피니가 1245년에 바스카크 제도를 묘사했던 것을 보면, 몽골족은 분명히 러시아를 정복하고 난 직후에 이 제도를 실행했다. 히파티아 연대기의 1254~1255년 항목은 몽골 행정가들을 언급한 많은 러시아 사료 중 최초의 것인데, 보야르boyar(귀족이라는 뜻)[중세 불가리아, 키예프 공국 등에서 가장 높은 지위에 있는 귀족들을 지칭할 때 쓰는 용어로 10세기에서 17세기까지 사용되었다.] 밀레이가 바코타 마을(?)의 바스카크로 임명되었다는 기록이 있다.[5] 1267년에 러시아 정교회의 대주교에게 부여한 특허장(이를 야를리크yarlik라고 한다.)[야를리크라는 말은 몽골어에서 주로 황제의 명령이나 칙령을 가리킬 때 사용되는 자를리크jarliq에 그 기원을 두고 있는 것으로 보인

키예프 대공국의 대공 체르니고프의 미하일(1185?~1246). 킵차크 칸국 군대에 의해 처형당했고 이후 동방정교회가 그를 성인으로 추대하면서 일대기가 만들어졌다.

다.]에는 정교회의 세금 면제를 허락한 관료들 중에서 바스카키의 목록이 열거되어 있다.[6] 노브고로드 제1연대기에 따르면, 2년 후에 '위대한 블라디미르 바스카크 아르가만'은 대공 야로슬라프가 자신에게 저항하는 노브고로드에 대해 그의 의지를 강요하는 것을 도왔고, 이후에는 도시를 위협하는 독일 기사단을 몰아냈다.[7] 16세기의 니콘 연대기는 이 아르가만이 1273년에 노브고로드로 돌아왔다고 기록하고 있다.[8]

특별히 일반화를 좋아했던 니콘 연대기의 작가는 체르니고프의 미하일의 일대기를 개정하면서 몽골의 총독namestniki i vlasteli들이 1237~1240년의 원정 이후에 러시아의 모든 도시에 임명되었다는 주장을 하게 되었던 것 같다.[9] 그 문장은 원래의 문헌에는 없는 내용을 삽입한 것이고, 러시아 용어의 활용은 연대 상의 착오를 드러내고 있다. 불운하게도 드문드문 흩어져 있는 초기의 문헌들은 이러한 주장을 입증할 수 없고, 심지어 바스카크 제도가 같은 시기에 러시아 전역에서 시행되었는지도 불분명하다. 또한 니콘 연대기는 바투가 1240년에 키예프를 약탈하고 난 이후 보에보다(군사령관)를 이 도시에 임명했다고 주장하지만,[10] 보에보다는 임명되지 않았고 이는 아마도 문헌상의 또 다른 변조일 것이다. 1257년의 '리아잔Riazan' 특허장[11]의 훗날 사본에는 체르니고프의 나메스트니크namestnik['대리인' 혹은 '부관副官'을 뜻하는 말로 주로 지방 행정을 담당하는 러시아 제국의 관원]에 임명된 이반 샤인이 언급되어 있지만, 또 러시아 용어를 사용한 것이 의심스럽다. 바스카키의 분포에 대해 판단하면서 역사가들은 주로 그 가치가 의심스러운 훗날의 자료들에 의존했다. 바스카키가 러시아 삼림 지대 전체에 배치되어 있었다는 점은 모든 러시아 공국에게 적용되었던 1267년 야를리크의 언급에 의해 뒷받침되는 것 같다. 그러나 동시대의 사료들 중에서 이를 입증할 수 있는 것이 없다.

바스카크의 두 가지 주요 임무인 조세 징수와 병력 징집을 위해서 인구에 근거한 할당량이 배정되었다. 이는 주어진 지역에서 인구 조사(러시아어로 이를 치슬로chislo라고 한다)의 실시와 바스카크의 임명 사이에 서로 관련이 있었음을 암시한다. 체르니고프의 미하일 일대기의 최초 판본은 키에프 지역에서 1240년대에 인구 조사가 있었음을 기록하고 있다.[12] 그 인구 조사 결과는 카르피니가 목격했던 바스카키에 의해 활용되었을 것이다. 그리고 1257년이 되어서야 블라디미르-수즈달리아에서 인구 조사가 시행되었고, 노브고로드에서는 1259년이 되어서야 시행되었다.[13] 아마 이러한 도시들에는 인구 조사가 시행되고 난 이후에야 비로소 바스카키가 임명되었을 것이다. 그러나 불행하게도 인구 조사, 조세 납부, 바스카키의 존재 사이의 관계는 명백하다기보다는 여전히 추론적인 것으로 남아 있다. 우리는 노브고로드에서 인구 조사가 시행되었고, 조세를 납부했다는 점은 알고 있지만 이 도시에 바스카크가 있었다는 증거

고대 러시아인들이 벨리키 노브고로드Veliky Novgorod에 지은 교회 건축. 당시의 도시 경관을 짐작케 해준다.

가 없다. 이와 비슷하게 갈리시아-볼히니아에서는 분명히 조세를 납부했고 적어도 이 지역에 한 명의 바스카크(즉, 밀레이)가 있었다고 언급되어 있지만, 인구 조사에 대한 증거가 없다.

소비에트의 학자인 A. N. 나소노프는 지명地名 증거를 활용하여 바스카키 분포의 문제를 다루고자 했다. 그는 어근語根에 바스카크가 들어가 있는 지명은 바스카크의 지휘 아래에 타타르 장교들과 러시아 군대가 한때 주둔했음을 암시한다고 주장했다. 이는 바스카크 아흐마드의 이야기와 1331년에 키예프에서 일어난 특별한 사건에 대한 기록과 들어맞는데 두 이야기는 모두 한참 뒤에 서술된 것이다. 나소노프는 로스토프 지역에 이러한 명칭이 집중되어 있는 것은 1262년 베체veche[중세 슬라브 국가들에 존재했던 시민들의 의회]의 반란 이후에 병력이 증가했기 때문이라고 보았다. 이러한 지명은 러시아에 광범하게 분포하고 있는데, 만약에 나소노프의 이론이 정확하다면 바스카키는 사료에서의 언급이 드러내는 것보다 러시아 삼림 지대에서 더욱 일반적으로 확인되는 존재였다.[14]

나소노프의 결론은 또 다른 소비에트 학자인 V. V. 카르갈로프에 의해 반박되었다. 그는 바스카크의 통치시기에 몽골의 토벌이 초원에서 시작되었다고 알려졌고, 그래서 바스카크가 수중에 강력한 힘을 가지지는 못했다고 주장하고 있다. 사료에는 러시아 삼림 지대에 러시아-타타르 상비군이 있었다는 언급이 보이지 않는다. 카르갈로프의 의견에 따르면, 마을의 이름은 바스카키의 소유지를 반영하고 있는 것이다.[15] 카르갈로프의 관점은 비록 소비에트 역사가들 사이에서는 광범하게 받아들여지지 않고 있지만, 상당한 타당성이 존재한다. 몽골의 고위 관료가 러시아의 조그만 마을에 주둔했을 것 같지는 않다. 오히려 중요한 정치적 중심지에 배치되고 적은 병력을 수행원으로 동반했다고 보는 것이 더욱 가능성이 높다.

키예프에서 일어난 신비로운 사건은 해답을 준다기보다는 의문을 더욱 불러일으킨다. 1331년에 노브고로드의 대주교 바실리와 그의 수행원은 키예프의 페도르 공작, 익명의 바스카크 그리고 50명의 남자들로부터 공격을 받았고, 이들은 몸값(이를 러시아에서는 오쿠프okup라고 한다)을 강탈했다.[16] 페도르 공작과 이름 없는 바스카크에 대해서는 알려진 것이 없고, 이 당시에 키예프가 킵차크 칸국에 복종했는지 혹은 리투아니아에 복종했는지도 알 수 없다. 또한 이들이 바스카크 군대에 소속된 러시아-타타르 병력이었는지도 증명될 수가 없다.[17]

'로렌티아 연대기Laurentian chronicle'의 본문.

16세기에 편찬된 보롭스크의 파프누티 일대기에는 바스카크에 대한 미심쩍은 언급이 포함되어 있다. 이 기록에 따르면, 성인聖人의 조부祖父는 바스카크였는데 그는 기독교도 소녀를 강간했지만 기독교로 개종하고 피해자와 결혼하면서 삶과 영혼의 구원을 받았다고 한다. 이러한 일이 과연 일어났는지 혹은 언제 발생했는지에 대한 것은 해결되지 않고 있는 중요한 문제다.[18]

바스카크에 대한 유일하게 자세한 이야기는 13세기 동북부 러시아 역사의 주요 사료인 '로렌티아 연대기 Laurentian chronicle'에 기록되어 있다.

노브고로드 연대기에서는 동북부 수도인 블라디미르에서 권력을 행사했다고 묘사된 아르가만에 대한 언급이 이상하게도 로렌티아 연대기에서는 보이지 않는다. 대신에 1280년대에 대한 서술에서 연대기는 아흐마드 이야기를 기록하고 있는데, 아흐마드는 체르니고프 지방의 남쪽 도시 쿠르스크에서 바스카치스트보baskach'stvo(바스카크가 러시아어화 된 주격 명사)를 맡았던 인물이었다.[19] 바스카크 아흐마드는 쿠르스크에서 조세(러시아에서는 단dan'이라고 불렀다) 징수를 다른 사람에게 맡겼고, 장인들을 위한 면세 구역(러시아에서는 슬로보디slobody라고 불렀다)을 두 군데에 설립했다. 쿠르스크의 정치적 상황은 불안정했는데, 이 지역의 두 러시아 공작이 크림반도의 노가이와 볼가강의 텔레부가 사이에 벌어진 킵차크 칸국 내부 분쟁에서 서로 다른 편에 속해 있었기 때문이었다. 공작들은 두 타타르 파벌이 서로 간에 겨루게 되면 아흐마드에 거역한 데에 따르는 보복을 피할 수 있을 것이라고 믿었다. 아흐마드는 러시아 군대와 타타르 장교들에게 자신의 의지를 마음대로 관철시킬 수 없었고, 결국 초원으로부터 토벌 부대를 불러왔다. 지방 귀족들은 학살되었고, 공작들 중 한 사람은 처형되었다. 마침내 아흐마드는 초원으로 도망쳤다. 로렌티아 연대기에 묘사된 그의 통치는 착취적이면서 잔인했다.

수많은 이유로 인해 아흐마드의 경력은 러시아 전체 혹은 심지어 남부 지역에 대해서도 바스카크 제도의 전형이라고 간주될 수가 없다.[20] 이와 비교할 만한 같은 유형에 대한 기록이 없다. 멀리 떨어진 도시의 연대기들에 나타난 이야기는 더 심각한 문제들을 만들어내고 있고, 그 이야기의 기원과 언제 어디서 처음 기록되었는지에 대한 것도 알려져 있지 않다.[21] 그래서 우리는 바스카키가 정규적으로 슬로보디를 설립했거나 조세 징수를 다른 사람에게 맡기거나 혹은 군사 단위를 통제했다고 결론을 내릴 수가 없는 것이다. 또, 쿠르스크에서 일어난 특별히 혼란스러운 상태는 아흐마드의 경력으로부터 무언가를 추정하는 것을 위험하게 만들고 있다.

확실히 아흐마드는 체르니고프의 젊은 공작들의 이득을 증진시키지 않았고, 바스카키와 러시아 공작들 사이의 관계를 보여주는 다른 증거는 희귀하고, 모호하면서 앞뒤가 맞지 않는다. 러시아 사료에 최초로 언급된 바스카크인 바코타의 밀레이가 무엇을 했는지는 판단하기 어렵지만, 그는 갈리시아-볼히니아의 대공 다니일로부터 인정을 받지 못했다.[22] 그러나 10여 년 이후 바스카크 아르가만은 타타르 국가의 권력을 노브고로드와 분쟁 중이었던 대공 야로슬라프의 배후로 끌어와 그를 지원했다. 바스카키가 일반적으로 공작들을 지원했는지의 여부는 말하기가 어렵다. 아마도 타타르에 충성하는 공작들만이 바스카키의 후원을 기대할 수 있었을 것이다.

바스카키가 확실하게 강력한 인물들이었기 때문에 아마도 그들은 타타르 귀족의 구성원이었을 것이다. 그런데 전해지고 있는 이름들은 다양한 출신 배경을 암시하고 있다. 아르가만은 아르메니아인으로 보이고, 밀레이는 슬라브인(그는 보야르라고 불려졌다)이다. 아흐마드는 많은 사람이 사용하는 무슬림 이름이다. 연대기의 1308년 항목에 그 사망이 기록된 로스토프의 바스카크 텔레부가[23]는 아마도 투르크-타타르식 이름이었을 것이다. 이러한 이질성은 호기심을 불러일으키지만, 이름을 가지고 어떠한 확신 하에 민족을 추론하기는 어렵다.

바스카크에 대한 연대기들의 언급은 제멋대로 이루어지고 있다는 점이 두드러진다. 분명히 영향력을 가지고 있었던 '위대한 블라디미르의 바스카크 아르가만'보다 왜 정치적 벽지僻地의 바스카크인 아흐마드에 대한 이야기가 기록되었을까? 연대기들은 아흐마드 혹은 아르가만의 사망에 대해서는 아무런 언급을 하지 않지만, 정말 아무것도 알려지지 않은 로스토프의 텔레부가가 사망한 것은 기록하고 있다. 연대기에 나타나는 텔레부가의 사망 소식은 당시 공작들을 위해 기록된 연대기들의 중심지였던 로스토프에서 나온 것으로 보인다. 그러나 다른 곳에서 기록된 연대기들은 그 지역의 바스카키에 대해서 언급을 하지 않고 있다.

우리가 보유한 자료가 적다는 것이 마치 우연한 일인 것처럼 생각된다.

몽골족은 14세기에 바스카크 제도를 사용하지 않았다. 이 제도가 언제 어떻게 폐지되었는지에 대한 증거는 바스카크 제도의 시행과 관련된 증거만큼 불충분하다. 14세기에 바스카키가 한번 언급된 것은 무시될 수도 있다. 니콘 연대기는 1339년에 이미 리투아니아의 통제 아래에 있었던 도시인 스몰렌스크를 향한 러시아-타타르의 원정에 참여한 사람으로 바스카키에 대한 언급을 삽입하고 있다.[24] 바스카키에 대한 최후의 믿을만한 언급은 14세기 후반기에 나타난다. 1350년대부터 1382년까지의 몇몇 문서와 특허장들은 차리차 타이둘라Tsaritsa Taidula(칸의 아내 혹은 미망인으로 칸샤 타이둘라Khansha Taidula라고도 불렀다.)에 의해 리아잔 변경 지역[25]에 임명된 바스카키를 언급하고 있다. 반면에, 1380년의 쿨리코보 평원 전투에 대한 동시대의 기록들에서는 에미르 마마이가 바스카크 제도를 회복시키겠다는 의도를 내비치고 있다. 이는 바스카키가 이 시기에 더 이상 활용되지 않고 있었음을 암시한다.[26](마마이의 악명을 생각한다면, 이 내용은 바스카크 제도도 증오의 대상이었음을 드러내고 있다.)

아마도 몽골의 행정관들은 러시아의 다양한 지역에서 각각 다른 시기에 제거되었을 것이다.(마치 그들이 서로 다른 시기에 임명되었던 것처럼 말이다.) 리아잔 변경 지역의 바스카키는 러시아에 남아 있던 마지막 바스카키였을 것이다.

대부분의 역사가들은 킵차크 칸국이 러시아의 저항으로 인해 발생한 특정한 사건들에 대응하면서 바스카키를 설치하고 폐지했다고 주장한다. 이 이론에 따르면, 몽골족은 1262년에 러시아인들이 무슬림 세금 징수 청부업자들을 쫓아내고 난 이후 러시아에 관료들을 주둔시켰다. 그리고 1327년에 일어난 트베르 반란은 타타르족이 할 수 없이 바스카키를 소환하고 러시아 공작들이 조세를 거둘 수 있게 만들었다. 이러한 관점은 많은 문제를 회피한다. 우선, 몽골 정책의 지역적 차이의 가능성을 무시하고 있다. 그리고 바스카키가 단지 조세 징수의 역할만 맡았던 것이 아니라 감독관이자 정보 수집자였다는 사실을 간과하고 있다.[27] 게다가 공작들이 몽골족을 위해 조세를 거두었음을 보여주는 신뢰할 만한 가장 이른 증거는 14세기의 3/4분기부터 나오기 시작한다. 그래서 1327년의 반란과 이에 대해 타타르족이 대응했다는 추정의 증거 사이에는 적어도 25년의 격차가 존재한다. 사실, 우즈베크 칸의 치하에서 그 세력이 정점에 달해 있었던 킵차크 칸국은 트베르 반란을 잔혹하게 진압했고, 러시아의 저항 때문에 몽골족이 전체 행정 체계를 폐지했다는 주장은 납득하기 어렵다.

바스카크 제도의 등장과 소멸에 대한 '러시아식' 이론은 몽골의 정책에 끼친 러시아의 영향력에 너무 많은 강조점을 두고 있고, 정책 담당자의 관심과 킵차크 칸국의 내부 동력에 대해서는 별로 관심을 두지 않는다.(실제로는 관심이 아예 없다. 몽골의 명백한 관료제적 융통성을 고려해보면, 그들은 러시아를 감독하고 조세와 병력을 얻어내는 데 가장 효율적인 수단이 될 때는 바스카키를 활용했고 그렇지 못할 때는 바스카키를 폐지했다. 러시아의 저항도 한 요인이 될 수 있겠지만, 여러 가지 원인 중 하나일 뿐이다.)

바스카크 제도의 발전에 대한 '몽골식' 이론은 킵차크 칸국의 내부 역사에 관한 또 다른 관점을 제공한다. 러시아에 상주하는 몽골 관료들의 조직망을 유지하고 감독하기 위해서는 사라이로부터의 중앙 통제와 정교한 기록 보존이 필요했음이 틀림없다. 그래서 이러한 행정의 단계가 유목민 군대를 보완하기 위해 도시 관료제를 설립한 킵차크 칸국의 발전보다 먼저 이루어졌을 것 같지는 않다. 게다가 킵차크 칸국의 관료제는 러시아보다 더욱 긴급한 사안을 많이 보유했고, 관료제가 번성하지 않았다면 동슬라브족에게 관심을 두지도 않았을 것이다. 그러면 바스카크 통치의 시기는 아마도 킵차크 칸국 관료제의 도시 근거지가 번성하고 있던 때와 일치했고, 흑사병과 내전 및 티무르의 침략이 몽골 도시들을 약화시켰을 때 끝이 났다.

14세기 초원의 새로운 정치적 환경은 자연스럽게 러시아에 대한 몽골 통치에 변화를 야기했다. 러시아 공국들을 감독하는 임무는 바스카키로부터 다루기darugi[다루가의 복수형]라고 불렸던 부재不在 행정가들에게 넘어갔던 것으로 보인다.[28] 중국의 원나라에서도 사용되었던 이 몽골 용어는 13세기 페르시아의 쉬흐나shikhna, 투르크의 바스카크와 같은 의미였다.(내륙 아시아, 아나톨리아와 훗날 킵차크 칸국의 영토가 되는 지역에서는 몽골족이 도래하기 이전에 바스카크가 정주민 백성들을 통치하는 유목민 국가에 의해 활용되었다.) 14세기가 되면 다루가라는 용어가 몽골족과 그들의 다양한 피정복민들이 사용했던 바스카크를 대체했고, 분명히 같은 것을 의미하지는 않았다. 이러한 전환은 분명히 원격 조종 (그리고 비용이 덜 드는) 방식으로 행정의 변화를 수반했고, 15세기의 다루기는 확실히 볼가강에 있는 몽골 도시들에 거주했다. 각각의 다루기는 특정한 러시아 공국을 할당받았다. 바스카키를 영국의 식민지 총독에 비유할 수 있다고 한다면, 다루기는 국무부의 공무원과 닮아 있었다. 다루기는 러시아와 관련된 사안들에 대해 칸에게 조언했지만, 집행의 책임은 없었다.[29]

비록 15세기 후기의 시메온 연대기Simeon chronicle의 1272년 항목에는 리아잔의 도로가doroga인 테미르[30]라는 한 인물이 언급되어 있지만, 동시대의 다른 연대기들에는 그에 관한 언급이 없고 이것은 아마 후대에 삽입된 내용일 것이다. 결국 15세기까지 도로기가 러시아에 대한 권위를 가지고 있었음을 보여주는 다른 증거는 없는 셈이다. 모스크바의 도로가였던 민 불라트는 1432년과 1438년에 모스크바 공국의 대공 계승을 둘러싼 킵차크 칸국의 분쟁에서 활약했는데, 여기에 울루스니에 도로기ulusnye dorogi(울루스의 도로기?)와 사라이의 다라그 공작 우세인darag' prince Usein이라는 표현이 나온다.[31] 킵차크 칸국은 러시아보다 앞서서 다른 지역에서 다루기를 활용했던 것으로 보인다. 1376년에는 모스크바와 니즈니 노브고로드의 연합군이 잠시 대볼가르를 포위했다. 타타르가 도시를 되찾을 때까지 그들이 활용했던 도로가, 타모즈니아(러시아어로 세관원을 의미)가 아마도 기존 관료들의 공백을 메웠을 것이다.[32] 러시아인들은 다루기 제도가 러시아에 적용되기 이전부터 당연히 이를 잘 알고 있었다.

몽골족이 러시아 공국으로부터 바스카키를 제거하고 이를 사라이에서 통제하는 다루기로 대체했을 때 그들은 동슬라브족에 대한 지배를 완화하지 않았다. 바스카크 시기 동안에는 몽골의 의지를 따르게 만들 수 있었던 강력한 유목민 군대가 가까운 초원에 자리하고 있었고, 그 존재는 변하지 않았다. 유일한 차이점은 이제 킵차크 칸국이 사라이에서부터 러시아 공작들에게 사절을 보내면서 자신의 의지를 전달했다는 것이었다. 이러한 사절들을 포솔리posoly라고 불렀는데, 이는 몽골어 엘리치elichi 혹은 일리치ilichi[몽골어로 사절을 의미한다.]를 러시아어로 직역한 것이었다. 연대기들은 바스카키에서 포솔리로의 갑작스러운 변화를 보여주지는 않는다. 그러나 문헌의 언급에 대한 단순한 통계적 분석은 다루기가 바스카키의 임무들을 물려받을 때에 포솔리가 점점 빈번하게 사용되었음을 암시하고 있다. 13세기에 이와 관련된 언급들이 약간 있다. 1257년에는 익명의 사절들이 노브고로드로 왔다.[33] 1262년에는 쿠틀루부가라는 이름의 사절이 블라디미르-수즈달리아에 출현했다.[34] 그리고 1277년에는 노가이가 보낸 네 명의 사절들—테기차그, 쿠틀루부가, 에쉬마타, 만셰이아—이 갈리시아-볼히니아에 도착했다.[35] 하지만 킵차크 칸국이 바스카크 제도를 서서히 폐지하는 과정에 있었던 것으로 여겨지는 14세기[36]에 수많은 사절의 방문이 기록되었다.[37] 포솔리에 대한 언급은 특히 15세기 중반 이후에 분열로 인해 러시아의 사건들에 간섭할 수 있는 타타르족의 능력이 극도로 줄어들어 킵차크 칸국의 영향력이 쇠퇴하면서 점점 적어졌다.[38]

포솔리는 중요한 관료였고, 마치 몽골의 귀족과도 같았다. 그리고 그들은 제국의 역참을 통해 이동했는데, 아마도 관료를 상징하는 표식을 지니고 있었을 것이다. (그 표식은 아마 금, 은, 구리 혹은 다른 재료로 만든 인장인 파이자paiza[중국의 패자牌子에서 기원한 말로, 역참 이용을 허락하는 허가증]였을 것이다.) 러시아 연대기들은 포솔리들을 이름을 통해 식별하고 있고, 때때로 실렌silen(러시아어로 '강력한'의 뜻) 혹은 류트liut(러시아어로 '사악한'의 뜻)라는 형용사를 덧붙이기도 한다.[39] 연대기들은 포솔리들이 수행원을 데리고 왔다는 언급을 거의 하지 않고 있다. 예외에 해당되는 가장 유명한 사례는 1327년에 트베르에 온 셰브칸이지만, 사절들이 호위대도 없이 말을 타고 왔을 것 같지는 않다. 필자는 사절들이 통역을 사용한 기록이 없다는 것을 알지만, 그들은 아마도 러시아어를 말하지는 못했을 것이다. 확실히 포솔리가 방문한 공작들은 수중에 투르크어를 말할 수 있는 사람들을 충분히 데리고 있는 경우가 많았다. 타타르족에 충성하는 공작들은 적어도 타타르족에 적대적인 공작들(14세기 초기 모스크바 공작이었던 이반 칼리타가 최초의 예)을 향해 이루어지는 것만큼의 방문을 기대할 수 있었다.[40] 몽골 사절들은 바스카키가 했던 것처럼 세금, 병력을 요구했고 몽골의 결정 내용이 담긴 서신이나 명령서를 러시아 공작들에게 가져오기도 했으며 러시아 공작들을 사라이로 부르기도 했다. 이러한 사절들은 러시아 역사의 몽골 시기 대부분에 걸쳐 공국들과 킵차크 칸국 사이를 잇는 중요한 매개였다.

바스카키에 대한 의존에서 다루기, 포솔리를 활용하는 것으로의 변화는 러시아를 통치하는 데에 드는 비용을 줄이기 위해 고안된 것이었다. 삼림 지대에 있는 것보다는 초원에 거주하는 관료들이 유목 경제를 통해 저렴하게 지원을 받을 수 있었고, 또한 더욱 유익한 다른 사업에 투입될 수도 있었다. 이러한 부재 통치자 제도를 통해서 킵차크 칸국은 14세기 후기의 위기들 이후에도 러시아에 대한 지배력을 유지할 수 있었다.

러시아에 대한 효율적인 통치를 위해 몽골족은 구역을 나눌 필요가 있었고, 러시아의 기존 정치 구획을 대체하거나 폐지하지 않고 몽골의 구역과 중첩시켰다. 몽골족들이 사용하는 기본 단위는 1만을 의미하는 투멘tumen이었는데, 러시아의 자료에서는 이를 트마tm'a로 표현했다. 초원에서는 투멘이 1만 명의 성인 남성을 의미했고, 유목민들 사이에서는 1만 명의 병력과도 같은 뜻이었다. 정주민들 사이에서는 사정이 이렇게 단순하지 않았다. 1만 호ᇹ가 지역 경제를 파괴하지 않으면서도 이렇게 많은 병력을 생산해낼 수 없었던 것이다. 우리는 중국과 페르시아의 몇몇 투멘이 1만 명보다 훨씬 적은 병력을 투입했고, 어느 경우에는 단지 1000명에 불과했던 사례가 있었음을 알고 있다. 게다가 투멘이라는 용어는 몽골의 다른 계승 국가들에서 상이한 의미를 가지고 있었다. 그래서 트마가 1만 명의 병력으로 혹은 성인 남성으로 혹은 세금을 납부하는 호户로 구성되었는지 아니면 다른 단위로 구성되었는지에 대해서는 알 수 없다.

러시아 사료들의 트미t'my[트마의 복수형]에 대한 언급은 간헐적이고 신뢰도가 떨어져서 이 문제를 해결하는 데 큰 도움이 되지 못한다. 로고즈 연대기Rogozh chronicle는 1360년에 네브루즈 칸이 블라디미르 대공 지위를 둘러싸고 벌어진 분쟁을 나이가 어린 드미트리 이바노비치(훗날의 돈스코이)가 아닌 안드레이 콘스탄티노비치에게 대공의 지위와 15트미를 주면서 해결했다고 기록하고 있다.[41] 1512년의 크로노그래프Khronograf에는 리투아니아의 대공 비토브트가 1399년 보르스클라강에서의 전투에서 패배하기 이전에 자신의 꼭두각시 대리인이었던 토흐타미쉬에게 대노브고로드와 프스코프 뿐만 아니라 모스크바 대공의 지위와 17트미를 주고 트베르와 리아잔은 주지 않는다는 약속을 했다고 기록하고 있다.[42] 이 두 기록에 근거하여 미셸 루블료프 등의 역사가들은 모스크바-블라디미르 대공은 노브고로드, 프스코프, 트베르, 리아잔을 포함하지 않은 상태에서 15 혹은 17트미를 보유하고 있었다고 결론을 내렸다. 수즈달리아와 갈리치(갈리시아-볼히니아가 아닌 블라디미르-수즈달리아에 있다)의 공작들 사이에 맺어진 1445년의 조약은 니즈니 노브고로드의 5트미를 언급하고 있는데, 이는 분명히 블라디미르 대공의 트미와는 별개로 관리되었다.[43]

로고즈 연대기와 크로노그래프는 모두 15세기의 것으로, 서술하고 있는 사건들보다 대략 한 세기 뒤에 나왔다. 1360년과 1399년의 사건들에 대해서 더욱 시기가 빠르고 아마도 더 정확한 서술을 기록하고 있는 동북부 러시아의 연대기들은 트미에 대한 언급을 하지 않고 있다. 로고즈 연대기는 15세기 중반에 기록되기 시작했지만, 모스크바 공국의 손을 거친 16세기의 사본들만 남아 있다.[44] 크로노그래프는 특별히 의심스러운 점이 있다. 학자들은 전통적으로 이 기록이 15세기 중반의 망명 작가였던 세르비아인 파호미의 것이라고 추정했다. 더욱 최근에는 크로노그래프가 15세기 후기에 러시아에서 기록되었음이 증명되었다.[45] 그것의 유일한 러시아어 원본 자료는 바투의 죽음에 대해서 터무니없고 아주 부정확한 서술을 하고 있어서 신뢰감을 전혀 주지 못한다.[46] 동북부 러시아의 트미에 대한 두 언급은 비록 흥미로운 것이지만, 이를 무비판적으로 받아들여서는 안 된다. 분명히 15와 17은 다른 것이다. 게다가 두 가지 모두 후대에 삽입된 것이고, 후대 문인들의 전문적 지식이라기보다는 상상에 더욱 가까움을 입증할 수 있다.

이보다 더욱 신뢰할 수 있는 두 사료는 모두 러시아가 아닌 남부 지역에서 나왔다. 첫 번째는 1507년에 폴란드의 왕 지기스문드 1세에게 영토를 할양하는 것을 적은 크림 칸국의 칸 멩글리-기레이의 야를리크다.(사실 몽골족은 오랫동안 관련 지역에 대한 통제를 상실했다.) 두 번째는 지기스문드가 사이드-기레이 칸에게 1540년에 쓴 서신이다.[47] 이 두 기록은 모두 14개의 트미를 지명하고 있고, 이중 13개는 슬라브의 영토—일부는 동북부 러시아—에 있었으며 에골다 트마는 15세기 중반 우크라이나 초원에 창설되었다. 이 사료는 공식 문서이고 문학적 연대기가 아니다.

크림 칸국의 가장 영향력 있었던 키림 기레이(Qirim Girai) 칸(1717-1769)은 그림 오른쪽에 보이는 바흐치 사라이 궁전을 비롯해 많은 대형 건축물을 남겼다.

두 기록의 내용이 부분적으로 겹치고 있고, 자료의 내용도 일치한다.

다른 국가들보다 크림 칸국은 오스만 제국의 일부분이었을 때에도 킵차크 칸국의 전통과 제도를 보존하고 있었다. 칭기즈칸의 후예만이 바흐치사라이에서 왕좌에 앉을 수 있었고, 특허장과 관료제의 풍습도 킵차크 칸국과 몽골 제국의 것을 유지했다. 그래서 크림 칸국은 동슬라브족 영토에 대한 킵차크 칸국의 조직 체계가 여전히 남아 있을 수밖에 없는 장소다.48 그런데 이러한 것들이 어떻게 티무르의 문서 파괴 때에도 보존될 수 있었는지에 대해서는 알려져 있지 않다.

폴란드-크림 칸국의 증거에 문제가 없는 것은 아니다. 논리적으로 보면 성인 남성, 잠재적인 보충 병력, 세대 혹은 이러한 몇몇 기준의 수치에 근거하여 구역을 설정하기 위해서는 인구 조사가 반드시 필요한 조건이라고 할 수 있다. 그러나 크림 칸국의 문서들은 인구 조사가 있었다는 기록이 보이지 않는 지역의 트미를 언급하고 있다.(또 논리적으로는 트미, 인구 조사, 바스카키 사이의 상관관계가 분명히 존재해야 한다. 체르니고프의 미하일 일대기는 남부 지역의 인구 조사를 기록하고 있고, 크림 칸국의 문서에 기록된 트미 중의 하나는 쿠르스크에 있었으며 이는 바스카크 아흐마드가 주둔한 곳이었다. 그러나 불행하게도 이렇게 적절히 조화를 이루는 증거가 많은 불일치 때문에 묻혀버렸다.) 그럼에도 트미를 언급하고 있는 북쪽과 남쪽의 사료들을 종합해보면 몽골족은 대러시아, 우크라이나, 벨로루시 지역을 포함한 러시아 전체를 재정 혹은 군사 구역으로 분할했음을 알 수 있다. 이것은 몽골족이 동슬라브족의 모든 영토가 동등하게 그들의 지배에 복속한 것으로 간주했음을 보여주는 것이기 때문에 아주 중요한 결론이다.[49]

몽골 시기의 러시아 문인들은 그들이 어떻게 통치되고 있었는지를 틀림없이 알았지만, 13세기 러시아의 연대기 작가들은 결코 트미를 언급하지 않는다. 러시아인들은 1만을 의미할 때에 트마라는 용어를 사용했고[50] 여기에서 파생한 템니크temnik라는 명사는 1만 명의 병력을 지휘하는 사람이었기 때문에 분명히 트미라는 단어를 알고 있었다.[51] 비록 문인들은 포솔리의 왕래에 대해서는 자유롭게 기록하고 있지만, 트미가 행정적인 의미로 사용될 때는 그 단어가 이방인의 지배와 연관되기 때문에 러시아인들의 불쾌감을 불러일으킨 것으로 보인다. 어쩌면 단순히 관료제적 용어가 연대기들의 문학적 문장 속에는 들어갈 수 없었던 것일 수도 있다. 어쨌든, 타타르의 멍에 시기에 러시아 문인들은 이 단어를 거의 사용하지 않았다. 가장 흥미를 자아내는 것은 몽골의 힘이 쇠퇴했던 15세기 후기와 16세기에 연대기 작가들이 이 단어를 분명히 알고 사용하기 시작했다는 점이다.

러시아 트미의 경계가 어디에 설정되어 있고, 그것이 어떻게 결정되었는지는 여전히 해결되지 않은 문제다. 그러나 적어도 킵차크 칸국이 인구 조사와 병력 징집 및 조세 징수를 위해 러시아 전체를 구역으로 나누었다는 점은 증거를 통해 확실하게 우리에게 드러나고 있다. 앞에서와 유사하게 증거의 불완전성에도 불구하고 러시아에 대한 킵차크 칸국 통치의 전반적인 모습이 나타나고 있는 것이다. 바스카크 제도가 언제 시작되었고, 얼마나 광범하게 활용되었으며 언제 폐지되었는지에 대해서는 확실하게 말할 수 없지만, 적어도 우리는 초원의 강력한 몽골 권력에 의해 뒷받침되는 직접적인 행정적 실체를 가지고 몽골의 지배가 시작되었다는 점을 알고 있다. 이와 똑같은 권력은 몽골족이 러시아와 관련된 사무의 책임을 바스카키에서 멀리 떨어져 있는 다루기로 옮겼을 때 더욱 적은 사람으로도 지배가 가능하게 만들었다. 이러한 전환과 이에 수반되어 발생한 사절들의 활용 증가의 상세한 사정은 불명확하지만, 러시아 삼림 지대의 몽골 세력이 여전히 강력했다는 점은 분명하다. 250년 동안의 몽골 지배 시기 대부분에 걸쳐 러시아는 칸의 권력이 손쉽게 미치는 범위 내에 있었다.

×

5장

러시아 정치에서
몽골의 역할

×

13세기 몽골의 팽창적인 원정은 러시아, 동유럽을 포함한 많은 지역의 정치적 운명을 결정적으로 바꾸어 놓았고, 몽골족은 어느 정도의 자치성을 남겨두는 방식을 선택했다. 이러한 지역들은 그들의 정치적 제도, 토착 지배계급을 유지했지만 초원에 있는 몽골의 존재는 그들의 정치에 강력한 힘으로 작용했다. 몽골의 조종은 당연한 것이었고, 강압도 늘상 이루어졌다. 킵차크 칸국의 영향력은 결코 중지된 적이 없었지만, 14세기와 15세기의 동유럽에서는 그 영향력이 감소했다. 하지만 러시아에서는 지역 정치에 대한 타타르족의 간섭이 거의 약해지지 않은 채 우랄 산맥 서쪽에서 몽골의 권력이 완전히 붕괴될 때까지 지속되었다.

몽골이라는 요인의 중요성에도 불구하고 러시아 정치는 내부적으로도 계속 발전했다. 그리고 그 결과 킵차크 칸국은 자신의 선택이 아니라 어쩔 수 없이 러시아의 발전에 대응해야 했다. 킵차크 칸국의 전략은 러시아 공국들의 새로운 상황에 대응하면서 변화해나갔지만, 그 원대한 목표는 여전히 본질적으로 똑같았다. 킵차크 칸국의 문서들은 티무르의 사라이 약탈 때 살아남지 못했기 때문에 역사가들은 오랫동안 주군의 지위에 있는 동안 몽골족이 보여준 태도를 통해 이러한 목표들을 추론해야만 한다. 이렇게 되면 몽골족의 동기를 단순한 착취로 폄하하면서 몽골의 정치적 정교함을 과소평가하거나 킵차크 칸국이 지나치게 교활한 의도를 가지고 있었다고 믿게 만드는 위험이 뒤따른다. 타타르족의 행위에 대한 우리의 지식은 대체로 러시아 연대기들에 기반을 두고 있고, 왜곡의 위험성이 상당히 크다. 사라이의 관점에서 사건들을 바라보는 방법과 킵차크 칸국의 사회-정치적 구조의 내부 동력을 염두에 두는 것이 킵차크 칸국의 정책을 분석하기 위한 최선의 방법이다.

킵차크 칸국의 정책들이 러시아 정치에 끼친 영향은 종종 영웅들 혹은 비겁한 사람들을 찾는 것으로 전락하곤 한다. 애국적인 러시아 역사가들은 당연하게 공작들과 국가들이 타타르족에 대해 정말 끝까지 저항했다는 것을 확인하고자 했고, 러시아의 저항이 가진 중요성을 강조하는 경향이 있었다. 협력을 보여주는 사건들을 강조하고 몽골의 지배에 저항하는 정도를 최소화하려고 하는 많은 서구 역사가에 의해서도 이러한 경향은 상쇄될 수 없었다. 사실, 러시아는 동유럽이나 중동만큼 타타르족에 대해 맹렬하게 저항했다. 게다가 우리가 살펴보았듯이 러시아의 장기적 복속은 이방인의 지배에 대한 러시아의 미약한 저항보다는 러시아 경계 너머의 상황에 따른 결과였다. 협력에 관심을 가지는 한, 몽골족은 어디를 가든지 협력자를 찾아냈다. 이러한 점은 중국과 페르시아 및 아르메니아-조지아와 러시아에 모두 해당되었다. 정치가 가능성을 모색하는 기술이라고 한다면, 정치가는 항상 그 기회주의로 인해 비난을 받을 수 있다. 몽골과 러시아의 정치적 관계를 다루는 논의에 대해서는 파벌적으로 생각하기보다 조금 더 멀리 바라보아야 이로움이 생길 수 있을 것이다.

중세 러시아의 정치 엘리트가 가지고 있는 도덕적 특성을 이상화하거나 비판하는 것은 공국들이 언제 타타르족과의 협력을 선택했고 언제는 그렇지 않았는지를 분석하는 것보다 생산적이지 못하다. 러시아 공작들과 몽골 칸들 사이의 복잡한 관계는 이러한 분석을 어렵게 만든다. 타타르족의 행동이 가져오는 영향은 수년에 걸쳐 다양하게 나타났고, 10년 동안 몽골족에 격렬히 저항했던 공국이 그 다음에는 동맹을 맺을 수도 있었다. 러시아와 킵차크 칸국 모두 상당한 내부 변화를 겪었기 때문에 양쪽 진영에 의한 조정은 피할 수 없었다. 이렇게 나타나는 유동적인 모습을 단순하게 형식화해서 받아들이기는 어렵지만, 이것이 러시아 역사를 더욱 정확하게 반영하고 있는 것이다. 러시아-타타르의 정치적 관계에 대한 포괄적인 분석은 몇 권의 책으로 써야 하겠지만, 피상적인 내용에 물들지 않은 선택적인 연구라면 러시아 정치에서 타타르의 역할이 가지고 있는 다양성과 복합성을 전달해야 한다.

1223년, 실제로 수색을 시행하고 있던 몽골의 정찰 부대가 코카서스 북쪽에서 폴로브치, 알란족 연합군과 충돌했고, 흑해 초원에 침입했다. 몽골족을 예전에 목격했던 적이 없는 러시아인들은 그들의 출현에 매우 놀랐다. 약간의 불안을 가진 상태에서 일부 키예프 공작들은 도망친 폴로브치와 연맹을 맺는 것에 동의했다. 이를 제압하기 위해서 몽골족은 단지 그들의 '노예이자 목동'인 폴로브치와 전쟁을 하는 것이고 키예프 공국의 공작들과는 싸우지 않겠다고 확언하면서 러시아에 사절들을 파견했다. 게다가 그들은 폴로브치를 패배시키고 난 이후에는 러시아가 그 전리품을 차지하도록 하겠다는 약속까지 했다. 몽골족은 폴로브치와 알란족의 연합을 붕괴시키기 위해서 이와 똑같은 방식으로 분열시켜서 정복하는 전략을 그대로 사용했다. 그들은 폴로브치가 동료 유목민임을 호소하면서 알란족과의 연맹을 단념할 것을 촉구했다. 폴로브치는 이에 동의했다가 그들이 없는 상태에서 몽골족이 알란족을 붕괴시키고 난 이후에 몽골족이 이웃 유목민을 공격할 것이라는 점을 비로소 알아챘다. 살아남은 폴로브치족은 아마도 몽골의 제안이 계략이라고 의심하고 있었던 러시아인들에게 몽골족의 이러한 이중성을 알렸을 것이다. 그들은 몽골의 사절단을 처형시키면서 외교관은 죽이지 않는다는 초원의 관습을 위반했고, 몽골의 명예에 대한 이러한 모욕은 결국 전쟁으로 이어졌다.

몽골의 사절이 아주 약간은 진실한 마음을 가졌을 가능성도 있다. 그 당시에 칭기즈칸은 여전히 살아 있었고, 몽골 제국은 아직 초원에 대한 정복에 주로 관심을 가지고 있었다. 알란족은 유목민 혹은 초원 거주민이 아니었다는 점은 분명한데도 그들은 러시아보다 초원에서 상당히 전략적인 중요성을 보유한 지역을 차지하고 있었다. 그럼에도 불구하고, 키예프 공작들은 스스로 전쟁에 뛰어든 것이었다. 러시아와 폴로브치의 군대는 칼카강 전투에서 몽골족과 만나게 되었고, 비참하게 패배했다.

러시아의 경건한 연대기 작가는 몽골족이 자신들이 왔던 곳으로 돌아가서 다시는 러시아에 오지 않았으면 하는 진심으로 우러나오는 소망을 드러내며 이 패배에 대한 기록을 마무리했다. 분명히 슬라브족은 아직 몽골의 정복에 담긴 거대한 전략을 알아내지 못했다.[1] 첫 번째 침략은 훗날에 다가올 거대한 규모의 침입의 서곡에 불과했던 것이다. 사실, 몽골족은 이후 15년 동안 자취를 감추었는데, 이러한 공백의 원인과 중요성은 러시아의 관심 밖으로 밀려나버렸다. 러시아인들은 서쪽의 킵차크, 폴로브치에 대해서는 잘 알고 있었지만, 훨씬 동쪽에서 일어나는 사건들에 대한 정보는 가지고 있지 못했다. 그래서 몽골족이 왔던 곳으로 돌아가지 않았고 동쪽의 킵차크족을 정복하는 데 몰두하면서 서쪽을 향한 초원의 통로를 열어두고 있었던 점을 러시아인들은 알지 못했던 것이다.[2] 이렇게 러시아인들이 제대로 알지 못하고 있었던 것이 그들을 다치게 만들었다. 왜냐하면 1230년대 후반에 몽골 군대가 다시 출현했을 때 그들은 전혀 준비가 되어 있지 않은 상태였기 때문이다.

러시아인들에게 무자비한 정복자로 알려진 바투 칸(1207~1255).

1237~1238년과 1239~1240년 겨울의 신속한 원정을 통해 칭기즈칸의 손자 바투 지휘 아래의 몽골족은 북부, 남부 러시아를 황폐화시켰다. 그리고 서남쪽으로 가서 동유럽과 발칸 반도로 가는 도중에 있던 갈리시아-볼히니아를 휩쓸었다. 동유럽을 향한 전진은 대칸 우구데이의 사망 소식이 유목민 군대를 따라잡고 나서야 중단되

었다. 우구데이의 후계자를 선출하기 위한 회의인 쿠릴타이에 참석하기 위해 몽골의 지도자들은 발길을 되돌렸다.[3]

우구데이의 시기적절한 죽음이라고 하는 역사의 우연이 동유럽을 더 심각한 파괴로부터 구원해줬다는 점은 많은 역사가에게 설득력이 없고 무의미하다는 인상을 남겼다. 특히 소비에트의 역사가들은 러시아와 다른 동유럽 사람들의 저항이 몽골 군대를 약화시켰고 승리를 위한 자원을 더 이상 가지고 있지 못했던 몽골족은 우구데이의 죽음을 핑계로 원정에서 철수한 것이라고 주장하기도 했다. 비록 동슬라브족 일부의 저항은 확실히 용감했지만, 유럽 문명을 구해낸 것이 러시아인의 피는 아니었다. 몽골의 힘은 러시아 원정에 의해서 그리 크게 고갈되지 않았고, 바투의 군단은 기사, 보병으로 이루어진 유럽의 군대를 조우할 때마다 그들을 압도했다. 비록 몽골족이 모든 도시를 점령할 정도의 충분한 공성 무기를 가져오지는 않았지만, 야전野戰에서는 결코 패배하지 않았다. 초원에서 온, 기동력이 아주 뛰어난 군대로 인해 비록 숫자가 적어도 정주 문명의 군대를 대체로 패배시킬 수 있었던 것이다. 그래서 1240년대에 동유럽, 중부 유럽에 있었던 몽골 군대는 그들에 대항하기 위한 모든 군대보다 한 수 위에 있었다.

몽골이 유럽으로부터 철수한 것에 대한 두 번째 이론은 내륙 아시아 역사에 대한 정밀한 이해를 바탕으로 하고 있다. 몇몇 역사가는 헝가리 초원이 모든 유목민 군대에게 필요한 많은 수의 말을 먹이는 데에 충분할 정도로 아주 넓지는 않았기 때문에 몽골족이 더 이상 나아가지 못한 것이라고 주장했다. 이러한 관점에서는 헝가리를 근거지로 하여 중부 유럽을 장기적으로 지배한다는 것은 생태적으로 불가능한 일이 된다. 훈족, 아바르족 같은 이전의 유목민 집단은 헝가리에 영구적인 세력 근거지를 만드는 데에 실패했다. 마자르족은 유목적 생활 방식을 포기하면서 겨우 살아남을 수 있었다. 그래서 몽골족은 어떠한 상황 하에서도 중부 유럽과 동유럽을 차지할 수 없었다는 것이다.[4]

　이러한 분석은 중요하지만, 모두 다 적절한 것은 아니다. 몽골족이 유럽에 대한 정치적 통제를 유지할 수 있었는지의 여부는 논의할 여지가 있다. 의문은 왜 그들이 시도를 하지 않았는가에 있다. 유목민 군대를 위한 근거로서 헝가리 초원의 한계를 몽골족이 알았을 수도 있지만, 몽골이 팽창하는 역사는 그들이 이러한 계산을 하느라고 시간을 낭비한 적이 없었음을 보여주고 있다. 팔레스타인과 이집트는 기후적으로 몽골족에 적합하지 않았지만, 그들은 맘루크에게 패배를 당하고 나서야 물러났다. 중국인의 지정학적 야심에 영향을 받을 수밖에 없었던 중국의 몽골족은 동남아시아를 침략했고, 심지어 일본 원정도 시도했다. 이 두 지역은 모두 내륙 아시아 초원에서 온 유목민들에게는 전혀 어울리지 않는 곳이었다. 몽골의 팽창을 유발하는 주된 원동력은 미래의 전망에 대한 온건한 예상보다는 일련의 승리가 가져다주는 추진력이었다. 그리고 바투와 그의 군단은 확실히 유럽에서 그 추진력을 가지고 있었다. 몽골족에 저항할 수 있는 유럽 군대는 없었고, 아마 어느 누구도 그렇게 할 수 없었을 것이다. 몽골족은 자신들이 대륙의 지배자라고 공포하는 서신을 유럽 군주들에게 보냈다. 바투가 유럽 원정 계획을 미루도록 만든 것은 고갈 혹은 지리적인 요인이 아니라 실제로 우구데이의 죽음이었다. 그리고 이후 몽골 제국의 분열은 몽골족이 다시 유럽으로 돌아올 수 없게 만들었다.

원정으로부터 유럽을 구해주었던 몽골 제국의 계승 위기는 러시아를 구원하기에는 너무 늦게 찾아왔다. 몇몇 역사가는 러시아의 패배는 키예프의 쇠퇴가 절정에 이르렀기 때문이라고 봤지만, 현명공 야로슬라프 치세 아래에서 11세기에 전성기를 누리고 있었던 때였어도 몽골의 엄청난 힘을 러시아가 버틸 수 있었을지는 의심스럽다. 무엇보다도 몽골의 군사 조직은 중국, 투르키스탄, 페르시아를 정복할 수 있었고 이 모든 지역은 엄청난 인구와 거대한 성곽 도시를 보유하고 있었다.(몽골족은 60년에 걸쳐 중국을 정복했지만, 러시아는 3년 만에 정복했다.) 그래서 몽골의 정복은 키예프의 쇠퇴를 보여주는 증거로 인용될 수 없다. 더욱 통합된 러시아의 저항은 정복을 연기시킬 수는 있었겠지만, 그것을 막아낼 수는 없었을 것이다.

러시아를 정복한 이후 몽골족은 러시아의 기존 정치 구조를 그대로 보존시킨 상태에서 바스카키, 트미와 같은 그들의 행정 기구를 설치했다. 무기력이 아닌 무관심을 통해서 타타르족은 러시아 공작들이 그 지위를 계속 유지할 수 있게 했다. 비록 그들은 각각 칸에게 개인적으로 복종을 표시해야 했지만 말이다. 대공 야로슬라프와 그의 아들 알렉산드르 넵스키와 같은 일부 사람들은 카라코룸으로 대칸을 알현하러 가야 했다. 몽골은 러시아 공국의 계승에 대한 최종적인 결정권자였지만, 그들은 류리크 씨족이 가지고 있는 왕가王家로서의 정통성을 엄격히 존중했고,5 13세기 러시아의 방계를 통한 계승(즉, 형제 상속)도 인정해줬다.(아마도 이것이 초원의 관습이었기 때문일 것이다.)6 몽골족은 어수선했던 러시아의 정치적 기반을 그대로 놓아두었던 것이다. 블라디미르-수즈달리아 공국의 유명무실한 군주였던 블라디미르 대공은 동북부의 다른 공국들에 대한 애매모호한 지배와 종종 명목적인 것에 지나지 않았던 노브고로드에 대한 종주권을 계속 유지했다. 남부 지역에서의 변화는 더욱 철저했다. 원정으로 인한 황폐화는 통치할 가치가 있는 것들을 거의 남기지 않았고, 키예프 대공 자리는 공석이 되어버렸다. 일부 역사가는 몽골이 러시아를 통일시킨 것이라고 믿고 있지만, 공국들과 도시 국가들 사이의 반목은 몽골 시기 내내 지속되었다. 러시아의 통일은 킵차크 칸국이 사라지고 난 뒤에 몽골족으로부터 배운 일부 행정 방식을 활용한 모스크바 공국이 동북부 러시아를 통합하는 데 성공하면서 비로소 이루어졌다.

몽골의 헤게모니에 대한 러시아의 암묵적 동의가 과장되어서는 안 된다. 적어도 14세기 중반까지는 러시아 공작들이 야전에서 몽골족을 상대하는 것은 자살 행위였다. 그럼에도 동북부의 많은 공작과 귀족은 1237~1240년 몽골의 공격에 버티면서 맞섰고 목숨을 잃었다.[7] 이러한 상황에서 항복을 선택했던 공작들에 대해 혹평할 수는 없을 것이다. 시기적절한 화해는 대체로 타타르족의 파괴를 누그러뜨리는 데 도움이 되었다. 통합적인 반란이 한 차례 시도되었지만, 완벽한 실패로 끝났다. 몽골이 출현했을 때 처음부터 도망을 갔던 남부 지역의 두 공작인 체르니고프의 미하일과 갈리시아-볼히니아의 다니일은 러시아를 해방시키려는 노력으로 블라디미르-수즈달리아의 안드레이 야로슬라보비치와 연합군을 조직했다. 시도는 진지했지만 연합군은 몽골의 세력에 맞설 수 없었고, 각각의 구성원은 용감무쌍한 행위에 대한 대가를 치르게 되었다. 다니일은 가톨릭 십자군이 구원해주러 와줄 것을 기대하면서 교황에게 복종하겠다고 맹세했다. 비록 그의 영토는 킵차크 칸국에 의해 제거되는 지역들 중에서 가장 멀리 떨어져 있었지만, 그는 개인적으로 칸에 복종하면서 절대로 오지 않을 도움을 기다렸다.[8] 미하일은 킵차크 칸국으로 소환되었고, 반란했다는 이유로 처형되었다. 러시아 사료들은 그를 종교적 순교자로 묘사하고 있다.[9] 안드레이 야로슬라보비치는 해외로 도피했고, 킵차크 칸국에 충성을 바쳤던 그의 형 알렉산드르 넵스키에 복종하고 난 뒤에야 비로소 돌아올 수 있었다.

이러한 음모의 수혜자는 러시아가 아닌 넵스키였고, 타타르족에 그가 협력한 것은 지금까지도 애국주의 역사가들을 당혹스럽게 만들었다.[10] 하지만, 튜턴 기사단과 스웨덴에 대해 거둔 넵스키의 승리는 그의 용맹함과 군사적 기술을 입증하고 있고,[11] 그는 킵차크 칸국과의 정치적 자산을 몽골 지배의 가혹함을 개선하는 데에 활용했다. 킵차크 칸국과 협력하려고 했던 넵스키의 의지가 러시아를 더욱 극심한 착취로부터 구해 줬다고 해도 무리는 아니다. 넵스키는 1262년에 동북부 러시아 도시들에 의해 무슬림 세금 징수 청부업자들이 쫓겨난 것에 대응하여 그 관대함을 변호하다가 귀가하던 도중에 사망했다. 아마 타타르족이 반란을 제압하기 위해 군대를 보내려는 조치를 막는 것이 그의 임무였을 것이다.[12]

노브고로드의 도시국가 혹은 도시사회가 몽골의 판도로 들어갔던 것에는 넵스키의 직접적인 책임이 있었던 것 같다. 킵차크 칸국에 대한 노브고로드의 태도는 이상화되었고 몹시 왜곡되었는데, 이것은 알렉산데르 넵스키의 옹호 아래 이루어진 인구 조사라는 한 일화에 대한 무비판적인 해석 때문에 '완고한 저항'이라는 평판이 형성되면서 생겨난 것이었다. 정복의 기간에 노브고로드는 약탈을 당하지 않았던 것이 사실이지만, 동북부 러시아의 많은 도시는 그러한 운이 없었고 그래서 특별히 영웅적인 것을 보여주는 증거라고 내세울 수는 없다. 킵차크 칸국과 노브고로드의 장기적인 관계는 몇몇 방면에서는 독특하기는 하지만, 킵차크 칸국에 대한 러시아의 대응이 보여주는 실용주의적, 기회주의적 특징을 충분히 보여주는 사례들을 포함하고 있다.

몽골의 정복 직전에 노브고로드는 이미 그 독립성을 최대화하기 위한 전략을 완성했고, 약간의 수정을 가하면서 이 전략을 몽골 시기 내내 활용할 수 있었다. 노브고로드는 반드시 외부의 러시아 공작들에게 복종해야 했지만, 류리크 가문 사이의 경쟁을 조종하면서 용케 상당한 자주권을 유지할 수 있었다. 한 공작이 거들먹거린다고 판단되면, 노브고로드 사람들은 이와 경쟁 관계에 있는 공작에게 더 잘 대응해줬다. 이러한 방식으로 그들은 12세기와 13세기 초기에 스몰렌스크와 드네프르강 유역으로부터 공작들을 끌어들이면서 세력을 잠식하고 있었던 블라디미르 대공에게 저항했다.

노브고로드가 정복 이후의 변화된 정치적 분위기에서 이러한 기술을 적용시키는 데는 그리 오랜 시간이 걸리지 않았다. 그러나 당분간은 선택할 수 있는 것이 극도로 제한되었다. 몽골족이 남부 지역을 황폐화시켰기 때문에 노브고로드는 블라디미르 대공을 막기 위한 도움을 더 이상 이 지역에 의지할 수 없었고 이제는 타타르의 부하가 될 수도 있는 이중적인 위험을 맞이했다. 이제 블라디미르 대공이라 불리는 알렉산데르 넵스키에 대한 저항은 킵차크 칸국에 반항하는 것과 같은 의미를 지녔고 노브고로드는 빠른 결정을 내리지 못했다. 몽골족은 결코 노브고로드를 군사적으로 제압하지 않았는데, 굳이 그러할 필요가 없었기 때문이다. 킵차크 칸국에서 보낸 인구 조사관의 도착은 도시의 복종이 이미 정해져 있었음을 암시하고 있다. 인구 조사는 넵스키의 보호 아래 수행되었고,[13] 노브고로드의 연대기 작가들은 이에 대한 대중적인 저항을 지나치게 과장하고 있다. 만약에 노브고로드에서 심각한 저항이 있었다면, 타타르족은 민간 조사원이 아니라 군대를 파견했을 것이다.

정치적으로 책략을 활용하는 노브고로드의 능력은 넵스키의 죽음 이후에도 여전히 제한되었지만, 도시의 정치 기구는 도움이 필요할 때 곧 몽골족으로 시선을 돌리게 되었다. 넵스키의 동생이자 후계자인 대공 야로슬라프 야로슬라보비치에 불만을 가지고 있었던 노브고로드는 셋째 동생인 바실리가 도움을 주겠다고 하는 제안을 받아들였고, 불만의 씨앗을 제거할 것을 요청하기 위해 킵차크 칸국으로 대표단을 보냈다. 그러나 야로슬라프는 그의 요구 사항을 지지하는 타타르 토벌대를 확보했다. 다행히도 노브고로드 대표단의 노력과 대주교의 중재는 모든 파벌의 화해를 만들어냈다. 야로슬라프는 여전히 노브고로드의 공작으로 남았지만, 도시는 타타르 세력으로부터 벗어나게 되었다. 분명히 노브고로드의 자금은 몽골족이 그들의 군대를 되돌리도록 영향력을 행사하는 데 도움을 줬고, 갈등을 평화롭게 해결할 수 있게 했다.[14]

다음 세기에도 여전히 노브고로드는 자치권을 증대시키기 위해 몽골의 결정에 영향력을 행사하고자 했다. 1353년에 도시는 블라디미르 대공의 지위를 모스크바의 이반 2세가 아닌 수즈달의 콘스탄틴 바실리예비치에게 주라고 칸을 설득하기 위해 사절을 파견했다. 노브고로드는 킵차크 칸국이 야를리크를 하사한다면 트베르의 미하일 알렉산드로비치를 블라디미르의 대공이자 노브고로드의 주군으로 인정하겠다고 약속

1397년 킵차크의 테무르 쿠틀루크 칸Temür Qutlugh이 발행한 야를리크 사본.

하면서 1371년의 곤란한 상황을 빠져나왔다.[15] 비록 노브고로드는 이 두 경우에서 모두 원한 바를 얻지 못했지만, 그들은 노브고로드가 몽골족의 지배에 따른 정치에 항상 참여할 의지가 있음을 보여주고 있고 이는 사라이에서 호의적인 반응을 얻어내기 위해 필요한 공물과 추가적인 자금을 지불한다는 것을 의미했다. 또한 노브고로드는 15세기에 동북부 러시아를 가로질러 상인들이 자유롭게 통행할 수 있도록 허락한 관세 특허장을 포함하여 칸으로부터 얻은 상업적 특권을 기꺼이 받아들였다.[16] 명백하게 노브고로드는 타타르의 지배에 격렬하게 저항한 고립 지역이 아니었다. 대신에 노브고로드는 강력한 권력에 비위를 맞추고 조종하면서 자신들의 독립성을 증진시키려는 복잡한 전략 속으로 몽골이라는 요소를 통합시켰던 것이다.

러시아 남부에서는 13세기에 몽골의 힘에 저항할 수 있는 세력이 아무도 없었다. 드네프르강 유역과 키예프 시의 인구가 완전히 절멸되지는 않았지만, 이 지역은 동북쪽보다는 융통성이 없다는 것이 드러났다. 남아 있는 거주자들의 대부분은 농민들로 구성되었고, 아주 조직화된 정치 생활은 사라졌다.[17] 심지어 대주교들도 키예프를 포기했고 '타타르의 억압ot nasiliia tatarskogo'을 이유로 1299년에 사실상의 거주지를 블라디미르로 옮겼다.[18] 갈리시아-볼히니아의 독립성은 몇몇 역사가들에 의해 지나치게 과장되었다.[19] 실패한 반란자인 다니일은 몽골족을 믿지 않으면서도 개인적으로 칸에 복종할 수밖에 없었고 그의 후계자들은 몽골의 요구를 따랐다. 갈리시아-볼히니아의 공작들과 병력들은 폴란드, 리투아니아, 헝가리에 대한 타타르족의 원정에도 합류했다.[20]

그러나 우크라이나는 14세기에 킵차크 칸국으로부터 떨어져 나갔다. 이미 벨로루시를 손에 넣으면서 성장하고 있던 리투아니아 대공국은 갈리시아와 키예프를 병합했고, 폴란드는 볼히니아를 병합했다. 일부 역사가들은 벨로루시, 우크라이나 사람들이 타타르의 착취로부터 벗어난다는 이유로 리투아니아의 지배를 환영했다고 주장했다. 가톨릭을 믿는 폴란드인과는 달리 리투아니아인은 이교도였지만, 정교회를 위협하지 않았다. 게다가 몽골족이 종교적 관용 정책을 시행했다는 사실을 무시하는 것은 또한 침묵의 논법이다. 사료들이 리투아니아에 대한 동슬라브족의 저항을 언급하고 있지 않다는 것은 사실이지만, 저항이 전혀 없었다는 것보다는 다른 설명이 가능하다. 이 지역에서 나온 연대기들이 충분하지 않다는 것은 확실히 그러한 설명의 배경이 될 수 있다. 게다가 리투아니아의 공격에 대한 러시아의 저항은 러시아의 다른 지역에서 나온 연대기들에 언급될 정도로 효과적이지는 못했던 것으로 보인다. 아마 동슬라브족이 다른 이방인 세력에 의해 압도당하는 것을 환영했을 것 같지는 않다.

13세기 러시아 영토에 대한 몽골의 지배는 갈리시아-볼히니아, 남쪽의 키예프와 벨로루시에 걸쳐 있었다. 리투아니아와 폴란드의 합병 이후에는 이 지역이 '서방의' 영향력 아래에 들어가게 되었고, 14세기와 15세기에는 킵차크 칸국이 동북부 러시아를 계속 지키고 있으면서도 벨로루시, 우크라이나의 정치에 점점 불규칙적으로 개입하려고 했다.[21] 혹자는 이것을 동슬라브족이 대러시아, 우크라이나, 벨로루시 민족의 구역으로 분할된 원인으로 보고 있다. 틀림없이 정치적 분열이 이러한 민족적 차이가 생기는 것에 기여했겠지만, 그 과정은 너무 복잡하여 타타르의 멍에가 끼친 영향력만 검토할 수는 없게 만든다.

　동북부 러시아의 정치에 끼친 몽골의 영향은 벨로루시아와 우크라이나에서 행했던 몽골의 역할보다 역사가들에 의해 충분히 인식되고 있지만, 반드시 더 잘 이해되고 있다고 할 수는 없다. 13세기에 킵차크 칸국의 칸들은 러시아에서 가장 강력한 블라디미르 대공의 자리를 블라디미르-수즈달리아의 경쟁자 공작들에게 주면서 러시아의 계보 원칙에 따랐다. 13세기가 거의 끝나갈 때에는 킵차크 칸국에 분열이 생겼고, 서로 반목하고 있던 블라디미르-수즈달리아의 공작들은 서로 싸우고 있는 칸들과 각각 제휴했다. 킵차크 칸국의 분열은 기존에 존재했던 러시아 내부의 적대감을 형성하고 응집시켰는데, 이는 주요한 세력의 판도 내에 있는 조그만 국가들에서 늘 일어나는 현상이다. 1297년에는 당시의 정치적 상황을 가늠하기 위해 공작들의 회의가 블라디미르에서 열렸는데, 대공 안드레이 야로슬라보비치와 야로슬라블의 페오도르 공작, 로스토프의 콘스탄틴은 모스크바의 다니일 공작, 트베르의 미하일 공작과 대립했다.[22] 몇몇 교회 성직자들이 분명한 중재자로서의 역할을 수행했고, 훗날의 연대기에 언급되어 있는 타타르 사절 이브루이도 이와 비슷한 역할을 했던 것으로 보인다.[23]

　회의가 열린 1297년은 트베르와 모스크바가 분쟁에서 서로 같은 편에 있다는 것을 알게 된 처음이자 마지막 시기였다는 점에서 주목할 만하다. 14세기에 접어들면 동북부 러시아의 정치 지도가 재편되었고, 세기의 나머지 기간의 러시아 정치사는 블라디미르-수즈달리아에 대한 패권을 놓고 벌어진 모스크바와 트베르 사이의 격렬한 갈등으로 점철되고 있다. 권력을 얻기 위한 노력으로 두 국가는 사라이에 잘 보여야 했는데, 이는 킵차크 칸국이 블라디미르 대공이라는 상징적인 자리에 대한 계승을 결정하는 명백한 특권을 가지고 있었기 때문이었다. 이렇게 새로워진 정치적 분위기 속에서 몽골족은 이제는 쓸모없게 되어버린 러시아의 전통적 계승 혈통을 존중하는 정책을 폐기했다.

러시아 공작들 사이의 적개심은 킵차크 칸국에게 부가적인 권력을 가져다줬고, 킵차크 칸국은 러시아 세력을 무력하게 만들기 위해 블라디미르 대공에 대한 통제를 활용했다. 그래서 14세기의 초기 수십 년 동안에는 트베르가 블라디미르-수즈달리아에서 가장 강력한 공국이었는데 몽골족은 블라디미르의 요구가 계보상으로 정당하지 않았음에도 블라디미르 대공의 자리를 모스크바에게 줬다. 반란을 일으킨 트베르의 미하일은 러시아-타타르의 토벌 연합군(타타르족은 전투에서 중립 상태를 지켰다.)을 격파했고, 그의 경쟁자였던 모스크바의 유리 다니일로비치의 아내인 아가피아를 사로잡았다. 그러나 이 승리는 결국 미하일에게 치명적인 것이었음이 입증되었다. 아가피아는 우즈베크 칸의 여동생 콘차카의 세례명이었고, 그녀는 유리와 결혼하면서 러시아 정교회로 개종했던 것이다. 아가피아는 미하일에 의해 구금된 상태에서 비참하게 사망했고, 그는 그녀를 독살했다고 비난을 받았다.(그녀의 죽음은 물론 우연한 일이었다. 칭기즈 가문에게 해를 입힌 대가는 미하일에게 분명하게 다가올 것이었다.) 유리의 선동으로 인해 미하일은 사라이로 소환되었고 결국 처형되었다.[24] 미하일의 아들 드미트리는 유리 다니일로비치가 사라이에 있는 동안에 그를 살해하면서 아버지의 원수를 갚았다. 칸의 승인 없이 이러한 일을 저지른 대가로 드미트리 미하일로비치도 역시 처형되었다.[25]

미하일의 또 다른 아들인 알렉산드르는 타타르족에 대한 트베르의 반항이 절정에 이르렀을 때 트베르의 대공이 되었다. 1327년에는 촐 칸 Chol khan(셸칸Shchelkan)이 이끄는 몽골 사절단에 대한 자발적인 반란이 일어났다. 트베르에서 저지른 촐 칸의 무절제한 행동이 이러한 폭동을 야기했고, 이로 인해 촐 칸과 그의 수행원 대부분이 사망했다. 일부가 주장하는 것처럼, 촐 칸의 임무가 도시에 대한 도발을 자행하고 알렉산드르를 몰아내는 것은 아니었던 것 같다. 타타르족이 반항하는 러시아 공작을 처벌하기를 원할 때에는 항상 공물을 횡령했다는 혐의를 뒤집어씌우곤 했다. 아마 촐 칸의 임무는 아제르바이잔을 놓고 벌어진 일 칸국과의 또 다른 전쟁에 대비해 징집병과 세입을 늘리는 것이었다. 몽골이 알렉산드르의 아버지와 형을 처형했고, 촐 칸의 태도는 비록 전형적인 것이었지만 신중함과는 거리가 멀었다는 사실을 통해서 보면, 타타르족의 요구가 도시의 폭동을 유발했다는 점은 그리 놀랍지 않다. 알렉산드르는 반란 이후에 도시에서 도망쳤고, 당연하게도 모스크바의 이반 칼리타가 러시아-타타르 토벌대를 이끌었다. 타타르족은 이후에 칼리타를 블라디미르 대공으로 임명했고, 알렉산드르가 이후에 무엇을 했는지는 알 수 없지만, 사라이로 소환되어 예견된 결말을 맞이했다.[26]

킵차크 칸국과 모스크바 사이의 특별한 관계는 몽골족이 그들의 헤게모니에 대한 새로운 도전에 직면했던 14세기 중반에 강화되었다. 리투아니아의 대공 올게르드는 트베르와 리아잔을 그의 영향력이 미치는 범위에 넣고 노브고로드에 압박을 가하면서 타타르의 영역으로 깊숙이 진입했다. 몽골족에 대한 올게르드의 저항은 어떠한 신념에서 유래한 것이 아니었고, 일반 사람들과 똑같은 방식으로 정치적인 행동을 한 것이었다. 그래서 모스크바를 시야에 넣고 있던 올게르드는 친선 관계를 협의하기 위해 킵차크 칸국에 대표단을 파견했다. 그러나 몽골족은 성장하고 있는 리투아니아 세력에 대한 대항마로서 모스크바를 활용할 것을 논리적으로 결정했다. 그래서 리투아니아 사절단을 좌절시키려는 모스크바의 시도는 성공을 거두었고, 정치적인 기민함을 잘 보여준 몽골족은 리투아니아 사절들을 체포하여 모스크바에 넘겨줬다. 올게르드는 그의 적들로부터 사절단을 빼내오기 위해 몸값을 치러야만 했다.[27] 따라서 모스크바는 몽골에 대한 충성으로 인해 혜택을 받았고, 순종적인 속국에 대한 킵차크 칸국의 지원은 러시아의 안정을 유지하는 데 도움을 줬으며 그곳에서 생기는 타타르족의 이득도 지켰다.[28]

러시아 연대기들이 '대혼란velikaia zamiatnia'[1359년에 베르디베크 칸이 사망한 이후 킵차크 칸국에서 발생한 장기적인 내분과 분열을 일컫는 말이다. 이로 인해 1380년에는 쿨리코보 평원에서 킵차크 칸국이 러시아 세력에 패배하기까지 했다. 그러나 곧 토흐타미쉬가 등장하여 킵차크 칸국을 재정비하면서 대혼란의 시기는 막을 내렸다.]이라고 부르는 20여 년 동안에 벌어졌던 킵차크 칸국의 잔인한 내전과 국내의 불안은 결국 타타르와 모스크바의 동맹 관계를 파괴시켰다. 러시아의 속국들이 칸들의 위신과 재부財富에 기여했기 때문에 서로 경쟁하는 칸들은 다투어 러시아 공작들의 충성을 받아내려 했다. 킵차크 칸국에 중심적인 권위가 사라지면서 러시

드미트리 돈스코이. 17세기의 일러스트레이션.

아인들은 새로운 선택을 할 수 있게 되었고, 전통적인 동맹에도 변화가 생겼다. 이러한 혼란은 수많은 정치적 변칙을 야기했는데, 예를 들면 서로 경합하는 두 명의 칸이 각각 드미트리 돈스코이에게 블라디미르 대공의 지위를 준다는 야를리크를 하사하기도 했다.[29] 이와 동시에 질서의 와해는 사라이를 방문하는 공작들과 대주교들을 위험하게 만들었다. 쿠데타의 위험이 도사리고 있었기 때문이다. 게다가 독자적으로 행동하는 타타르 도적들은 러시아 영토에 대한 침략을 강화시켰고, 뇌물을 바치는 러시아인들을 위해 도적들을 통제할 위치에 있는 칸이 없었다.[30] 그러나 킵차크 칸국 내부의 이러한 혼돈에도 러시아와 관련된 일에 대한 타타르족의 중요성은 감소하지 않았다.

이렇게 혼란스러운 시기에 출현한 가장 강력한 몽골 귀족은 에미르 마마이였는데, 그는 볼가강 서쪽에 세력 근거지를 두고 여기에서 칭기즈 가문의 꼭두각시를 통해 통치했다. 그 근거지는 일찍이 반란자 노가이가 점령했던 지역이었다. 마마이의 중요한 러시아 동맹자는 트베르였고, 이제 트베르 공작은 예전에 모스크바가 했던 것처럼 주도면밀하게 타타르의 이득을 위해 봉사했다. 이번에는 모스크바가 몽골에 대항하는 상황에서 모스크바와 트베르 사이의 관계는 여전히 험악했다. 마마이는 블라디미르 대공의 자리를 인정하는 야를리크를 트베르의 미하일에게 줬지만, 속국을 강화하려는 그의 시도는 실패했다. 미하일이 블라디미르에 도착했을 때 주민들은 그에게 문을 열어주기를 거부했고, 모스크바 공국의 지도 아래 동북부 러시아의 공작들이 연합하여 이끄는 거대한 원정대는 1375년 트베르에 굴욕적인 조약을 강요했는데, 트베르는 모스크바의 '어린 동생'이라는 열등한 지위를 받아들여야만 했다.[31] 마마이는 모스크바 공국 연맹에 대항하기 위해 그의 장군 베기치가 지휘하는 군대를 1378년에 보냈으나, 반란군들은 보자 강에서 그들을 패배시켰다.[32] 모스크바는 또한 대볼가르를 차지했고, 볼가강 하류로 통제를 확대하기 위한 때 이른 시도로 관세 징수관을 임명했다.

1380년에 모스크바의 드미트리 이바노비치가 마마이 및 그의 군대와 거대한 전투를 치르기 위해 대규모의 모스크바 공국 군대를 초원으로 이끌고 왔을 때 사태가 악화되었다. 모스크바와 맺은 조약의 조건에 따르면 트베르는 동료 러시아인들을 도와줘야 했지만, 트베르의 병력은 타타르족에 맞서기 위해 행진하는 군대에 합류하지 않았다. 마마이도 동맹자로부터 도움을 받는 데 실패했다. 리아잔은 타타르족과 동맹을 맺고 있었지만, 병력을 전투에 참여시키지 않았던 것이다. 더욱 중요한 것은 리투아니아 대공 자기엘로의 태만이었다. 자기엘로는 올게르드가 실패했던 곳에서 성공을 거뒀고, 모스크바에 대항하기 위해 스스로 타타르족과 연합했다. 그런데 그의 군대가 제 시간에 도착하지 않아 전투에 참여하지 못했던 것이다.(소비에트 역사가들은 자기엘로의 동슬라브족 징집병들이 동포에 대항하는 몽골족을 도우려 하지 않았기 때문에 일부러 늦게 온 것이라

서사시 「자돈시나」의 본문.

고 믿는다. 이것은 기발한 해석이지만, 이를 뒷받침해주는 증거가 별로 없다.) 드미트리와 마마이는 '돈강 너머'(즉, 자돈시나Zadonshchina라고 부르는데 이는 유명한 서사시의 제목이기도 하다.)에서 만났고, 드미트리는 러시아 역사에서 가장 유명한 하나의 승리를 얻어냈고 이로 인해 돈스코이('돈강의'라는 뜻)라는 별칭이 붙게 되었다. 뒤늦게 도착한 리투아니아 병력과 리아잔의 부대는 짐을 실은 행렬을 약탈했고, 승리를 거두었지만 숫자가 대폭 줄어든 모스크바 공국의 부대가 기진맥진한 상태에서 모스크바로 돌아갈 때 그들을 괴롭히는 것으로 만족했다.

쿨리코보 평원에서 거둔 승리는 몽골의 지배를 받는 140년 동안 타타르족을 상대로 러시아가 거둔 최초의 중요한 승리였고, 모스크바는 동북부 러시아에서 지위, 위신을 강화하는 데에 이 승리를 충분히 활용했다.[33] 그래서 킵차크 칸국에 오랫동안 협력했던 모스크바는 러시아의 구세주로 출현했고, 반면에 같은 시기 타타르족에 대항하며 투쟁했던 트베르는 몽골의 형편없는 하인이 되어버렸다. 사실, 어느 도시도 애국심을 주장할 수 있는 우월한 자격이 없었다. 트베르는 그 세력이 아주 절정에 달하자 몽골족이 너무나 강력했음에도 곧바로 그들에 맞서고자 했다. 모스크바는 더욱 신중했고, 몽골이 약해졌던 기가 막힌 순간을 포착했다. 리투아니아처럼 모스크바와 트베르는 모두 기회주의적이었고, 모스크바가 더욱 성공을 거두었던 것이다.

그러나 이런 극적인 사건에도 모스크바가 1380년의 전투에서 거둔 승리는 킵차크 칸국의 헤게모니 속에서 러시아의 지위를 위해 그리 큰 효과를 발휘하지 못했다. 그리고 타타르의 멍에는 파괴되지 않았다. (일부는 돈스코이의 승리가 타타르의 불패 신화를 깨뜨렸다고 주장했지만, 이러한 신화가 여전히 존재하고 있다는 증거는 그들을 당혹스럽게 만들었다.) 실제로, 모스크바가 전투에 힘을 쏟은 대가는 파괴적인 것이었다. 돈스코이의 공적에 대한 장황하면서 고도로 수사학적인 서술인 『마마이와의 전투 이야기 Skazanie o Mamaevom poboishche』에서는 마마이와 대적한 병사가 30만 명이고 25만3000명이 돌아오지 못했다고 기록하고 있다. 이렇게 엄청난 수치는 받아들일 수 없지만, 모스크바가 너무 많은 희생을 치르고 승리를 거두었음은 분명하다. 러시아의 손실이 워낙 커서 모스크바는 마마이의 패배를 활용할 다른 군대를 모집할 수 없었다. 반면에 마마이는 더욱 많은 병력을 동원해 러시아에 대한 또 다른 원정을 준비했다.

토흐타미쉬 칸의 러시아 침입과 모스크바 포위(1382).

　모스크바에게는 운이 좋게도, 볼가 지역 칸국의 군주인 척하면서도 강력한 티무르에게는 예속되어 있었던 토흐타미쉬의 등장은 마마이가 러시아에 대한 계획을 포기하도록 만들었다. 하지만 모스크바에게 불행했던 것은 토흐타미쉬도 마마이와 같은 계획을 가지고 있었고, 칼카강에서 에미르 마마이를 패배시킨 이후에 그 계획을 실행했다는 것이었다. 1382년에 트베르, 리아잔, 니즈니 노브고로드 공작들과 어느 정도는 강제적으로 공모하여 토흐타미쉬는 모스크바에 대한 기습 공격을 감행했다. 타타르 군대가 초원에서부터 모스크바의 문 앞에까지 오는 동안 아무런 저항도 마주치지 않았다. 그때에 돈스코이의 처남들인 니즈니 노브고로드의 공작들은 도시 주민들을 속여서 항복하게 만들었다.[34] 타타르족은 약속을 어겼고, 몽골의 권위에 저항하는 만용을 부렸다는 이유로 즉각 모스크바를 파괴했다.[35]

1382년의 모스크바 공방전 당시 모스크바 사람들이 도시 방어를 위해 모이는 모습.

토흐타미쉬는 러시아 삼림 지대에 킵차크 칸국의 세력을 효율적으로 부흥시켰고, 모스크바의 블라디미르 대공 지위를 강탈하는 길을 선택하지는 않았다. 그러나 그는 블라디미르-수즈달리아의 모든 지역에 무거운 조세를 부과했고, 드미트리 돈스코이의 아들 바실리 드미트리예비치를 인질로 데리고 갔다. (바실리는 두 번의 시도 끝에 탈출했다.)

모스크바는 쿨리코보에서의 승리보다 이제는 킵차크 칸국의 확실한 칸이 된 토흐타미쉬와 그의 이전 후원자였던 티무르의 관계가 악화된 것으로부터 더욱 많은 혜택을 받았다. 티무르의 위협으로부터 토흐타미쉬는 후방의 러시아를 지키기를 열망했고, 아마도 그것이 최근에 복속시킨 도시들에게 몇몇 특권을 주도록 동기를 부여했던 것으로 보인다. 토흐타미쉬는 돈스코이가 자신의 아들에게 블라디미르 대공의 지위를 물려주고 싶다는 소망을 인정했고, 1393년에 이제는 대공이 된 바실리가 니즈니 노브고로드를 차지하는 것을 허락했다.

티무르가 킵차크 칸국을 공격했을 때 모스크바는 토흐타미쉬를 도우며 싸우다가 일부 병력을 상실했지만, 1395년에는 침략에 대한 공포로 최악의 고통을 겪었다. 모스크바 사람들은 티무르가 도시를 파괴할 계획을 가지고 있다고 확신했다. 사실, 티무르는 그러한 종류의 계획을 가지고 있지 않았다. 그는 베이징北京을 염두에 두고 있었고, 러시아에 대해서는 아무런 관심이 없었다. 그러나 공포에 질린 모스크바 사람들은 오직 성모 마리아의 기적적인 기도가 티무르의 손으로부터 도시가 파괴되는 일을 막아줄 것이라고 굳게 믿었다.[36]

티무르는 토흐타미쉬를 킵차크 칸국에서 쫓아냈다. 축출된 칸은 리투아니아로 달아났고, 그는 거기에서 대공 비토브트의 보호를 받는 신세가 되었다. 타타르 이교도들에 대항하기 위해 때때로 일어난 십자군은 이제 킵차크 칸국의 정당한 칸을 복귀시킨다는 것과 이에 덧붙여 흑해 초원에 대한 리투아니아의 헤게모니를 확인하겠다는 의도를 선포했다. 그러나 그런 일은 일어나지 않았다. 킵차크 칸국에 있는 티무르의 새로운 대리인인 에미르 에디게이가 군대를 이끌고 1399년 보르스클라강에서 리투아니아 병력을 학살했던 것이다.[37]

이 전쟁 동안 모스크바는 당분간은 제멋대로 무언가를 할 수 있었지만, 에디게이는 킵차크 칸국의 권력을 재확립하기로 결정했고 1408년에 도시를 포위 공격했다. 그는 지원을 위해 트베르로부터 병력을 모집했지만, 트베르 공작은 무언가 이용될 만큼 너무 빨리 도착하지 말라는 명령을 내려 병력을 보내면서도 신중한 방침을 택했다.[38] 에디게이는 모스크바를 차지하지 않았지만, 초원으로 돌아가기 전에 배상금을 받아냈다. 이후 킵차크 칸국을 결합시키려는 그의 시도는 실패로 끝났고, 결국 그도 도망가야만 했다. 토흐타미쉬처럼 결국 그도 예전의 적이었던 비토브트 휘하에 들어가는 신세가 되고 말았다.

15세기의 2/4분기에 킵차크 칸국은 모스크바 공국의 계승 분쟁—실제로는 내전—에 연루되었다. 드미트리 돈스코이가 자신의 의지를 실현하려 했을 때, 그의 아들 바실리는 아직 그 자신의 아들을 낳지 못한 상태였다. 그래서 돈스코이는 그의 둘째 아들인 유리를 바실리의 후계자로 지명했다. 이후 바실리는 결국 아들 바실리 2세를 얻었지만, 바실리 1세가 사망하여 대공의 자리를 바실리 2세에게 계승하려 할 때 그의 숙부 유리가 도전장을 내밀었다. 이 당시에 바실리 2세는 어렸지만, 보호자는 그의 외할아버지인 리투아니아의 비토브트 대공(바실리 1세는 비토브트의 딸과 결혼했다)과 대주교 포티우스였다.[39] 이 두 사람이 모두 생존해 있었기 때문에 유리는 결정적인 행동을 취할 수 없었다. 모스크바 공국의 당파는 러시아에서의 몽골의 통치권을 거부하지 않았고, 대공의 후계자를 결정하는 칸의 권리에 의문을 제기하지도 않았다. 1425년에 유리와 바실리는 이 문제의 해결을 칸에게 부탁하는 것에 동의했지만, 이는 아무런 결과도 가져오지 못했다. 바실리 2세의 보호자들이 사망하면서 유리의 노력은 다시 시작되었고, 1432년에 두 사람은 판결을 위해 실제로 사라이까지 갔다. 킵차크 칸국 자체의 분권적인 경향은 이 과정에 영향을 미쳤다. 강력한 쉬린 씨족이었던 크림 반도의 공작 타기니아는 유리의 편을 들었지만, 모스크바의 도로가인 민 불라트는 바실리 2세를 지지했다.

바실리 2세.

수많은 정치적 활동(그리고 아마 많은 뇌물이 오고갔을 것이다)이 벌어진 이후에 울루-메흐메드 칸은 대공의 자리를 바실리 2세에게 줬다. 한편, 유리에게는 갈리치에 있는 그의 봉지(러시아어로 이를 우델udel이라 했다)를 인정하고 드미트로프도 하사했다.[40]

바실리와 울루-메흐메드가 다른 상황에서 다시 만났을 때, 사정은 공작에게 그리 유리하지 않게 돌아갔다. 킵차크 칸국에서 발생한 다른 내전으로 인해 울루-메흐메드가 사라이에서 추방된 것이다. 무언가 알 수 없는 행적 이후에 그는 바실리 2세를 수즈달 근처에서 패배시켜 사로잡았다. 바실리 2세는 스스로 풀려나기 위해 엄청난 몸값을 지불해야 했고, 일부 정치적 양보도 해야 했다.[41] 울루-메흐메드가 그 자신의 정치적 근거지가 없었던 점을 생각해본다면, 이 유명한 포로를 풀어주는 것 이외에 무엇을 할 수 있었을지는 추측하기 어렵다. 그럼에도 이 사건으로 바실리 2세는 대공의 자리를 내줬고, 커다란 슬픔에 빠지게 된다. 갈리치의 유리의 아들이자 바실리 2세의 적수였던 드미트리 셰미아카는 엄청난 몸값으로 생긴 대중들의 불만을 이용했다. 타타르에 반대하는 성향을 그 자신이 결코 보인 적이 없었던(사실, 그는 울루-메흐메드와 일시적 협정을 맺고자 했

다) 셰미아카는 타타르족에 대한 바실리 2세의 정책이 유약하다고 이야기할 수 있었다. 그는 쿠데타를 조직했다. 바실리는 대공의 자리에서 쫓겨났고, 장님이 되어 추방되었다.

이 시점에서 울루-메흐메드의 지원이 백성들 사이에서 바실리 2세의 평판을 향상시키지는 못했을 것이고, 사라이의 새로운 칸의 성향도 알려지지 않고 있다. 그런데 타타르의 지원은 기대하지 않은 방면에서 찾아왔다. 울루-메흐메드의 아들들 중 하나가 그의 아버지를 암살했고, 볼가강 중류에서 카잔 칸국을 창설했다. 울루-메흐메드의 다른 두 아들은 아버지를 죽인 형제로부터 도망쳤고, 바실리 2세의 봉신封臣으로서 카시모프 칸국을 창설했다. 부분적으로는 그들의 도움으로 인해 바실리 2세는 대공 자리를 되찾을 수 있었다. 이후 100년 동안 카시모프는 카잔에 대항하기 위한 모스크바의 전방 관측소로서의 역할을 수행했다.

바실리의 아들 이반 3세('대제大帝')가 모스크바 대공 자리를 계승했을 때, 초원의 정치 지도가 극적으로 변화했고 이에 따라 모스크바와 타타르족과의 관계 형식도 바뀌었다. 킵차크 칸국은 이제 존재하지 않았고, 그 자리에는 수많은 군소 칸국이 들어섰으며 이들은 각각 러시아 공국들과 관계를 맺고 있었다. 모스크바 공국과 카잔 칸국의 관계가 복잡했는데, 모스크바 공국의 공격적인 의도는 교역의 매력과 제한된 군사 능력으로 인해 누그러졌다. 크림 반도와 모스크바는 폴란드-리투아니아(1386년부터 왕조가 통합되었다)와 대 칸국(킵차크 칸국의 잔여 유목민 세력)이라는 공통의 적을 가지고 있었기 때문에 크림 칸국은 오스만 제국에 복속되었음에도 모스크바의 동맹국 중 하나가 되었다. 또한 모스크바는 노가이 오르다와 친밀한 관계를 양성했는데, 이들의 기동력 있는 유목

부대가 대 칸국의 부대와 상대할 수 있었던 것이다.

동맹과 적개심이 이렇게 얽혀 있는 와중에 볼가강 교역로를 통제하는 위치를 차지하기 위한 경쟁은 1480년에 그 유명한 '우그라강의 대치'에서 절정에 이르렀다. 이 전설적인 사건에서 모스크바 공국의 군대는 우그라강의 반대편에 모여 있던 대 칸국의 칸 아흐마드의 군대와 상대했다. 아흐마드는 늘 지원을 약속했지만 결코 온 적은 없었던 폴란드-리투아니아 병력에 의지했는데, 이들은 우크라이나에서 모스크바의 동맹국인 크림 칸국에 의해 제압되었다. 정확하게 이와 동시에 아마도 이반 3세의 묵인 하에서 폴란드-리투아니아의 지배에 대한 저항이 우크라이나와 벨로루시에서 타올랐고, 이는 지기스문드 1세가 아흐마드와의 협정을 준수하는 것을 효율적으로 방해했다. 그러는 동안에 러시아인과 타타르족은 얼어야만 건널 수 있는 우그라강을 사이에 두고 욕설을 주고받고 화살을 서로 쏘아댔다. 그런데, 군대가 마침내 교전을 할 수 있게 될 정도로 강이 얼어붙자마자 양쪽 진영은 동시에 후퇴했다. 모스크바 공국의 문인들은 이것을 기적과도 같은 것이라며 환호했다.[42]

이는 러시아가 드디어 자유를 얻고 타타르의 멍에를 떨쳐낸 것이라고 추정하게 만드는 사건이 되었다. 대격전은 일어나지 않았고, 러시아는 타타르족의 다른 한 집단과 연맹을 맺었다. 이 당시에는 1480년에 있었던 대 칸국의 러시아에 대한 공격이 마지막이 될 줄은 어느 누구도 확신하지 않았다. 그러나 노가이 오르다는 이듬해에 아흐마드를 죽였고, 크림 칸국은 1502년에 대 칸국을 완전히 제거했다. 비록 러시아 삼림 지대에서 몽골의 권력을 주장하려고 하는 칸은 다시 나타나지 않았지만, 무언가 애매모호한 것이 이 정치적 결말을 에워싸고 있었다. 모스크바의 대

크림 칸국의 타타르족과 싸우는 코사크인들.

공은 여전히 타타르족을 위해 조세를 징수했고, 이반 3세의 의지에 따라 카시모프, 크림, 아스트라한, 카잔에 공물(분명히 예전보다 적은 수치였다)을 할당했다.

모스크바 공국, 카시모프 칸국, 카잔 칸국, 아스트라한 칸국, 크림 칸국, 노가이 오르다의 임시적인 연맹은 대 칸국을 없애려는 목적이 성취된 직후에 와해되었다. 이제 대 칸국은 더 이상 교역로에 위협이 되지 않았고, 연합은 이득을 둘러싼 분쟁으로 해체되었던 것이다. 몽골 이후 시기에 일어난 더욱 많은 전쟁은 결국 모스크바 공국에 유리한 쪽으로 결말이 나게 되었다.

몽골 시기 모스크바의 역사는 러시아 정치에 끼친 몽골의 영향을 단순하게 분석하는 것만으로는 충분하지 않다는 점을 명백하게 드러내고 있다. 지속적으로 변화하는 모스크바의 위상은 13세기에서 15세기까지 동유럽 정치의 전체적인 패턴과 모든 당사자들이 가지고 있는 융통성을 보여주는 지표라고 할 수 있다. 이를 잘 드러내는 것은 러시아의 어떠한 공국도 애국심 혹은 협력만을 고수하지 않았다는 점이다. 각각의 공국은 어느 순간에 최선으로 여겨지는 모든 수단을 통해 그 자신의 이득을 진작시키고자 했고, 여기에는 영웅적인 행동과 변절이 있었지만, 무엇보다도 실용주의가 있었다. 늘 그렇듯이 접경 지역의 정치는 문화적·종교적 결벽성에 혼란을 초래했다.

킵차크 칸국의 러시아 영토에 대한 정책에 대해서 말하자면, 이는 종종 모순적인 것으로 보이는 결과를 야기했다. 몽골족은 때때로 트베르, 리아잔, 니즈니 노브고로드 혹은 모스크바의 분리주의적 경향을 지지했다. 또 다른 시기에는 노브고로드와 같은 내부 권력의 중심 혹은 리투아니아와 같은 외국의 적들에 대항하는 데 균형을 맞추기 위해서 블라디미르 대공 휘하의 정치적 중앙집권화를 강화하기도 했다. 킵차크 칸국은 원칙적으로 러시아에서 중앙집권화된 권력 혹은 그 반대의 상황을 모두 지지하지 않았음이 분명해지는 것이다. 대신에 타타르족은 폴란드, 리투아니아와 같은 이웃 국가들을 막아내면서 조세, 병력을 징발하려는 영속적인 목표를 촉진하기 위해 상황에 적합해 보이는 최선의 전략이라면 무엇이든지 채택했다. 장기적인 목적을 추구하기 위해 킵차크 칸국은 다양한 단기적 수단을 사용했던 것이다.

러시아의 이해관계에 킵차크 칸국은 지속적으로 연루되어 있었다. 러시아의 행정 변화, '대혼란', 러시아와 다른 지역에서 새로운 권력 중심의 출현, 티무르의 침략과 킵차크 칸국의 분열 등이 있었음에도 타타르족은 시종일관 러시아에 대한 장악력을 유지하고자 했다. 몽골 지배 시기 동안에 러시아 공작들은 모든 결정에 있어 타타르족의 대응을 신경썼고, 혹은 위험을 무릅쓰고 이를 무시하기도 했다.

×

6장

몽골의 지배에 대한 러시아의 '이론'

몽골의 정복과 뒤이은 억압의 세월은 기독교도 러시아 작가와 지식인들에게 있어서 다루기 곤란한 문제들을 만들어냈다. 동슬라브족은 여러 세기에 걸쳐 초원의 적들과 교역, 통혼, 연맹 관계를 맺었기 때문에 증오하는 종교를 가진 적들과 실용적이면서 종종 협조적인 관계를 맺는 러시아의 변칙은 이미 익숙해진 곤란함이었다. 러시아의 문인들은 오래 전부터 이러한 상황이 필연적으로 가져오는 위험한 결과를 침묵의 이데올로기로 회피하는 법을 배웠다. 이는 중세의 민족-종교적 접경에 있는 모든 기독교도와 무슬림이 유사한 상황에서 행동하는 방법이었다. 그러나 이제 러시아인들은 그들 문화의 종교적·지적 기초에 대한 새롭고 더욱 강력한 위협에 직면했다. 무적의 신으로부터 보호를 받는 대리인들인 러시아인이 다가올 미래에도 확실히 난공불락의 힘을 가지게 되는 이교도 군단에 의해 신속하면서도 효율적으로 복속되고 있었던 것이다. 이러한 두 번째 지적인 문제에 대한 러시아인들의 해결책은 첫 번째 문제에 사용했던 방책을 확대시키는 것이었다.

몽골족에 대한 러시아 지식인들의 대응은 키예프 시기에 그 기원을 두고 있기 때문에 러시아인들이 초원에 있던 초기 이웃들과의 관계를 구축하기 위해 어떤 선택을 했는지를 염두에 둘 필요가 있다. 동슬라브족이 기독교로 개종했을 때부터 연대기 작가들은 페체네그 혹은 폴로브치 같은 유목민들과 협조했다는 사실, 그들을 존중했다는 점, 심지어 그들의 방식을 알고 있었다는 사실에 대한 언급까지도 모두 기록에서 생략해버렸다. 대신에 연대기 작가들은 단지 군사적 역사인 전투와 침략만을 기록했고 스스로에 대해서는 정치적 충돌보다는 종교적인 측면을 보여줬다. 그래서 연대기들에 기록된 러시아 공작들은 그들의 재산만을 지키지 않고, 유목민 정적政敵들과도 결코 싸우지 않는다. 오히려 그들은 종교적 적대감에 의해 움직이는 이교도들의 약탈로부터 기독교를 구원하기 위해 싸우는 신앙의 수호자로 묘사되어 있는 것이다. 이러한 개념적 틀이 러시아와 초원 유목민의 관계에 대해서 키예프 문인들이 어떻게 기록하고 실제로는 어떻게 생각하고 있었는지를 결정했다. 협력했던 것은 무시하고, 종교적 요구와 일치시키기 위하여 갈등을 이상화하면서 러시아인들은 그들의 사회가 가진 기독교 이념의 토대를 지킬 수 있는 문학적 필법을 고안해냈다. 몽골 기병들이 지평선에 처음으로 출현했을 때 이미 이러한 전통은 철저하게 흡수되어 있었다.

불행하게도, 13세기의 러시아 문인들이 몽골의 완벽한 승리라는 기가 막힌 사실을 갑작스럽게 직면했을 때 키예프의 유산은 적합하지 않음이 입증되었다. 키예프의 본보기는 이교도들과의 복잡하면서도 애매한 관계에 대한 설명을 가능하게 했지만, 완전한 정복은 고려의 대상이 아니었던 것이다. 절대적이면서도 장기적인 복속은 러시아 역사에서 전례가 없었던 것이었고, 이념적인 영향력은 산산이 조각났다.

물론, 중세 신앙 세계에서 이교도에 의한 패배로 생기는 곤란한 이념적 문제에 마주친 사람이 러시아인만은 아니었다. 도처의 기독교도들은 군사적 패배를 신의 허약함 혹은 부재라기보다는 노여움에 대한 증거로 받아들였다. 유대인들이 믿는 신은 그의 민족들이 순종하지 않을 때에 종종 그들에 대한 지원을 일시적으로 철회해버렸고, 기독교도들은 전투에서 패배하면 신이 자신들을 버린 것이 아니라 그들이 신을 실망시킨 것이라고 생각했다. 그래서 자신들의 방법을 개선하면, 기독교의 승리가 반드시 뒤따를 것으로 보았다. 러시아인들과는 달리 중세 기독교도들은 심지어 정복조차도 그들의 종교에 대한 정당성을 양보하지 않고도 이러한 기본적인 섭리 이론으로 설명할 수 있었다. 이방인의 정복이 새로운 현상이 아니었던 아르메니아인들은 그들의 복속이 신의 의지임을 인정했고,[1] 전지전능한 신께서 잘못된 추종자들을 응징하기 위해서 이교도들을 활용하는 것이 자연스럽다고 생각했다. 다가오는 오스만의 승리에 대해 숙고했던 비잔티움의 지식인들은 투르크족이 비잔틴보다 나은 기독교도는 아닐지라도 그들의 품성은 실제로 기독교도라는 결론을 내렸다![2]

러시아인과 같은 기독교가 아닌 민족들 중에 몽골족에 의해 정복된 경우에는 이미 이러한 패배를 설명하는 데 도움이 되는 스스로의 오래된 이론을 가지고 있었다. 중국인들은 천명이라고 하는 융통성 있는 이론에 의지했고,[3] 페르시아인들은 제국의 흥기와 몰락에 대한 잘 정비

된 이론에 의존했다.

그래서 몽골의 정복에 대한 러시아의 반응은 독특한 것이었다. 러시아 사회의 종교적·지적 토대를 지키는 사람들이었던 러시아 문인들은 처음으로 완벽한 패배라고 하는 못마땅한 사실에 직면했다. 비록 상상할 수도 없는 일이지만, 기독교의 신이 전지전능하지 않았거나 몽골의 정복이 신의 의도일 수도 있었다. 이 두 가지 가능성을 놓고 러시아 문인들은 아무것도 택하지 않는 방법을 취했다. 다른 민족들이 정복에 대한 합리화를 시도했던 것과는 달리 러시아 지식인들은 은연중에 정복이 일어났던 것을 부인했다. 그들은 러시아-타타르의 관계를 종주권의 관점으로 다루기를 거부하면서 몽골의 지배라고 하는 위험한 암시를 회피했고, 이것은 러시아가 정복당했다는 사실을 명백히 인정하지 않으려는 것이었다. 러시아 작가들은 실질적인 정복이 일어나지 않았던 이전 시대의 용어를 사용하면서 키예프 시기에 발전했던 개념적 틀로 몽골 시기의 사건들을 기록했다. 이전 시대의 언어를 능숙하고 상당히 지속적으로 사용하면서 그들은 정복, 심지어 해방이라는 용어를 쓰려고 하지 않았다. 문인들은 패배가 불러온 이념적 수수께끼와 씨름하는 것을 피해버렸던 것이다.

물론, 러시아인들은 그들이 정복되었다는 사실을 알고 있었다. 연대기들은 몽골의 정복과 이후 그들의 지배를 드러내는 사건들을 생생하면서도 상세하게 기록하고 있다. 그러나 그들이 바투의 원정과 이후에 타타르족으로 인해 고통을 겪었던 수많은 폐해 사이의 인과 관계를 결코 인정하지 않았다는 점을 통해 보면, 연대기들은 타타르의 지배라는 사실을 무시하고 있었다. 정복 이후 수 세대가 지난 뒤인 14세기 후기와 15세기의 문헌들은 몽골족의 지배가 오랫동안 기정사실이 아니었다는 것인 양, 몽골족이 러시아를 지배할 계획을 가지고 있다고 비난하고 있다.(이러한 의도는 항상 실패로 끝났다.) 러시아가 정복된 것이 아니라면, 당연히 쿨리코보 평원 전투와 우그라강의 대치에 대한 동시대의 서술은 그것을 해방이라고 불러서는 안 되었다.

러시아 문인들이 몽골 지배의 이론적 측면을 다루는 데 있어서 항상 어느 정도까지는 가장 애매한 표현을 쓰는 것이 압도적인 경향이었다. 중세의 작가들은 기독교의 섭리주의, 종교적 교조, '세속적인' 역사적 분석을 섞었고 종교적 수사의 밑바닥에서 러시아의 곤란한 처지가 가져오는 이념적인 영향력을 가려버렸다. 일부는 이러한 대응 혹은 대응의 부재를 중세 러시아의 지적인 결핍의 탓으로 돌렸다. 이 관점에서 보면, 러시아 문인들은 타타르 지배의 이론적 암시를 회피하는 것이 아니라 그것을 이해할 능력이 없는 것이었다. 중세 러시아인들이 이념적인 글을 쓰려 하지 않았다는 점은 사실이지만, 이것이 그렇게 하기 위한 기민함이 없었음을 의미하지는 않는다. 어쨌든 한 문화의 이데올로기는 문학, 역사, 신화 사이에서 많은 방법을 통해 함축적인 표현들을 찾아낸다. 몽골 시기부터 러시아의 저작들은 분명히 정복이라는 사실을 거부하고 있음을 보여준다.

이제 앞으로 논의될 내용의 대부분은 이러한 부정이 몽골 시기의 정복과 훗날의 사건들을 서술하기 위해 러시아인들이 활용했던 용어들을 통해 어떻게 명백해졌는지를 보여주게 될 것이다. 옛 러시아어에 대한 사전과 어휘 목록들은 중세 러시아의 개념들을 이해하는 데에 그리 많이 이용되지 않는다. 주어진 용어가 원래 사용되었을 때 무엇을 의미하는지

폴로브치의 막사.

를 밝히기 위해서 신뢰할 수 있는 유일한 방법은 타타르 시기를 전후하여 수년에 걸친 용례用例를 분석하는 것이다. 이러한 종류의 점증적인 설명적 문학 비평은 현대의 추정을 통해서 중세의 사료를 해독하는 위험을 줄여준다. 러시아의 지성적 태도는 문인들이 기록할 것과 기록하지 않을 내용을 선택하는 것으로부터 또한 명백해지고, 특히 나타나지도 않는 확실한 승인을 요구하는 것 같은 서술의 논리가 어디에 있는지를 통해서도 더욱 명료해진다. 러시아 역사의 몽골 시기부터 등장하는 모든 이야기 기록에 대한 포괄적인 분석만이 러시아-타타르 관계에 대한 러시아인들의 인식의 특성과 느낌 모두를 드러낼 수 있을 것이다.[4] 하지만 앞으로 다룰 선택적인 분석은 사료의 내용에 대해 장기적으로 유지된 학문적 가정과 실제 사료들이 말하는 내용 사이의 불균형을 분명히 설명할 것이다.

1223년에 몽골족은 난데없이 나타나서 러시아, 폴로브치 연합군을 제압하고 홀연히 사라졌다. 러시아인들은 대부분의 기독교도와 무슬림 민족들이 타타르에게 했던 것처럼 반응했다. 그들은 몽골족을 곡과 마곡Gog and Magog의 민족이며, 하늘의 계시를 받아 알렉산더 대제가 가두어놓은 산의 뒤편으로부터 탈출한 것이라고 간주했다. 또, 일부 유럽인은 군대를 이끌고 무슬림들과 싸운다고 알려진 동방에 있는 가상의 기독교도 군주인 프레스터 존 전설을 끄집어냈다.5 프레스터 존 전설은 러시아인과 비잔틴인들에게도 알려져 있었지만, 그들은 특히 칼카강에서의 재앙적인 충돌 이후로는 몽골족이 기독교 세계의 구세주라고 착각할 수도 없을 정도로 아시아 유목민들에 대해서 잘 알고 있었다. 어쨌든, 이러한 종말론적 분위기는 몽골족이 사라지자마자 지나갔고, 타타르족과는 달리 돌아오지 않았다.

몽골족의 재출현과 1237~1240년의 원정에 대한 러시아의 기록은 솔직하다. 몽골족은 도착해서 블라디미르-수즈달리아 공국의 모든 저항을 진압한다. 이러한 내용에서 몽골족이 도시 혹은 공국을 점령했음을 기록할 때 주로 활용되는 동사는 브지알리vziali[잡다, 가지다 등의 뜻을 가진 동사로서 그 원형은 브지아티vziati, взять]와 플레닐리plenili[생포하다, 점령하다, 획득하다 등의 뜻을 가진 동사로서 그 원형은 플레니티pleniti, пленить]다. 첫 번째는 명백하게 일반적인 용어로 군사적인 측면에서 '점령하다' 정도의 의미이고, 그 이상은 없다. 이 단어는 점령한 도시를 소유했다는 것을 함축하지는 않는다. 결과적으로 이 동사는 애매모호하고, 서술하는 내용은 단지 각 사례에 근거해 결정해야 한다. 두 번째 동사는 더욱 복잡하다. 이것은 항상 '정복된'으로 번역되지만, 옛 러시아어에 대한 유

몽골의 동유럽 원정의 마지막을 장식하는 레그니차 전투(1241).

일한 중세 사전을 저술한 스레즈넵스키는 실제로 다양한 의미들을 적어 놓고 있다.6 동사의 어근인 플렌plen은 포획 혹은 포로를 뜻한다. 그래서 플레니키plenniki[러시아어에서 포로를 뜻하는 plennik(пленник)의 복수형] 는 전쟁 포로들이다. '점령된' 것처럼 '획득된' 한 도시는 정복자의 영토 로 편입될 수도 있고 그렇지 않을 수도 있다. 후자의 경우라면 플레닐리 의 더 좋은 번역은 '약탈하다'가 되어야 할 것이다.

키예프 시기의 러시아 문인들은 자신이 살았던 시대에 있었던 유목 민들의 약탈을 서술할 때 똑같은 동사를 사용했다. 예를 들면, 키예프를 약탈한 이후 초원으로 그냥 돌아갔던 유목민들을 묘사하기 위해 선조 들이 사용했던 똑같은 용어를 쓰면서 몽골 시기의 작가들은 그들이 살 았던 시대의 사건들도 키예프 시기와 동일한 규칙에 놓여 있음을 암시했다. 이러한 동사들은 16세기 중반까지 연대기들에 지속적으로 등장하고 있으며, 이는 그 의미가 키예프 시기 이래로 변화하지 않았던 맥락을 보여준다. 예를 들면, 연대기들은 똑같은 러시아 도시들이 또 다시 '정복되었다'거나 모스크바 공국이 1375년에 트베르를 '정복했다' 혹은 노브고로드의 하위 계층이 일부 보야레boyare의 마을들을 '정복했다'는 점을 암시하는 의미를 확실히 담고 있지 않다.7

『바투에 의한 리아잔 파괴 이야기』는 몽골의 정복을 서술하기 위해 러시아인들이 사용한 동사에 종주권의 변화에 대한 암시가 포함되어 있지 않음을 보여주는 또 다른 문학 작품이다. 가장 초기의 개정판8에서 우리는 타타르족이 리아잔, 블라디미르-수즈달, 러시아 땅을 '점령'하고 '약탈'했다는 표현을 찾을 수 있다. 이후에 공작 잉바르 잉바레비치는 교회와 성벽을 복구시키고, 도시에 다시 사람들이 살게 하여 삶을 일상적인 것으로 되돌렸으며, "신이 그의 강력한 손으로 구원해준 기독교도들은 서로 희열을 느꼈다."9 이 마무리 구절은 리아잔이 증오하는 이방인의 굴레 아래로 전락했다는 사실에 대한 인정과는 양립할 수 없는 것이고, 몽골의 영속적인 존재에 대해서는 언급조차 하지 않고 있다. 몽골의 지배를 받고 수십 년이 지난 뒤인 14세기보다도 늦게 기록된 『리아잔 파괴 이야기』는 몽골 원정의 진정한 결과를 알려주고 있지 않다.

1237~1240년의 원정을 가장 가까이에서 목격한 동북부 지역의 문헌들은 포위 당한 블라디미르의 공작들이 어떻게 타타르족의 '의도'(러시아어 명사는 볼리아volia인데, 이 용어는 볼레vole라는 약간은 틀린 형태로만 등장하고 있다)대로 행동하지 않고 순교자의 길을 택했는지에 대해 언급하면서 타타르족이 머물렀다는 사실을 인정하게 되었다. 바실코 콘스탄티노

비치는 사로잡혔을 때 타타르의 휘하에 들어가서 그들의 의도대로 하는 것보다 차라리 죽음을 더욱 선호했다.[10] 몽골족의 '의도'에 따른다는 것은 분명히 종속 관계를 의미했지만, 공작들은 죽음으로써 이를 회피했고 이 결과 어떤 일이 발생했는가에 대한 설명은 보이지 않는다. 다른 기록에서 볼리아라는 단어는 단지 13세기 갈리시아-볼히니아 연대기에서만 등장한다. 이 기록은 갈리시아-볼히니아의 공작들이 몽골족에 복종해서 폴란드, 리투아니아, 헝가리를 향한 몽골의 원정에 참여하기 위해 소환되거나 혹은 타타르족의 '의도'에 복종하지 않았다고 서술한다.(복종하지 않는 상황이라면 네볼레nevole라는 단어가 사용되었다. 이 잘못된 형태의 원래 러시아어 명사는 네볼리아nevolia가 될 것이다.)[11] 이 용어는 확실히 러시아인들이 타타르의 부하 혹은 예속민이었음을 가리키는 것처럼 보이지만, 연대기 작가는 아무런 설명을 하지 않고 있다.

정복 이후 3~4년 동안 동북부 러시아의 연대기들은 몽골족을 전혀 언급하지 않는다.[12] 그러면서 어떻게 다양한 러시아 공작들이 '그들의 재산을 위해서pro svoiu otchinu' 사라이 혹은 카라코룸으로 갔는지에 대해 서술하는 일련의 기록들이 나타난다. 이 공작들은 그들의 공국을 보유할 권리를 부여한 야를리크를 받았다.[13] 아마도 후세를 위해 남겨진 기록임에도 연대기들은 어떤 러시아 공작이 그의 자리를 유지하기 위해서 몽골족의 허락이 반드시 필요했던 이유를 말하지 않는다. 간단한 구절— "타타르족이 러시아를 정복했기 때문이다"—이 그 논리적인 공백을 메울 수 있었겠지만, 그것이 기록에 나타나지 않는다.

체르니고프의 미하일 일대기는 타타르 지배에 대한 더욱 직접적인 설명을 보여주고 있다.[14] 이 기록에서는 1240년 몽골의 원정nakhozhdenie

이후에 타타르족은 러시아 도시에 어느 정도 시기po koletsekh vremena '머물러서osadisha' 인구 조사chislo를 행하고[15] 세금을 거두기imati dan' 시작했다. 미하일이 해외에서 돌아왔을 때, 타타르 사절단은 바투에게 고개를 숙이지pokolniv'' shesia 않으면 '칸의 땅에서zemlia kanova' 거주하는 것은 잘못된 것이라고 미하일에게 말하고 있다. 미하일은 눈치를 채고 바투에게 갔으나, 두 개의 불 사이를 통과하는 샤머니즘의 정화淨化 의식 수행을 거부한다. 그는 "저는 당신에게 고개를 숙입니다. 오, 차르여! 신께서는 당신에게 차르의 자리와 세계의 영광을 주셨습니다……"라는 의사를 표명하지만, 자신의 종교까지 양보하면서 이교도의 의식을 수행하지는 않은 것이다. 미하일은 몽골족에게 처형되지만, 러시아 정교회에 의해 성인으로 추앙된다.

성인 일대기의 작가는 몽골의 지배와 심지어 그 정당성을 인정한다는 측면에서 다른 사료보다 더 앞서나갔다. 마이클 체르니압스키는 미하일의 발언은 사도 파울로스의 "그 권력은 신이 내린 것이다"라는 말을 연상시킨다고 지적하고 있다.[16] 더욱 특이한 점이 또 있다. 이 이야기는 타타르족이 러시아 도시들(불특정한)에 잠시 동안만 '머물렀고', 몽골의 침략과 체르니고프는 이제 '칸의 영토'라는 사실 사이의 뚜렷한 연관성을 드러내지 않는다. 게다가 몽골 지배의 현실은 정치적인 대결보다는 종교적인 대립으로 나타나는 것의 배경으로 넘어가버렸다. 사실, 바투는 미하일이 반역자였기 때문에 그를 처형했다. 다른 신앙에 대한 칸의 관용과 러시아 정교회에 대한 보호는 잘 알려져 있다. 그럼에도 일대기에서 바투와 미하일은 정적이 아니라 종교적 상대가 되었고 그들의 만남은 미하일의 종교적 신념을 시험하는 무대였으며 미하일의 죽음은 순교가 되었다.

파울로스의 교리는 알렉산드르 넵스키의 일대기에서도 나타난다.[17] 주인공을 성인처럼 취급하는 이 기록은 바투를 "동방의 강력한 차르이고, 신은 동쪽부터 서쪽까지 많은 지역이 그에게 복종하게pokoril 했다"고 언급하고 있다. 바투는 넵스키에게 다음과 같은 서신을 보낸다. "당신은 신께서 나에게 많은 민족iazytsi(문자 그대로는 언어들이라는 뜻)을 복속시키게 했다는 사실을 알고 있을 것이오. 당신 혼자만 나의 권력에 스스로 복종pokoritesia하지 않으려고 하는 것이오? 하지만 당신이 스스로의 영토를 보존하고 싶다면, 신속하게 나에게 와서 나의 당당한 위엄chest' tsarstva을 직접 보시오." 넵스키는 칸을 찾아갈 수밖에 없게 되고, 칸은 그를 아주 명예롭게chestno 대접한다.[18] 이후에 칸은 넵스키의 동생인 안드레이에게 격분하여 수즈달 지역에서 '전쟁voevati'을 치르기 위해 그의 군사령관(러시아 용어로는 보에보다voevoda) 네브루이를 파견한다. 공작 잉바르가 리아잔에서 그랬던 것처럼, 넵스키는 네브루이의 '약탈po pleneni' 이후에 수즈달 지역을 복구시킨다. 또한 그는 공물과 외교를 통해 타타르족의 분노를 피하는 데에 일조하고 있다.

미하일의 일대기처럼 넵스키의 일대기에도 그것이 드러내고 있는 것과 그렇지 않은 것이 있기 때문에 주목할 가치가 있다. 언급될 수 없는 이야기였음에도 러시아에 대한 바투의 권력은 부정되지 않았다. 그러나 타타르의 통치권이 명백히 인정된 것은 아니고, 이 자료는 넵스키가 킵차크 칸국으로 소환되었을 때에 러시아는 이미 신이 바투에게 복속시키라고 한 지역 중의 하나였다는 점을 생략하고 있다. 사실, 넵스키는 이미 그의 아버지 야로슬라프에 의해 이루어진 충성 맹세에 얽매여 있었다. 또

알렉산드르 넵스키 공후는 네바강 전투와 추도호 전투 등을 승리로 이끌며 외세로부터 러시아의 영토를 지켜냈다. 사후에 러시아 정교회의 성인으로 시성되었다.

한 이 이야기는 안드레이 야로슬라보비치의 공격이 의도적인 모반이었다는 점을 무시하고 있고, 바스카크 제도와 넵스키의 야를리크, 노브고로드에서 시행한 몽골의 인구 조사에서 넵스키의 현저한 역할 등을 포함한 넵스키의 행위가 가진 진정한 정치적 맥락을 명료하게 밝힐 수 있는 다른 수많은 세부 사항을 언급하지 않는다.

갈리시아-볼히니아의 연대기도 대공 다니일의 공식적인 복종을 비슷한 침묵을 통해 기록하고 있다. 남부 러시아에 대한 원정 기간에 도망갔던 다니일은 타타르의 의도에 따르지 않은 처벌로 그가 돌아가면 자신의 영지를 상실할 것임을 알게 된다. 그래서 다니일은 킵차크 칸국으로 가서 바투 앞에 무릎을 꿇고 타타르의 노예kholop라는 칭호를 받아들이면서 공물을 바치고 넵스키처럼 명예롭게 풀려난다.[19] 넵스키의 일대기에서는 넵스키가 바투를 방문한 것을 찬양하면서 서술하고 있는 반면, 1250년 항목의 이 기록에서는 다니일을 비판하고 있다. 그러나 다른 점에서는 두 기록이 비슷하다. 이러한 사건들이 왜 일어났는지 혹은 몽골족에 대한 복종을 거부하는 것이 왜 정치적 자살 행위가 될 수도 있는지(군사력이라는 명백한 위협은 제외하더라도)에 대한 설명이 없다.

블라디미르의 주교 세라피온의 설득력 있는 설교에는 몽골 원정 이후 러시아의 상태에 대한 아주 날카로운 회상이 담겨 있다. 세라피온에 따르면, 러시아 도시들은 '약탈당하고plenisha' '점령되고vziasha' '파괴되었으며razorisha' 침략rati과 '이교도들의 압박poganskoe nasilie'은 지속되고 기독교도들은 '괴로운 예속 상태gorkuiu rabotu' 속에서 살고 있다.[20] 세라피온의 성서聖書와 같은 어조는 13세기의

알렉산드르 넵스키.

다른 사료들, 실제로는 몽골 시기 이전부터 나온 키예프 사료들에서 사용되었던 것과 똑같은 어휘들로 되어 있다. 그는 몽골의 압박을 암흑의 그림으로 묘사하기를 원하고 있지만, 정치적인 속박보다는 종교적·도덕적인 측면을 비난하고 있다. 신은 기독교도들의 원죄 때문에 그들을 처벌하고 있는 것이고, '예속 상태'에 대한 세라피온의 언급은 정치적 상황에 대한 묘사라기보다는 수사학적 과장에 불과하다. 러시아의 정치적 복속pokorena은 러시아가 겪는 고통의 목록에 자연스럽게 추가될 것처럼 보이는데도 나타나지를 않는다.

그래서 러시아의 다양한 지역 출신의 작가들은 러시아의 통치권 변화라는 문제를 피해갔다. 블라디미르-수즈달, 노브고로드, 갈리시아-볼히

니아 출신의 연대기 작가들, 성인 일대기 작가들, 설교자들 모두 몽골의 지배라는 사실을 인정하지 않거나 묘사하더라도 논리적인 공백을 그대로 남겨두었다. 키예프 공국 시기부터 사용된 어휘들을 쓰고, 바투 군대의 도착과 몽골 지배 사이의 인과 관계를 이야기하지 않은 상태로 놓아두면서 러시아의 문인들은 몽골의 정복을 지적인 측면으로 다루지 않았다. 13세기 문인들의 애매모호함은 이후 세대 러시아 작가들의 저작을 통해서도 그대로 드러났다.

중세 러시아의 문인들은 정복을 부인했기 때문에 해방을 칭할 수도 없었다. 1237~1240년의 사건들은 엄청난 군사적 패배에 지나지 않는 것으로 취급되었고, 이로 인해 타타르 시기 러시아의 점진적인 성장은 단지 단순한 군사적 승리의 관점에서 다루어졌다. 러시아의 성공을 찬양했던 14, 15세기의 작가들은 13세기의 어휘라는 좁은 한계에 갇힐 수밖에 없었다. 그러나 새로운 개념들과 과거에 대한 전환된 인식이 점점 문학적 필법에 침투했다.

1380년 쿨리코보 평원에서 에미르 마마이를 상대로 거둔 돈스코이의 승리는 전통적으로 타타르의 멍에를 부수기 위한 러시아의 가장 유명한 시도이지만, 동시대의 문학 작품들은 이를 전혀 조명하지 않는다.[21] 1380년의 '연대기 이야기Chronicle Tale'의 '짧은 편집본Short Redaction'에서는 마마이의 표출된 의도가 러시아 영토를 '약탈pleniti'하는 것으로 나와 있다. 대신에 그는 돈스코이에게 처음으로 패배를 당했고, 러시아 공작들에게 마마이는 '그 (자신의) 적과 그들의 적에게 패배'했음을 알리면서 이제는 볼가 지역의 차르스트보의 지위에 오른 토흐타미쉬에게도 패배했다. 돈스코이와 다른 공작들은 공물을 실은 사절들을 파견했다.

'연대기 이야기'의 '개정 편집본 Expanded Redaction'에서는 칭기즈 칸의 후손이 아닌 마마이가 스스로를 칸 혹은 차르로 부르면서 가짜 군주를 칭한 죄가 있다고 비난한다. 여기에서 돈스코이는 자니베크[1342~1357년에 킵차크 칸국을 통치함] 치하에서 바쳤던 것과 같은 양의 공물을 기꺼이 바치겠다고 말한다. 킵차크 칸국과 러시아의 관계가 조금도 바뀌지 않았음을 암시하는 것이다.[22]

1375년에 제작된 카탈루냐 지도에 묘사된 자니베크 칸.

같은 사건을 자세히 언급하고 있는 서사시 『자돈시나Zadonshchina』는 적어도 사건의 현재 상태를 과거의 일들과 연결시키는 데까지 나아간다. 마마이가 러시아 땅에 대한 '점령vziati'을 계획하고 있을 때 돈스코이의 아내인 에브도키아는 러시아가 여전히 겪고 있는 고통의 시작인 칼카에서의 재앙이 반복되지 않게 해달라고 신에게 기도한다.(이는 일부 시적 허용을 드러내고 있다. 칼카에서의 패배는 정복 자체보다 15년 앞서 일어난 사건이었다.) 바투가 러시아를 '약탈pleniti'한 것은 죄를 지은 러시아인들에 대한 신의 뜻이었지만, 이제는 신의 호의로 마마이가 패배를 당할 수도 있었다. 에브도키아의 비가悲歌는 러시아가 겪은 긴 고통을 암시하고 있지만, 위대한 전투에서의 승리와 패배에 따른 기쁨과 슬픔에만 관심을 가지고 있다. 마마이의 타타르족은 더 이상 조세를 거둘 수 없을 것이지만, 이는 이 특정한 타타르인이 죽었기 때문이고 러시아가 독립을 얻었기 때문은 아니다.[23]

매우 종교적인 기록인 『마마이와의 전투 이야기Skazanie o Mamevom poboishche』는 쿨리코보 주기週期를 완성하여 러시아-타타르 관계 서술의 새로운 기원을 열었다.[24] 이 기록 속에서 러시아 영토를 '약탈'했고 키예프와 다른 도시들을 '점령'했던 바투를 또 다시 모방하고자 했던 마마이는 그의 타타르족을 도시들에 '정착sideti'시켜서 그들을 통해 '통치vladeti'하기를 원하고 있다. 그는 또한 돈스코이를 그의 종복從僕, sluzheb-nik으로 부르고, 돈스코이의 영지를 울루스 혹은 몽골의 재산의 일부라고 말한다. 그래서 『마마이와의 전투 이야기』는 처음으로 몽골족이 러시아를 실제로 지배한다는 그 개념을 표현하고 있다. 비록, 그것이 단지 야망에 그치고 있지만 말이다. 물론 러시아의 자유가 오랫동안 상실된 것이 아니라 단순히 위협만 받고 있다고 여기는 태도는 러시아가 몽골 제국의 유산인 울루스의 일부라고 하는 언급으로 인해 거짓임이 드러나고 있지만, 이 역시 무시되고 있다. 『마마이와의 전투 이야기』는 러시아의 진정한 지위를 알려준다는 점에서 러시아의 다른 이전 저작들보다 앞서고 있지만, 성전에 대한 광신 속에서 마마이의 '야망'과 바투의 업적 사이의 관계를 지워버리고 있다. 정치적인 동기 혹은 러시아의 해방이라는 개념을 언급하지 않은 채 돈스코이의 신앙심만을 강조하고 있는 것이다.

쿨리코보에서 거둔 돈스코이의 승리에 대한 마지막 기록은 러시아 연대기들의 1389년(돈스코이가 사망한 해) 항목에 등장하는데, 그 부분을 대개 돈스코이의 일대기라고 불렀다.[25] 이 기록에서 마마이는 사탄과 사악한 조언자들에게 고무되어 러시아에 바스카키를 임명하고 러시아인들

에게 이슬람교를 강요하기를 원했다
고 전해진다. 이러한 비난은 모두 신
뢰할 수 없고 편향적인 것이며, 물론
이 부분에서 러시아에 바스카키가
지금까지 있었던 이유와 사라진 이유
에 대해서는 설명되어 있지 않다. 돈
스코이의 신앙심이 전투에서 그가 승
리할 수 있게 한 것이고, 이 충돌의
동기와 승리의 결과는 고려의 대상
이 아니다.

1480년에 그 유명한 '우그라강의
대치'에서 대 칸국의 칸 아흐마드와
이반 대제 사이에 펼쳐졌던 대결은
대체로 러시아 해방의 결정적인 사건
으로 간주되고 있다. 이러한 관점은

우그라강의 대치.

사건을 너무 지나치게 간소화한 것인데, 모스크바는 아마도 1470년대의
어느 시점에 대 칸국에 공물을 바치는 것을 중단했지만 우그라강 사건
20여 년 후에 대 칸국이 무너졌을 때까지 공식적인 관계를 지속했기 때
문이다. 게다가 모스크바 공국은 비슷한 부류의 여러 타타르족 칸국에
게 여전히 공물을 바치고 있었다. 모스크바 공국의 이론가들이 우그라
강의 대치를 의미심장하게 보기 시작한 것은 세기의 4분의 3이 지나고
난 뒤였고, 그것은 러시아의 역사 서술에서 지금까지도 그 중요성을 유

지하고 있다.

우그라강 사건에 대한 중요한 연대기의 서술에서 그 당시의 러시아가 해방되었다거나 그것이 필요했다는 식의 암시는 보이지 않는다.[26] 이 단순한 일화에서 차르 아흐마드는 바투가 그랬던 것처럼 모든 정교회 기독교도를 '약탈'하려고 한다. 그러나 그는 실패하고 이후에 죽임을 당한다. 그래서 신은 기독교도들을 '구원했다izbavi.' 또 다른 비가는 남슬라브족의 비겁함과 대조되는 러시아인들의 용감함을 칭찬하고 있는데, 1480년에 타타르족에 대한 모스크바 공국의 저항(모스크바의 신중한 군사적 전략이었다고 일반적으로 해석된다)과 남슬라브족이 오스만 제국의 압박을 수용했던 점을 비교하고 있다. 이것은 오스만 제국 치하의 발칸 지역과 타타르족 치하의 러시아 사이의 평행 관계에 대한 흥미로운 가능성을 제기하고 있지만, 본질적으로 이 문헌은 그 이상으로 나아가지는 않는다.[27]

우그라강의 대치에 관해 가장 유명하면서도 자주 인용되는 사료는 로스토프의 주교이자 이반 3세의 막역지우였던 바시안의 '우그라에서의 서한Epistle to the Ugra(Poslanie na Ugru)'이다.[28] 바시안은 타타르족의 원정nakhozhdenie이 모스크바 사람들을 크게 두려워하게 만들었지만, 교회의 시선으로 보면 아흐마드에게 했던 어떠한 맹세도 모두 강압에 의해서 행해진 것이므로 이제는 이로부터 벗어날 수 있다는 확신을 이반에게 줬다고 기록하고 있다. 바시안은 이반이 정교회의 차르이고, 아흐마드는 단지 '도적, 미개인, 신에게 대항하는 자'라고 주장한다. 비록 바투는 지역을 약탈했고popleni, 예속시켰으며porabotati '차르라는 칭호를 취했'지만 아흐마드는 그렇지 않고, '또 (…) 황실 가문도 아니었다ne (...) ot tsarska roda'. 이 서한은 신이 예전에 유대인들을 파라오와 다른 외국인들

inoplemenniki의 노예 상태rabota로 격하시키면서 처벌했던 것처럼 러시아인들도 원죄 때문에 처벌받은 것일 뿐이라는 생각으로 마무리된다.

그래서 바시안은 처음으로 러시아에서 몽골 지배의 시초에 대한 종합적인 분석을 내놓은 것이다. 바투는 러시아를 약탈했고 황제의 칭호를 취했다. 그러나 바시안의 서한은 이 칭호의 정통성을 공격하고 있다. 러시아인들은 칸과 바실레우스(비잔틴 황제)를 번역하기 위해 모두 차르라는 똑같은 단어를 활용하고 있기 때문에 그들은 은연중에 칸과 바실레우스가 같은 종류의 정통성을 가지고 있다고 일치시키는 것이다.[29] 바시안은 몽골의 지배가 결코 합법적이지 않았다는 것을 확인하기 이전에 두 용어를 해결해야만 했다. 체르니압스키는 아래와 같이 분석하고 있다.

대주교는 여기에서 차르-바실레우스의 이미지를 격상시켜서 칸-차르에 대한 형상을 파괴하려고 한다. 차르는 단지 한 사람이 될 수 있으니 정교회 기독교도가 진짜이고 다른 차르는 가짜인 것이다. 그러나 바시안은 이러한 가짜와 싸우기 위해서는 대공이 차르의 역할을 맡도록 그 지위를 끌어올릴 필요가 있음을 느꼈다. 바시안이 시도하고자 했던 것은 이념적인 문제에 대한 해결이었다. 이반 3세가 전투에서 칸을 상대하기 꺼려했던 것은 정치적, 군사적 두려움이 원인이었지 그의 지배자에 대한 경외심 때문은 아니었다. 그러나 정치적으로 그리고 군사적으로 타타르족은 15세기는 물론이고 16세기에도 여전히 러시아에 대한 심각한 위험 요소였다. 바시안의 문제는 이념적 문제였기 때문에 단지 타타르족을 전투에서 패배시키는 것이 아니라 차르로서의 칸의 이미지를 부수어버려야 했다.[30]

그는 모스크바 대공을 바실레우스-차르의 지위로 상승시키고, 칸을 단순한 찬탈자로 폄하시키면서 이념적 문제를 해결했다. 바시안은 체르니고프의 미하일 일대기와 알렉산드르 넵스키 일대기에 인용된 파울로스의 교리를 거부하고, 단지 기독교도만이 차르가 될 수 있다는 이유로 칭기즈 가문의 정통성을 부정하고 있다.[31] 이러한 측면에서 바시안의 서한은 중세 러시아 지성사에서 독특한 것이다. 또한 이 서한은 처음으로 몽골 지배의 기원에 대한 역사적 시각을 취했고, 우그라강의 대치에 특별한 이념적 중요성을 부여하려는 이후의 몇몇 시도를 위한 기초를 놓았다는 점에서도 흥미롭다.

이러한 시도들 중 첫 번째는 이반 4세에게 보내진 서한으로 대주교 마카리 혹은 이반의 고해 신부인 성직자 실베스트르가 작성한 것으로 다양하게 추정되고 있는데, 아마도 1550년대부터 나타난 것으로 여겨진다. 이 문서는 세계사에서 네 번의 위대한 사건들—유대인 심판자 에제키알의 공적들, 황제 콘스탄틴과 레오의 치하에서 콘스탄티노플을 지켜낸 것, 1480년에 아흐마드에 대한 러시아의 방어—을 칭송하고 있다. 비록 아흐마드는 러시아 영토를 약탈pleni하고 그 통치자vlastets가 되기를 원했지만, 그와 그의 제국tsarstvo 그리고 그의 일족rod은 사라졌고 그의 구역mesta은 빈 공간이 되었으며 그의 정권dershava과 영광도 없어졌다.[32]

이 문서는 아흐마드의 황실 선조들은 1240년부터 러시아 지역의 군주라는 지위를 보유하지 못했음에도 아흐마드는 러시아 지역의 군주가 되려는 희망을 지녔다고 서술한다. 또한 이 문서는 우그라강의 대치와 이 사건이 일어난 다음 세기의 초반 10년 동안에 벌어진 대 칸국의 멸망을 연결시켜 정리하고 있다. 이러한 관점에서 보면, 1480년의 사건들은 인류의 역사에서 결정적인 순간이라는 자격을 갖는다.

바시안의 서한, 이반 4세에게 보낸 서한으로부터 나온 원리들은 소설 속에서도 활용되었고, 러시아의 해방을 완벽히 재발견하게 만들었던 『카잔 역사Kazanskaia istoriia』에서도 주목을 끄는 방식이 되고 있다. 이렇게 복잡하고 이질적이며 애매한 이야기에 따르면,[33] 바투가 킵차크 칸국 Zlataia orda(이 용어가 여기에서 처음으로 사용되었다)[여기에서 보이는 러시아 용어는 '황금색 군단'이라는 뜻을 가지고 있다. 바투가 창설한 국가는 이 용어로 주로 불렸고, 영어로는 Golden Horde라고 하는데 이 책에서는 황금 군단이라는 말보다는 더 익숙한 킵차크 칸국이라는 용어로 번역했다]을 창설했을 때 러시아를 '약탈했고' '예속시켰으며' 러시아에서 조세를 징수하기 시작했다. 계보적 정통성에 대한 고려 없이ne po koleny, ni po rodu, 그는 자신이 선택한 모든 사람에게 권력을 부여했다. 이 사악한 권력vlast'(지배 혹은 권위를 뜻함)은 바투 시기부터 이반 3세가 아흐마드에 대한 공물 납부(러시아의 왕좌 자리를 '구입'한 것, vlasti russkiia kupiti)를 중지할 때까지 지속되었다. 아흐마드가 사절을 보내 공물을 요구하고 아흐마드의 초상화parsenu를 숭배할 것을 이반에게 다그쳤을 때 이반은 더 이상 타타르의 압박nasilie을 견딜 수 없다며 그림을 짓밟는다. 그래서 아흐마드는 러시아 지역을 약탈pleniti하고 그의 조부 토흐타미쉬가 했던 것처럼 모스크바를 파괴시키려 한다. 그는 이반 3세의 군대와 우그라에서 대치하고 있는 동안에 고로데츠(카시모프)의 차르가 사라이를 공격했음을 알게 되면서 모스크바 공격에 실패한다. 이것으로 킵차크 칸국은 결국 황폐화되고zapustenie, 아흐마드는 전투를 포기한다. "그래서 킵차크 칸국의 차르는 종말을 맞이했고, 성스러운 신의 개입으로 인해 킵차크 칸국의 차

『카잔 역사』의 본문.

르스트보와 위대한 권력은 사라졌다pogibe. 그리고 우리의 러시아 지역에서 우리는 무슬림busurmanskogo에게 복종pokorenie하는 부담yarmo으로부터 자유로워졌고svobodi 겨울이 순결한 봄으로 바뀌듯이 모든 것이 회복되기 시작했다."

『카잔 역사』는 1560년대에 기록된 것으로 보이고, 그 저자는 역사를 다소 아무렇게 다루는 면이 있다.[34] 한 가지는 바투가 러시아의 계승 원칙을 존중했다는 기록이다. 또 하나는 아흐마드와 그의 사절들이 무슬림이었다는 것이다. 무슬림이었다면, 아흐마드의 초상화라는 것이 존재할 수 없었다. 어쨌든, 이러한 서술은 바시안의 서한에서 처음으로 나타났던 타타르의 멍에와 러시아의 해방에 대한 재고再考가 정점에 달했다는 측면에서 흥미롭다. 비록 저자는 칭기즈 가문의 정통성까지 공격하는 바시안의 서술을 따르지는 않지만, 그도 바투의 원정 이후에 몽골 지배의 긴 시기가 시작되었음을 명확하게 인정하고 있다. 그리고 이반 4세에게 보내진 서한으로부터 그는 우그라강의 대치를 곧 킵차크 칸국의 멸망으로 보는 짜맞추는 식의 관점과 러시아 기독교도들이 예속 상태의 부담yarmo에서 벗어났다는 점을 받아들이고 있다.[35] 『카잔 역사』의 역사적 토대에 수많은 결점이 있음에도 타타르 시기의 시작과 종말에 대한 기록은 러시아의 역사 서술에서 표준적인 것이 되었다.

『카잔 역사』는 바시안이 사용한 성경 형식의 은유를 몽골 종주권의 정치적·역사적 개념에 덧씌우고 있는데, 이러한 것은 몽골 시기에는 결코 표현될 수 없는 것이었다. 1480년의 사건들로부터 대략 75년이 흐른 이반 4세 재위 시기를 특징지었던 질풍과도 같았던 이념적 조정이 있고 나서야 비로소 우그라강의 대치는 러시아 해방의 순간으로서의 지위를 획득했다. 마침내 몽골족으로부터 자유로워진 러시아 작가들이 그들 스스로의 문학적·지적 억제의 전통에서 벗어나기 위해서 시간이 조금 걸렸던 것은 그들의 필요에 따른 자연스러운 결과였다.

몽골 지배에 대한 러시아 지식인들의 반응은 동시대의 저작들에 반영된 것처럼 복잡하면서도 애매모호했다. 작가들은 대개 타타르족에 대해 논의하는 것을 꺼려하지는 않는다는 점을 보여줬지만, 몽골의 잔인함에 대한 생생한 묘사를 지속적인 종교 전쟁의 사건들로 표현하는 것으로 스스로를 한정시키는 경향이 있었다. 러시아 문인들이 정치적 관점에서 몽골의 존재를 다루는 범주를 보면, 그들은 키예프 시기의 어휘에 의존했고 이는 예전 시대의 세계에서는 도움이 되었지만 더 이상은 적합하지 않은 개념적 틀을 억지로 적용하고 있는 것이었다. 잘 알려진 정확한 것보다 어정쩡한 단어를 사용하고, 인과 관계를 끌어내지 않으며 어떠한 설명도 없이 몽골 지배에 대한 표현을 드러내면서 중세 러시아 문인들은 몽골의 정복에 대한 지적인 암시를 회피했다.

　러시아의 대응은 독특한 것이다. 몽골에 정복된 다른 중세 사회, 기독교도, 무슬림, 기타 이교도의 종교적 이념은 그들 자신의 패배로 인해 생겨난 의문을 모두 직접적으로 다루었다. 이들 모두는 자신들 문명의 종교적 구조를 약화시키지 않고 그들의 패배에 대한 타협점을 찾기 위해 현존하는 이론 혹은 기존 이론을 수정하여 사용했다. 러시아의 과거와 킵차크 칸국 내에서의 특별한 지위는 러시아인들이 정복을 인정하는 방식을 택하지 않고, 다른 기독교도들이 했던 것처럼 정복을 신의 불쾌함이 극단적으로 드러난 경우라고 해석한 이유를 설명할 수 있다. 러시아는 분명히 울루스의 일부가 아니었고, 타타르족은 러시아 공작들이 자리를 유지하는 것을 허락했다. 소수의 몽골족만이 실제로 러시아 삼림 지대에서 거주했다. 그 결과 몽골족이 만약에 도시들에 주둔했거나 공작들을 몽골 통치자로 대체시켰을 경우에 일어날 수 있는 상황보다는 여러 조건이 침묵의 이데올로기라는 러시아의 독특한 작품에 훨씬 유리해졌던 것이다. 또한, 러시아는 이미 초원 민족들을 상대한 오랜 역사가 있었다. 무엇보다도 몽골족은 폴로브치와 그들의 조상들처럼 유목민이었고, 같은 초원에 살았으며 그들과 유사한 수많은 방식을 통해 러시아인들과 교류했다. 킵차크 칸국 내에서 러시아의 애매한 위상, 타타르족의 지속적인 주둔의 부재, 초원 유목민과의 관계에서 키예프인들이 물려준 전통이 결합되면서 러시아와 몽골 사이의 관계를 깊이 생각하지 않고 불분명한 상태로 내버려두는 방식의 대응을 만들어냈다. 부재 상태에서의 통치가 이를 가능하게 했고, 키예프의 전통은 이를 손쉽게 이룩하게 했다.

러시아-타타르 관계의 진정한 본질에 대해 중세 작가들이 침묵한 것은 무지 혹은 소심함의 표시가 아니었다. 대신에, 그 침묵 자체는 억압에 저항하는 방식이었다. 그러나 이는 역사가들을 오도하는 유감스러운 결과를 초래했다. 문인들은 이전 시기의 초원 민족보다 몽골족이 러시아 역사와 사회에 더 큰 영향을 끼치지는 못했다는 인상을 남겼고, 역사가들은 이를 진실로 받아들였던 것이다. 이러한 침묵의 이데올로기 때문에 키예프인들의 태도는 키예프 시기의 진실도 반영하지 못했고, 몽골 정복 이후에 근본적으로 바뀐 상황은 더더욱 드러내지 못했다.

✕

7장

경제와
인구에 끼친 영향

몽골 침략의 즉각적인 충격은 러시아인들이 예전에 경험했던 모든 것을 뛰어넘을 정도로 잔혹했다. 몽골족은 중국인, 무슬림들의 공성 무기를 결합하여 전례가 없는 규모로 이를 활용했으며, 수천 개의 투석기와 충각衝角을 가지고 밤낮으로 도시들을 공격했다. 함락이 성공하면 몽골족은 때때로 도시를 파괴하고 거주민들을 학살했는데 이것이 처음도 마지막도 아닌 것처럼 행동하면서 공포의 전쟁을 수행했다. 무자비한 파괴는 몽골의 군대와 강력한 무기에 대한 공포를 퍼뜨렸고, 몽골의 전략적 배후에 있는 무장된 저항 중심지에 대해서도 그 공포를 확신시켰다. 중세의 전쟁은 좀처럼 전략적이지 못했는데, 몽골족은 뛰어난 전술을 시행한 선구자였던 것이다.

타버린 돌 조각 사이에서 고고학자들이 발견한 몽골의 화살에 맞은 시체는 몽골 정복의 특성을 생생하게 환기시키고 있다. 그러나 고고학은 경제적, 인구학적 여파를 판단하는 데에는 부분적으로만 유용할 뿐이다.[1] 몽골족이 도래하기 이전에 후기 키예프 공국은 상당한 번영을 누리고 있었다. 키예프 공국의 도시들은 솜씨가 좋은 다양한 장인들의 활동을 유지시킴과 동시에 동방과 서방에 대한 광범위한 국제 무역을 시행했고, 그 농지는 도시 거주민들을 부양할 정도로 충분한 곡물을 생산했다.[2] 1237~1240년 몽골의 원정은 이러한 경제력을 박살냈다. 많은 도시는 폐허로 남았고, 거주민들은 대부분 살육되었던 것이다. 생존자들 중에서 그리고 덜 가혹하게 다루어진 도시들로부터는 노동자, 숙련공들이 차출되어 볼가강 하류를 따라 자리한 새로운 몽골 도시들을 세우기 위해 초원으로 강제 이송되거나 혹은 노예로 팔려갔다. 수많은 장인의 기술이 영원히 쇠퇴해버린 것은 도시 생활에 타타르가 끼친 가장 파괴적인 효과이기도 하다. 사치품 시장을 위해 유약을 바른 자기를 만드는 기술을 포함한 몇몇 기능은 완전히 사라져버렸다. 농촌에서는 수확물이 불태워졌고, 가축들은 뿔뿔이 흩어졌다. 아마도 러시아의 삼림이 몽골의 기병으로부터 많은 촌락을 보호했지만, 전진하는 군대가 가는 길에 있었던 모든 거주지는 파괴되고 말았다. 러시아 전체의 인구는 감소했고, 특히 약탈을 당한 도시에서는 아주 급격하게 감소했다.(몽골족이 야기한 거대한 인구 변화는 훗날의 현상이었다.)[3] 비록 러시아가 외국 시장에서 갑작스럽게 이탈해나간 것은 아니었지만, 농업과 수공업 생산품의 감소는 교역을 통한 이득이 줄어들게 만들었다. 러시아인들은 아마도 몽골족이 도착하기 이전에 동전 주조를 중지한 것 같지만, 경제적 조건이 재생에 충분할 정도로 좋아지기도 전에 정복 이후 한 세기가 지나가버렸다.

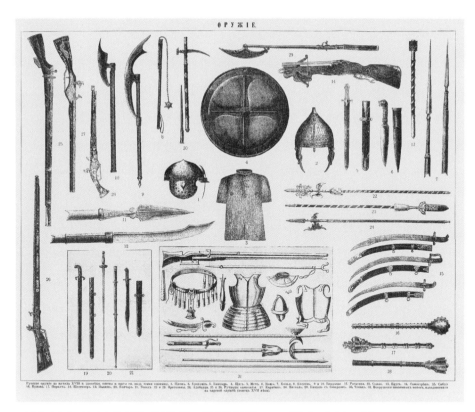

18세기 이전에 쓰인 러시아 군대의 각종 무기들. 오른쪽에서 왼쪽으로 근대화되는 과정이 보인다.

바투의 러시아 정복이 성공적으로 마무리된 것은 몽골의 파괴가 끝났음을 의미하지 않았다. 이에 더하여 가혹한 경제적 착취가 이제 시작되었고, 몽골의 러시아에 대한 군사적 약탈은 여전히 꽤나 빈번했기 때문이다. 러시아 연대기들에서는 '습격'이라고 기록되어 있는 이러한 침입은 대개 몽골을 지지한 러시아 공작들의 후원 아래에 이루어졌고 혹은 반란을 일으키거나 저항하는 공국들에 대한 토벌이기도 했다. 몽골의 처벌은 종종 혹독했다. 몇몇 역사가들은 특히 심각한 타격을 입은 우크라이나 드네프르 지역의 인구가 거의 다 없어졌을 것이라고 주장했다.

비록 이 주장은 과장이지만, 우크라이나의 중심부에서 정치적 활동이 재개되기도 전에 정복 이후 한 세기가 지나갔다. 갈리시아와 볼히니아도 이러한 공격을 피해가지 못했고, 13세기 후반에 엄청난 손실로 인한 고통을 겪었다. 블라디미르-수즈달리아 공국의 부유한 농경, 도시 지역에서 몽골족은 공국들의 권력을 무력하게 만들기 위해 주기적인 약탈이라는 방식을 활용했는데, 공국들의 커져가는 힘이 자칫 위협으로 다가올 수 있었기 때문이다. 러시아를 온순한 상태로 유지시키기 위해 특별히 파견된 몽골의 다양한 전쟁 부대들에 의해 저질러진 파괴 외에도 어느 정도 부수적인 파괴도 발생했다. 노예를 얻기 위한 약탈은 경계 지역을 따라 일상적으로 일어났고, 폴란드와 리투아니아 혹은 헝가리에 대한 러시아-타타르 연합 원정대에서 돌아온 몽골 파견대는 그들이 지나가는 길에 있는 동맹국의 촌락을 약탈해도 될 것이라고 생각했다. 몽골족의 폭력성은 러시아인들의 마음속에 생생하게 남아 있었다.

물론, 몽골의 정복으로 인한 러시아의 대가가 인명과 재산 손실로만 한정되지는 않았다. 몽골족이 요구하는 조세vykhod(이후에는 단dan'이라고 불렀다)는 러시아 경제에서 가장 크게 소모되는 것이었지만, 다양한 직접적·간접적 징발 등 다른 여러 가지도 존재했다. 러시아 정교회에 면세 혜택을 보장했던 야를리크(혹은 특허장)들에는 역참세yam, 관세tamga, 통행세myt'를 포함한 세금들의 목록 대부분이 열거되어 있다. 또한 러시아인들은 몽골의 행정에 들어가는 많은 비용을 부담해야 했다. 그래서 러시아인들은 바스카키의 생계 수단을 현물 혹은 땅을 양도하는 형태로 제공해야 했고, 킵차크 칸국을 왕래하는 몽골의 사절들posoly과 그 수행원들을 먹이고 재워야 했다. 이는 상당한 경제적 부담이었음이 분명

현물로 세금을 거두고 있는 바스카키.

하고, 몽골 사절들이 자주 오고가는 길을 따라 자리한 마을들에 대해서는 이를 감당하는 데 도움을 주고자 세금을 면제해주기도 했다. 그럼에도 킵차크 칸국 관리들에 의한 징수는 많은 마을이 그저 포기할 수밖에 없게 만들었다. 러시아 공작들의 입장에서는 타타르 주군에게 들어가는 부수적인 비용이 또한 컸다. 사라이(어떤 경우에는 몽골리아)를 왕복하는 데 들어가는 비용이 상당했고, 거기에 머무르는 동안 그들과 하인들을 먹여 살리는 데 들어가는 비용도 만만치 않았다. 그리고 방문의 성과를 효율적으로 만들기 위해 필요한 몽골의 귀족과 관료들에게 주는 뇌물에도 많은 돈이 소모되었다. 또한 몽골족은 1408년에 모스크바가 지불했던 사례처럼 도시들에게서 배상금을 받아내기도 했고, 울루-

메흐메드가 바실리 2세에게 요구했던 것처럼 포로의 몸값을 얻어내기도 했다. 본질적으로 강탈이었던 부정기적인 세금들은 러시아에서 초원으로 지속적으로 재부가 흘러갈 수 있도록 하기 위해 타타르족이 활용했던 수단들의 목록을 더욱 풍부하게 만들었다.[4]

러시아 경제에 끼친 파괴를 조사하기 위한 수단으로 그 조세의 양을 계산하려는 시도는 들쭉날쭉한 결과들을 만들어냈다.[5] 우선 갈리시아-볼히니아, 우크라이나 남부, 노브고로드, 리아잔, 트베르, 스몰렌스크, 벨로루시 전체, 니즈니 노브고로드(이 도시가 1390년대에 모스크바 공국에 의해 잠시 보유되었던 기간은 제외한다)에 대한 기록이 전혀 없다. 실제로 1389년 이전에 대해서는 어떠한 종류의 기록도 없어서 그 이전의 조세를 확인할 수 있는 방법이 없다. 그러나 1389년에 모스크바 공국의 공작들은 그들의 유서와 조약문에 조세의 명확한 액수를 기록하기 시작했다. 이 수치들은 적어도 러시아가 타타르에 매년 얼마를 지불했는지를 추산하기 위한 신뢰할 만한 수단을 제공하고 있다. 다른 지역에 대한 가설적인 합계를 제외하면, 모스크바 대공이 소모했던 가능한 가장 낮은 추산은 러시아인들이 몽골족에게 1년에 은 5000~7000루블을 지불했음을 암시하고 있다. 킵차크 칸국의 입장에서 보면, 이보다 더욱 수익이 나는 다른 점유 지역도 있었기 때문에 이 수치가 그리 큰 금액이 아니었겠지만, 파괴를 입은 러시아 경제의 관점에서는 엄청난 부담이었음이 틀림없다.

이러한 내용들은 몽골 정복이 가져온 즉각적이면서 가장 명백한 경제적, 인구학적 결과였다. 바투의 원정은 수많은 러시아 도시를 파괴했고, 여러 지역의 인구를 크게 감소시켰다. 그 이후에 진행된 심각한 침체는 또 다른 침입과 지속적인 경제적 요구, 특히 러시아에서 초원으로 흘러들어가는 지속적인 조세로 인해 더욱 악화되었다. 심지어 약탈을 당하지 않았던 노브고로드 같은 도시들에서는 전통적으로 경제적 흑자를 보여주는 주요한 지표라고 여겨지는 교회 건축이 중지되었다. 그러나 이렇게 암울한 모습만이 비추어져서는 안 된다. 정복 이후의 피해와 타타르인들의 착취에서 보이는 가혹함은 사회적, 지리적으로 상이하게 나타났고 시대에 따라서도 달랐다.

러시아의 농민들은 타타르족의 경제적 압박을 러시아 귀족들보다 더욱 민감하게 느꼈고, 실제로 러시아 공작들은 백성들에 대한 착취로부터 이득을 얻었다. 대공들은 몽골족을 위한 조세 징수를 담당했고, 이는 대공의 자리를 주기 이전에 칸이 요구했던 엄청난 뇌물의 가치보다 대공의 지위에 있는 것이 더욱 이롭다는 것을 입증했다. 거의 모든 역사가는 항상 대공들이 조세를 착복하는 것을 통해 점점 부유해졌다고 여겼다. 그러나 이는 타타르족이 자본에 대한 공격으로 간주했기 때문에 매우 위험한 행동이었다. 루블료프는 적어도 모스크바 공국의 대공들은 더욱 안전하고 세련된 방식으로 스스로의 부를 늘려갔음을 논증했다. 사소한 현물을 훔치는 것보다 공작들은 세금 부담의 할당을 조종했던 것이다. 그들은 대공 소유지가 조세를 납부하는 것을 완전히 면제해줬고, 주변의 영지에서 더 많은 세금을 요구하여 그 부족분을 채웠다. 이로부터 얻는 이득은 횡령을 통해 얻는 적은 성과와 비교해보면 아주 엄청났을 것이고, 몽골족은 자신들이 요구한 세금을 받기만 하면 그 나머지에는 무관심했다.[6]

초원에 있는 다른 대부분의 유목민들처럼 몽골족의 세금은 비록 누진

세는 아니었지만, 적어도 가진 재산에 비례했다. 오히려 러시아 엘리트들이 누감세累減稅를 만들었고, 가난한 사람들이 가장 많은 세금을 내도록 강요했다. 몽골 시기가 종료되고, 예상되는 세금이 예전의 그것보다 소량으로 떨어졌는데도 모스크바의 공작들은 이전의 수량대로 계속 징수해서 차액을 착복했다.

　러시아 공작들과 귀족들은 또한 러시아의 이웃 국가들에 대한 타타르의 원정에 참여하여 약탈물의 일부를 자기 몫으로 받으면서 이득을 챙겼다. 물론, 그 보상은 러시아 측에서 얼마나 많은 사람, 무기, 말, 군수물자를 소비했느냐 그리고 그들의 타타르족 동맹자가 도중에 러시아 농촌에 얼마나 많은 피해를 입혔느냐에 따라 결정되었다. 갈리시아-볼히니아 공작들은 폴란드, 헝가리, 리투아니아 원정에 준 도움에 대해 일부 보상을 받았을 것으로 보이지만, 대부분은 보상을 받아내는 데 성공을 거두지 못했고 어떠한 수익도 통행 과정에서 타타르족에 의해 피해를 입은 촌락에게 보상해줄 정도는 아니었던 것 같다. 반면에, 킵차크 칸국을 위해 공헌한 동북부 러시아의 공작들은 확실히 적당한 보상을 받았다. 코카서스에 있는 데디아코프의 아스족 도시에 대한 1277년의 약탈에 참여한 로스토프의 공작들은 부와 포로를 챙겼고, 아제르바이잔 원정을 통해서도 수익을 챙겼음을 입증할 수 있다.[7] 전반적으로, 러시아 공작들은 적어도 이러한 모험에도 참여하여 대개 이득을 창출했다.

　몽골의 정복과 지배가 끼친 경제적 영향이 사회 계층 사이에서도 다양하게 드러났던 것처럼, 러시아의 각 지역에서도 다르게 나타났다. 많은 도시는 황폐화되었지만, 노브고로드와 프스코프, 스몰렌스크, 폴로츠크, 비텝스크 그리고 아마도 로스토프와 우글리치와 같은 다른 많은 도시는 피해를 조금 입거나 파괴되지 않았고 결코 약탈을 당하지도 않았다.[8] 게다가 1240년 이후 몽골의 파괴는 무분별하지 않았고, 어느 공국들의 발전을 방해하고 다른 공국들의 발전을 육성하려는 신중한 의도를 가지고 있었다.[9] 이러한 정책으로 인해 상이한 시기에 서로 다른 도시들이 혜택을 입었다. 예를 들면, 14세기 전반에는 모스크바가 킵차크 칸국과 연맹을 맺고 있었기 때문에 타타르족은 모스크바의 적이었던 트베르와 리아잔을 침입했다.(실제로 리아잔의 주요 도시는 반복된 파괴 이후에 새로운 곳으로 옮겨야 했다.) 그리고 14세기 후반과 15세기에는 타타르족이 모스크바를 위협적인 세력으로 인식했고, 이제는 모스크바가 몽골의 공격 목표로 전환되었다.[10]

몽골의 침입은 러시아 공국들의 인구 규모에 크게 영향을 끼치면서 그들의 세력 균형을 좌우했다. 중세의 도시들은 결코 인구적·경제적으로 자급자족할 수 없었고, 도시 거주민들을 먹여 살리고 그 숫자를 유지하기 위해서는 농촌으로부터 오는 식량과 인구의 흐름에 의존할 수밖에 없었다. 그래서 주변 지역에 생존력이 있는 농경 기반이 작동하지 않으면 도시 그 자체로는 유지될 수도 없었고 성장하기도 힘들었다. 게다가 인구의 증가는 식량 생산자, 납세자, 새로운 병력, 행정가 들이 많아지는 것을 의미했기 때문에 러시아 공작들의 권력은 동원 가능한 인적 자원으로 판단되었다. 몽골족은 러시아 공국들의 쇠락과 성장을 결정짓는 인구의 변동을 불러일으켰던 것이다.

13세기 후반 블라디미르와 수즈달리아 지역에 대한 몽골의 공격은 인구의 이동을 야기했다. 북쪽으로는 우스티우그, 벨로오제로, 비아트카로 이동했고, 서쪽으로는 로스토프와 야로슬라블로, 서남쪽으로는 트베르,

카멘카강이 흐르고 있는, 자연이 풍요로운 수즈달리아.

모스크바로 이동했던 것이다. 그러나 14세기 전반에는 모스크바만이 이러한 종류의 강제된 이주를 통해 이득을 얻었다. 모스크바가 킵차크 칸국과 연맹을 맺고 있어서 몽골족이 모스크바의 적들에 대한 지원 공격을 시도했고, 그 동안에 모스크바는 보호를 받았던 것이다. 타타르의 공격이 러시아의 경쟁 도시들을 약화시키는 동안 모스크바로 인구가 몰려들면서 가장 실질적인 방식으로 모스크바의 성장 원동력이 커졌다. 그래서 별로 쇠약해지지 않았던 다른 러시아 도시들은 모스크바가 동북부 러시아를 엄격하게 통제하면서 설 자리를 잃었다. 모스크바의 번영은 킵차크 칸국과의 연맹을 통한 즉각적인 정치적·군사적인 이점보다는 타타르족에 대한 저항의 중심지(특히 트베르)를 체계적으로 약화시키기 위해 고안된 몽골의 정책이 빚어낸 경제적·인구학적 결과에 힘입은 것이었다.

킵차크 칸국의 '대혼란'이 1360년대에 시작되었을 때 타타르족은 더욱 시급한 필요사항들을 처리해야 했지만, 모스크바는 그 자체로 더욱 힘을 강화할 수 있는 위치에 놓여 있었다. 킵차크 칸국이 세력을 회복했을 시기에는 모스크바가 너무 강력해져서 블라디미르-수즈달리아에서 차지하고 있는 모스크바의 우월한 위상을 제거할 수 없었다. 이제 모스크바는 몽골 세력에 대한 더욱 강력한 위협이 되었고, 킵차크 칸국은 입장이 간절해진 트베르를 지원했지만 때가 너무 늦어버렸다.[11]

비록 황폐화, 절멸, 강탈이 러시아 경제에 몽골이 존재하면서 생긴 가장 극적인 결과였지만, 이것이 전부가 아니었다. 킵차크 칸국은 그들의 이익을 위해서 러시아의 회복을 위한 수단들을 제공하는 데 있어서 중요한 역할을 수행했다. 이전에 존재했던 모든 내륙 아시아 유목 제국처럼, 몽골족은 교역에 치중했다. 유목 제국은 유라시아 육상 대상로를 따라서 항상 확장했고, 교역에 종사하는 상인들을 늘 보호하면서 관세를 통해 이득을 창출했던 것이다. 비록 이득을 증가시키기 위해 현존하는 무역의 패턴을 바꾸기도 했지만, 몽골족은 이러한 전통을 따랐다. 이것이 러시아에 가져온 결과들은 여러 가지이지만, 전반적으로는 유익한 것이었다.[12]

몽골족은 노브고로드를 통해 동서를 잇는 우랄산맥의 모피 교역로를 우스타우그와 모스크바를 지나 사라이에 도달하는 남북 방향으로 바꾸었다. 모스크바와 우스타우그는 이 새로운 교역로를 통한 모피, 은의 흐름으로부터 자연스럽게 상당한 이득을 얻었다.[13] 노브고로드는 이 무역으로부터의 수입을 상실했지만, 몽골족은 발트해와 볼가강의 교역로도 보호했기 때문에 13세기와 14세기에 노브고로드는 쇠퇴하지 않고 번영을 누렸다. 몽골족은 노브고로드의 서쪽에 있는 무역 상대자인 독일 한자 동맹과의 연계를 끊지 않았을 뿐만 아니라 노브고로드를 통해 러시아로 들어와 수즈달리아를 지나는(아마도 사라이로 가는 길이었던 것 같다) 한자 동맹의 상인들에게 면세 혜택을 부여하기도 했다.[14] 노브고로드는 러시아로 들어가거나 러시아를 떠나는 거의 모든 발트해 교역의 집산지였고, 몽골의 이러한 정책은 아마도 교역을 증대시켜 수입까지 늘어나게 했을 것이다. 역사가들은 대부분 노브고로드와 서방의 상업적 연계에 주목하고 있지만, 무슬림들이 사는 동쪽에서 온 비단과 유약을 바른 자기 그리고 다마스쿠스에서 생산된 칼 등의 고고학적 발견이 입증하듯이 노브고로드는 동방과의 무역에도 긴밀하게 연관되어 있었다.[15] 노브고로드를 통해서 동방의 상품들이 발트해로 향했고, 유럽의 상품들은 킵차크 칸국으로 왔던 것이었다. 이러한 몽골족의 상업 정책으로 인해 노브고로드는 모스크바와 우스티우그처럼 번영을 누렸다.

역사가들은 항상 상업적 이득에 따라 러시아의 상위 계층—공작, 귀족, 상인—의 손에서만 사고 팔리는 품목인 사치품이 동방 교역을 통해 오는 것이라고 당연하게 생각했다. 그러나 고고학자들은 러시아의 동방 무역에 대한 전체적인 모습을 넓히기 시작하고 있다. 첫 번째, 동방의 상품들은 킵차크 칸국과 볼가 볼가르 뿐만 아니라 크림반도와 심지어 몰다비아로부터도 러시아로 유입되었다. 두 번째, 이 교역의 영향은 기존에 생각했던 것보다 훨씬 더 광범하게 러시아 사회에 침투했던 것으로 보인다. 비단, 유리, 구슬, 조개껍데기, 회양목으로 만들어진 빗과 같은 동방의 상품들은 러시아 농촌 도처의 촌락 터에서 발굴되었다. 이러한 것들

중세 러시아 채색 필사본의 화려한 모습.

은 사치품이라기보다는 일상적으로 사용하는 물품이었고, 이윤을 창출하기 위해 대량으로 수입되었던 것으로 보인다. 러시아의 많은 촌락에서 발견된 이러한 물품들은 몽골 시기에 러시아의 농민들이 사실상 국제 시장과 일정한 연계를 가지고 있었음을 보여준다.[16]

러시아와 초원을 통해 이루어지는 교역과 더불어 킵차크 칸국의 헤게모니 내에 있는 민족들 사이의 교역도 존재했다. 러시아인들은 볼가 볼가르, 제노바인들이 있는 카파, 훗날에는 카잔과 같은 정주민들의 중심지와 교역을 했지만, 가장 특징적인 거래는 타타르 유목민들과 이루어졌다. 연대기들은 1474년에 대 칸국이 모스크바에 사람을 파견했을 때 600명의 사절단 및 3200명의 상인들과 다른 사람들을 동반했다고 기록하고 있다. 모스크바는 기병대를 위해 4만 마리의 말을 구입했다.[17] 아마도 큰 규모로 인해 이 거래가 유일하게 기록에 남겨진 것이겠지만, 이것이 독특한 사례는 아니었을 것이다. 러시아인들은 말, 가축, 짐승 가죽을 구입했고, 그 대가로 은 혹은 특별한 직물로 가공된 상품을 지불했다. 그래서 정주민 및 초원의 유목민과 러시아인들의 교역은 모두 키예프 시기에 형성된 패턴을 여전히 따르고 있었다.

물론, 다른 몽골 왕조인 중국의 원나라와 페르시아의 일 칸국도 교역을 촉진하고자 했고 몽골 제국의 이러한 다른 계승 국가들과의 차이점은 킵차크 칸국 내에서 러시아가 처한 상황을 드러내고 있다. 중국과 페르시아에서는 모두 몽골족이 그들의 새로운 피정복민들과 함께 거주했고, 도시에 주둔하면서 어느 정도는 점점 토착 사회와 혼합되었다. 그 결과, 몽골족의 경제적 이득은 토착민의 그것과 일치했고, 초기의 정복으로 인한 파괴 이후에 몽골족은 다채로운 경제적 발전을 진전시켰다.[18]

원나라의 황제들은 수송, 교통을 향상시키기 위해 운하를 건설했다.[19] 러시아에 큰 영향을 끼친 중국의 농업, 수공업 생산품은 여전히 줄어들지 않았다. 이와 같은 점이 페르시아에도 해당되는데, 부분적으로는 페르시아의 수공업 전통이 안정되었기 때문이고 또한 일 칸국이 그러한 기술의 후원자들이었기 때문이었다. 이슬람교의 금기로 쇠퇴했던 페르시아의 포도주 생산은 이슬람교로 개종한 이후에도 술을 많이 마셨던 몽골족 덕분에 그 치하에서 번영을 누렸다.[20] 페르시아의 비단 산업도 몽골의 정복 이후 중국과의 개방된 접촉으로 인해 이득을 얻었다. 페르시아, 아르메니아-조지아, 중앙아시아, 중국의 대상로를 따라 위치한 도시들은 팍스 몽골리카에 의해 관세 면제 구역으로 보호를 받으면서 번성하게 되었다. 정부에 복무하는 것도 야망을 가진 관료들에게 기회들을 제공해줬다. 중국에서는 중국인과 다른 외국인들, 페르시아에서는 페르시아인과 심지어 유대인들이 몽골족을 위해 복무하면서 합법적·불법적으로 거대한 부를 쌓으며 크게 두각을 나타내기 시작했다. 일 칸국의 재상이었던 라시드 앗 딘은 개인적인 제국을 만들었는데, 이와 비교하면 이반 칼리타의 공국은 초라해 보일 정도다.

러시아에서는 모든 것이 이와는 현저하게 달랐다. 킵차크 칸국은 다른 몽골 국가들과의 교역에서 나오는 이익에 관심을 가지고 있었고, 재정적으로 건실한 기본이 되는 납세자들을 선호했다. 그러나 러시아의 지위는 중국 혹은 페르시아와 유사하지 않았다. 몽골족은 러시아인들과 함께 살지 않았고, 어떻게 해서라도 러시아 사회에 통합되지 못했다. 킵차크 칸국은 초원 경제를 유지하며 초원에 남아 있었고, 그들의 경제적 이득은 피정복민의 그것과 일치하지 않았던 것이다. 타타르족이 상업을 제외하고, 러시아 경제의 어떠한 부분을 양성하기 위해 노력했음을 보여주는 증거는 없다. 거리와 종교적 적대감으로 인해 생긴 단절 또한 개개의 러시아인들이 몽골 관료제에 들어가 복무하면서 이득을 얻는 것을 막아버렸다.

러시아는 정복 이후 대략 반세기가 지나고 나서야 경제 회복을 시작했다.(더욱 거칠게 언급하자면, 17세기로 전환되는 시기에 일어난 대혼란의 시기[1598년에 류리크 가문의 마지막 차르인 페오도르 이바노비치가 사망한 이후 1613년 로마노프 왕조가 건국되기까지의 기간을 일컫는다. 이 시기에 러시아는 폴란드-리투아니아에 점령되었고, 엄청난 기근과 수많은 폭동 등으로 고통을 겪었다] 이후가 될 수도 있다.) 이 시기에 트베르, 모스크바 같은 새롭게 탄생한 지역 세력의 중심지에서 일어난 정치적 활동의 증대는 적어도 온건한 수준의 번영이 있었음을 암시한다. 몽골 지배가 100년이 흐른 뒤인 14세기 중반에 시작된 도시의 급격한 발전은 러시아 경제가 성장의 시기에 진입했음을 보여준다. 기존의 도시들은 성장했고, 새로운 도시들도 만들어졌다. 가장 성공을 거둔 러시아 도시는 모스크바인데, 그 새로운 성벽은 경제적 흑자를 보여주는 물질적인 증거다. 노브고로드와 다른 많은 동북부 러시아 도시처럼 모스크바에서도 돌로 된 건물을 포함해 교회들이 다시 건설되었고, 이는 향상된 경제 상태를 보여주는 분명한 지표였다.

몽골족이 촉진한 국제 상업이 러시아의 새로운 도시화와 경제적 회복의 중요한 원인이었다고 믿게 만드는 각각의 이유도 존재한다.[21] 동방 교역로에 자리한 도시들은 번성했고 가장 크게 성장했다. 예를 들면, 볼가강의 주요 교역로 상에 위치한 니즈니 노브고로드는 그 시작은 미미했지만, 반세기만에 그 공국의 수도가 될 정도로 급격히 성장했다. 다른 경제 분야보다 더 큰 이득을 창출하는 국제 상업만이, 러시아의 명백한 경제적 흑자를 불러왔다. 러시아의 공작들은 비록 소규모이기는 했지만, 동전 주조를 다시 시작했다. 러시아에서 자체적으로 생산하는 은이 없었다는 점을 생각한다면, 무역 균형이 명백하게 흑자였던 것이다. 러시아를 파괴시키고 경제적 나락으로 빠뜨렸던 몽골족이 그 스스로의 이익을 위해 교역을 촉진하면서 러시아의 회복과 새로운 성장을 가능하게 만들었다.

러시아의 도시들이 성장하면서 농민들에 의해 생산되는 식량에 대한 수요도 늘어났다. 농업 기술은 본질적으로 고정된 것이기 때문에 증가된 수요는 주변의 농촌에서 땅을 경작하는 사람들이 늘어나는 것으로만 충족될 수 있었다. 이와 동시에 도시들은 또한 도시 인구를 유지하고 증가시키기 위해 교외 지역으로부터의 이주에 의존했다. 그렇다면, 분명하게 러시아의 촌락과 동떨어진 지역의 인구 회복은 도시 발전과 14~15세기 번영의 필수 조건이었다.[22] 불행하게도 이 명백한 결론을 뒷받침할 견고한 자료가 없고, 실제로는 이 시기에 러시아를 강타한 흑사병으로 인해 인구가 대폭 줄어들었다. 도시들의 성장은 인구의 이동보다는 인구의 성장으로 설명될 수 있다. 번영을 누렸던 지역의 성장을 충분히 설명할 정도로 번영하지 못한 지역이 인구 감소로 큰 고통을 겪었는지를 보여주는 증거는 없다.[23] 흑사병이 끼친 부인할 수 없는 인구학적 영향에도 불구하고 러시아 도시들이 성장할 수 있었던 것은 여전히 역설로 남아 있다.

중세 러시아 경제가 아주 미미하게 성장했다고 하는 기존 패러다임은 러시아가 굶주림으로 고통을 받지 않으면서 몽골에게 조세를 납부하고 몽골 지배에 들어가는 다른 모든 비용을 지불했으며 실제로는 새로운 성장으로 가고 있었다는 증거와 조화되기가 어렵다. 그리고 루블료프가 지적했듯이 러시아 경제에 대한 전통적인 관점이 극복해야 할 또 다른 난국은 아마도 고립되고 독재적인 러시아 촌락들이 그들에게 할당된 조세의 몫을 은으로 지불했다는 점이다. 생존을 유지하는 정도의 자연 경제를 항상 운영했다고 여겨지는 이러한 작은 촌락들이 조

ASSASSINAT DE L'ARCHEVÊQUE AMBROISE.

1770~1772년 페스트가 러시아에서 마지막으로 대유행했다. 이때는 매우 타격이 커서 모스크바 한 곳에서만 5~10만 명이 죽었다. 이로 인해 발생한 폭동에서 암브로시우스 대주교가 살해되는 장면.

세를 납부할 정도로 충분한 잉여를 창출했을 뿐만 아니라 그 잉여를 가지고 러시아의 외부에서 은으로 교환하면서 상업 경제에 속해 있었던 것이다.[24] 실제로 러시아 농민들은 앞에서 언급했던 많은 촌락에서 발견된 일상적인 동방의 물품을 구입할 정도로 충분한 재산을 남겨두었다.

하지만, 이러한 점들은 타타르의 멍에가 가져다 준 대가가 거대하지 않았음을 의미하지는 않는다. 모스크바의 증거는 매년 납부하는 은 5000~7000루블의 세금이 경제에 엄청난 손실을 끼쳤음이 분명하다는 점을 암시하고 있다. 1480년에 예상되는 1년 세금이 1000루블로 떨어졌

을 때 모스크바 공국의 공작들은 여전히 최대한의 수량을 징수하여 그 차액을 챙겼다. 그 이후 수십 년 동안 모스크바는 이탈리아의 건축가와 기술자를 데려와서 4개의 중요한 성당, 몇몇 궁전 그리고 도시의 새로운 석벽과 망루를 건설했다. 비용이 많이 드는 정치적 계획도 실행되었다. 예를 들면, 이반 3세는 비잔틴 제국 마지막 황제의 질녀인 소피아 팔레올로기나를 신부로 맞이하며 로마에 망명해 있던 그녀를 데려오면서 수행원까지 따라오게 했다. 모스크바 공국의 확장은 자체적인 수입의 갑작스러운 증가로 설명할 수는 없고, 경제의 질적인 변화도 명백한 것이 아니다. 모스크바 공국의 이러한 지출이 조세의 절약을 반영하고 있다는 그럴듯한 추론이 사실이라면,25 몽골 지배에 들어간 총비용이 러시아 경제를 의미하는 것이 틀림없다고 상상할 수 있게 된다. 그리고 러시아가 그 자원의 엄청난 고갈에도 버틸 수 있었고 심지어 새로운 성장으로 나아갔다고 한다면, 중세 러시아의 경제는 역사가들이 인정했던 것보다 훨씬 더 탄력적이었음이 분명하다.

러시아 경제의 유연성을 보여주는 또 다른 증거는 러시아 경제가 킵차크 칸국의 내부 불안과 몽골 헤게모니의 점진적인 해체 과정에서 온 충격으로부터 살아남았다는 사실이다. 무엇보다도 러시아의 상업과 그로 인한 번영은 킵차크 칸국의 상업망과 밀접하게 연계되어 있었고, 초원에서의 재앙은 러시아 경제에 중요한 영향을 끼쳤음이 틀림없다. 그러나 러시아는 이 심각한 고난 때문에 고생하지는 않았던 것으로 보인다. 티무르가 동방 대상로를 킵차크 칸국으로부터 떨어진 곳으로 우회시킨 것이 야기한 결과는 킵차크 칸국에 비하면 러시아에 그리 악영향을 끼치지 않았다. 적어도 16세기에 모스크바 공국은 야로슬라블처럼 특히 페르시아와의 동방 교역에 여전히 깊숙이 연루되어 있었고, 또한 16세기에 볼가 강변에 있던 카잔, 아스트라한 칸국을 합병했다. 사라이로 자주 갔던 러시아 상인들은 킵차크 칸국이 무너지면서 단순히 페르시아로 가기만 하면 되었던 것으로 보이고, 볼가강에서 항상 활동했던 페르시아 상인들은 러시아로 오거나 유대인, 아르메니아인 중개인을 보냈다. 킵차크 칸국이 사라졌어도 번영을 누리고 있던 국제 교역은 지속되었던 것이다.

몽골 시기에 타타르족이 러시아 경제에 끼친 영향력에 대한 큰 그림을 조사하다 보면, 우리는 몽골족이 고통과 재부를 모두 가져다줬고, 그 두 가지가 불공평하게 분배되었다는 사실을 알 수 있다. 정치적인 관계 혹은 지리적인 우연성에 따라 정복의 결과는 지역에 따라 다르게 나타났다. 예를 들면, 스몰렌스크 그리고 폴로츠크, 비텝스크 등 벨로루시의 도시들은 대부분 정복이 야기한 파괴를 피해갔고, 또 그 위치 때문에 타타르족의 무역 후원으로부터 막대한 이득을 챙기지 못했다. 그러나 몽골의 파괴를 정면에서 맞이하고 아주 오랫동안 조세를 냈던 블라디미르-수즈달리아 지역은 이윤이 창출되는 동방 무역에 가장 많이 접근하는 혜택을 누리기도 했다. 심지어 블라디미르-수즈달리아 지역 내에서도 몽골의 호의가 변화하는 방향에 따라 여러 공국들은 각각 서로 다른 시기에 고통을 겪거나 번영을 누렸다.

타타르의 멍에가 가져온 경제적 고난과 혜택은 지역에 따라 그랬던 것처럼 러시아의 사회 계층 사이에서도 불균등하게 분배되었다. 물론, 농민들은 몽골의 정복과 노예 약탈 원정으로 인해 가장 많은 고통을 겪었고, 조세의 대부분을 이들이 납부했다. 납세자들 사이에서 일어난 파괴는 귀족들에게도 손해를 입혔지만, 그들은 동방 무역의 주요한 수혜자이기도 했다. 게다가 조세의 징수자였던 공작들은 횡령 혹은 조작을 통해 상당한 이득을 누렸다.

그래서 러시아 경제에 대한 몽골족의 영향에 드러나는 복합성은 의미심장한 대변貸邊[자산의 감소, 부채의 증가를 기입하는 것]과 차변借邊[자산의 증가, 부채의 감소를 기입하는 것]의 목록이 나올 수 없게 만들고 있다. 몽골 헤게모니의 일부분이 되어 얻는 혜택이 들어가는 비용보다 더욱 큰지의 여부를 계산하는 것은 우리가 결코 채울 수 없는 대차대조표를 필요로 한다. 아마도 가장 어려운 문제는 몽골족이 있었음에도 혹은 몽골족 때문에 러시아의 회복이 발생했는지의 여부다. 적어도 타타르족이 무역을 후원했던 것이 긍정적인 영향을 가져왔다는 점은 분명하다. 대부분 킵차크 칸국의 통제 아래에 있던 간선로인 볼가강은 육상 대상로에 러시아가 접근할 수 있게 만들어줬고, 번영을 누렸던 러시아의 지역들은 정확하게 볼가강 교역에 참여했던 곳이었다.26

몽골 지배의 서로 다른 경제적 영향력은 일관적인 표로 작성될 수 없는 것이고, 몽골족이 서쪽으로 오지 않았더라면 러시아가 어떻게 발전했을지 우리는 결코 알 수 없으며 몽골 지배에 대한 러시아의 기회비용도 단순한 계산의 범주를 넘어서는 것이다. 그럼에도 야만인 몽골족이 이후 러시아의 '후진성'과 유럽을 '따라잡지' 못하는 무능력함에 책임이 있다고 보는 광범한 믿음이 존재한다. 사실, 적어도 초기 근대 모스크바에서 러시아의 경제적 낙후성이라고 하는 바로 그 개념이 도전을 받았고, 실제로 동유럽의 다른 도시 집단과 비교해보면 모스크바의 상인들은 그리 곤궁하지 않았다.[27] 그럼에도 16세기 모스크바 공국은 퇴보했고, 이를 몽골족에 대한 비난의 논리로 활용하는 것은 의심스럽다. 러시아 경제에 몽골 시기가 끼친 전반적인 영향이 아마도 부정적인 것이라 할지라도, 그 피해는 이전에 추정되었던 것처럼 획일적이지도 않았고 오랫동안 지속되지도 않았다. 당연히 정복은 재앙이었지만, 그 재앙이 영속적인 효과를 가진 것은 아니었다. 러시아 경제는 1237~1240년의 파괴적인 원정으로부터 회복되었고, 정복 이후의 세금과 착취라고 하는 혹독한 지배에서도 살아남았다. 여기에 더하여, 특히 동방과의 국제 교역을 장려하면서 킵차크 칸국은 러시아 경제의 부활과 이후 러시아 세력의 성장을 촉진했다.

×

8장

몽골족과
모스크바 공국의
전제정치

16세기에 몽골 세력이 해체되고 난 이후 모스크바의 세습 대공들은 전제 지배자가 되었고, 자치권을 가진 다른 공작 가문들을 제거하면서 군주로서의 권위를 제한시켰다. 러시아에서 모스크바 공국의 권력은 이제 도전을 받지 않게 되었고, 1547년 이후 새로운 지배자들은 차르 혹은 황제라는 칭호를 사용했다. 18, 19세기와 20세기 초기 제국 시기의 보수적인 러시아 역사가들은 이러한 진전을 긍정적으로 바라보았다. 그러나 동시대의 자유주의자, 급진주의자들은 전제 정권의 발전을 진보라고 여기지 않았고, 현대 소련의 태도는 다소 애매하다.(전제정치가 비록 '진보적'이고 역사적으로 필수적인 것이라 할지라도 이는 대중을 억압하는 것이기 때문이다.) 전제정치를 옹호하는 극소수의 사람들이 서구 학자 중에도 있었는데, 특히 20세기에 러시아 출신 망명 학자들이 그러했다. 어쨌든, 모든 시대에 대한 비평과 정치적 신념은 몽골 시기 러시아 정치의 방향이 킵차크 칸국에서 기원한 것이라고 보았다. 확실히 모스크바 공국의 정치적 발전에 끼친 몽골의 영향력은 지대했다. 몽골족은 중세 러시아를 통일하는 세력으로 모스크바가 출현하는 데에 일정한 역할을 수행했고, 모스크바를 강력하게 만든 일부 제도를 제공했으며 모스크바의 제국적 시각에 영향을 줬다. 그러나 이러한 요소들만이 모스크바의 정치적 미래를 결정하지는 않았다. 몽골족은 근대까지 유지되었던 모스크바의 전제정치가 나타나는 직접적인 원인이었다기보다는 어떤 형태로든 그것을 촉진시켰던 것이다. 이것이 진실인지를 알아보기 위해 우리는 러시아에서 모스크바가 걸출한 지위로 성장하는 데 킵차크 칸국이 어떤 중요한 역할을 했는지를 분석하는 것으로 논의를 시작해야만 한다.

몽골 시대의 상이한 시기에 모스크바는 킵차크 칸국과 연맹을 맺거나 갈등 관계에 있었지만, 두 상황으로부터 용케도 모두 이득을 얻어냈다. 14세기의 초기 수십 년 동안에 모스크바는 타타르족과 협력 관계에 있었고, 몽골 침략자들이 모스크바와 경쟁 관계에 있는 트베르 같은 러시아 도시들을 의도적으로 약화시키는 동안에 안전하게 힘을 축적했다. 모스크바의 세력은 약탈당한 모스크바 공국 외부의 지역으로부터 피난민들이 유입되면서 더욱 커졌다. 그리고 14세기의 후기 수십 년 동안에 모스크바는 러시아의 저항 지도자로 등장하게 되었고, 트베르가 킵차크 칸국과 새로 연맹을 형성했음에도 이를 극복할 정도로 충분한 힘을 가지고 있었다. 1380년에 쿨리코보 평원에서 돈스코이가 마마이에 대해 거둔 승리는 모스크바의 명성을 더욱 새롭고 높게 끌어올렸다. 모스크바는 킵차크 칸국이 가장 강력했을 때에는 몽골족과 연맹을 맺었고, 칸국의

바실리 트로피닌이 그린 니콜라이 카람진 초상화(1818).

힘이 약해지면 더욱 큰 자율성을 확보했다. 모스크바 공국의 기회주의는 유리한 시기에만 독특하게 나타나는 것이었다. 다른 모든 러시아 공국과 러시아의 이웃 국가는 한번쯤은 타타르족과 동맹을 맺고자 했다. 모스크바는 그 공작들이 더욱 무자비하거나 비겁해서가 아니라 그들이 기민한 정치가들이었기 때문에 최고의 자리에 오르게 되었던 것이다.

킵차크 칸국이 모스크바의 권력 성장에 어떻게 영향을 끼쳤는지에 대해서 역사가들은 정확한 합의에 도달하지 못했다.[1] 한 학파는 모스크바의 성장은 킵차크 칸국과의 연맹 그리고 그것이 동반한 정치적·군사적 지원의 직접적인 결과였다고 주장한다. 이 이론은 19세기 초기 보수적인 군주주의자 카람진N. Karamzin이 만들어냈다.(아마도 이 이론에 대한 훗날의 지지자들은 모스크바 공국의 전제정치가 가진 장점에 대한 카람진의 관점을 공유하지는 않을 것이다.)[2] 또 다른 생각을 주장하는 학파는 몽골의 정책은 분명히 모스크바와 같은 위험하고 강력한 중심이 창설되는 것을 막기 위해 고안되었다는 점을 지적한다. 이 관점에 따르면, 외부적 요인보다는 내부적 요소가 모스크바를 전면에 내세웠고 이로 인해 모스크바는 타타르 지배에 저항하는 러시아 지도자로서의 위상을 활용할 수 있게 되었다. 19세기의 보수주의 역사가 솔로비예프S. Soloviev가 이 이론을 널리 퍼뜨렸고, 오늘날까지도 광범하게 유지되고 있다.[3]

실제로 이러한 관점들 중 어느 것도 모스크바 공국의 권력 성장을 설명하는 데 있어서 독특한 위상을 확보하지 못하고 있다. 모스크바의 확장이 러시아 정치에 대한 킵차크 칸국의 적극적인 개입 덕분이었다고 한다면, 모스크바의 영역은 몽골족이 약화되었을 때 축소되었어야 한다. 그런데 1360년대에 몽골이 내전을 치르는 동안에도 모스크바의 팽창은 여전히 지속되었고, 킵차크 칸국이 15세기 중반에 분열된 이후에도 모스크바는 그 강력한 지위를 유지했다. 모스크바 공국 권력의 지속성은 초기의 협력으로는 설명될 수 없다. 한번 획득한 영토를 지키는 모스크바의 능력은 사회적·경제적·정치적 힘을 반영하고 있는 것이다. 모스크바가 어떻게 새로운 영역을 통제하고 지배할 수 있었는지를 탐구하기 위해 모스크바 공국의 제도들을 분석한다면,[4] 우리는 몽골의 군사적 지원이 모스크바 공국의 힘의 원천이 아니었음을 알게 된다. 그러나 모스크바 권력이 형성되는 데에 있어 몽골이 아무런 역할도 하지 않았다고 단언하는 것도 오류라고 할 수 있다. 모스크바 공국의 권력은 내부의 원동력에 기반하고 있었지만, 그 힘은 타타르의 영향력에서부터 발생한 것이었다.[5]

루블료프는 모스크바의 성장에 몽골이 공헌한 가장 중요한 것 가운데 하나는 행정적인 방면이라고 주장했다. 모스크바가 조세를 징수하고 그것을 사라이로 운송하는 역할을 맡았을 때 몽골의 세금 부과 체계와 징수 기관을 받아들였을 가능성은 충분하다. 몽골의 세금 제도는 이전에 러시아에 알려졌던 어떤 종류보다도 더욱 착취적이었다. 타타르의 모델을 채택하면서 모스크바 공국의 대공들은 이전보다 더욱 많은 세금을 거둘 수 있었고, 최대의 수입을 산출하기 위해서 획득한 영토를 통합하여 개발할 수 있었으며 이를 통해 세력을 키울 수 있었다. 모스크바는 킵차크 칸국으로 조세를 운송하는 것을 중단한 이후에도 러시아로부터 최대한의 세금을 계속 징수했다.

모스크바 공국의 대공들은 몽골 바스카키를 단시키danshchiki(몽골의 세금을 뜻하는 비호드vykhod라는 용어는 러시아어 단dan으로 바뀌었다)라 불리는 관료로 대체시켰다. 비록 러시아의 세금 징수자가 바스카크6(분명 증오의 대상이 된 단어였을 것이다)라는 칭호를 취하지는 않았지만, 단시키가 바스카크와 같은 노하우와 권위를 가지고 있지 않다면 바스카크를 대체해서 동일한 일을 수행할 수 없었다. 러시아의 다른 공국 공작들은 모스크바에 그들의 영토가 합병되기 전에 어떻게 조세를 징수했는지 알려져 있지 않다. 똑같은 방식으로 추론한다면, 그들의 세금 징수 기관은 아마도 바스카크 제도와 몽골의 행정적 관습을 또한 모방했을 것이다. 그래서 동북부 러시아에서 그 정치적 중심이 마침내 블라디미르-수즈달리아 공국으로 통합되었던 것과 무관하게 세금을 거두기 위한 비슷한 제도가 시행되었을 것이라고 추정할 수 있다.

그래서 모스크바의 성장에 대한 킵차크 칸국의 공헌은 양면성이 있었다. 우선, 14세기 초기에 킵차크 칸국과 모스크바의 연맹이 절정에 이르렀던 동안에 모스크바 주변 지역들에 대한 타타르족의 침입은 모스크바의 경쟁자들을 약화시키면서 모스크바의 인구를 증대시켰다. 이후, 몽골의 방식에 기반을 둔 행정 제도는 모스크바가 획득한 영토를 활용하고 그 이득을 강화할 수 있게 만들어줬다. 비록 몽골족은 무엇보다도 킵차크 칸국을 향해 중대한 타격을 입힐 수 있을 정도로 충분한 힘을 가진 단일한 러시아 공국의 출현을 막고자 했지만, 결국에 킵차크 칸국은 그러한 공국이 탄생하는 데 도움을 준 꼴이 되었다.

그러나 러시아의 통일과 모스크바 공국의 우세를 모두 타타르의 정책과 영향력으로 돌리는 것도 오해를 불러일으키는 것일 수 있다. 몽골족은 블라디미르-수즈달리아의 전국적 통일에는 원동력을 제공하지 않았고, 이 목표는 토착 정체政體였던 블라디미르 대공을 통해서 실현되었다.

볼가강을 끼고 행정 중심지로 발전한 트베르의 오늘날 모습.

러시아의 본질적인 정치 구조는 정복 이전에 생겨났고, 갈등 관계에 있었던 러시아의 모든 공국을 단일한 국가로 만든 구심력은 러시아 역사 내부의 과정 속에서 나온 것이었다.(예를 들면, 프랑스와 비교해봤을 때 러시아의 통일은 그 속도가 빨랐다고 할 수 있는데, 이는 모스크바 공국이 그 확장된 영역에 필요한 행정 구조를 발전시키기보다는 차용할 수 있었기 때문이었다.) 모스크바는 몽골의 존재를 더 잘 활용했고, 트베르와 같은 다른 권력 중심지보다 더욱 효율적으로 몽골의 행정 기술을 사용했기 때문에 경쟁자들에 대해 승리를 거두었다. 모스크바의 역사를 살펴보면, 몽골의 공헌과 내부적 요소를 분리시키는 것은 불가능하고 혹은 타타르족이 아예 오지 않았다면 모스크바가 과연 러시아에서 가장 강력한 도시가 될 수 있었을지도 알 수 없다.

모스크바의 헤게모니 성장에 몽골의 행정 모델이 했던 역할이 무엇이었든지 간에, 16세기 모스크바 공국의 전제정치는 이제는 소멸한 킵차크 칸국으로부터 차용한 수많은 정치적, 군사적, 사회적 제도에 의존하고 있었다.[7] 여기에는 세금, 재정, 군대의 조직과 장비, 관료정치의 언어, 외교 형식, 역참, 범죄에 대한 처벌과 의무의 일부 측면이 포함되었다. 러시아 사회에 끼친 몽골의 영향력은 계속 존재하고 있었다.

모스크바 공국의 재정 운영을 보면, 세금 징수의 구조 외에도 더욱 많은 것을 킵차크 칸국으로부터 도입했다. 실제로, 통용되는 동전의 주조는 정복 이전 러시아에서도 존재했지만 돈 혹은 동전을 뜻하는 러시아 단어인 덴가den'ga는 타타르의 용어에서 온 것이다. 러시아인들은 또한 재정을 뜻하는 몽골 단어인 카즈나kazna를 받아들였고, 여기에서 모스크바에서는 재정 담당자를 뜻하는 카즈나체이kaznachei라는 용어가 만들어졌다. 타타르의 단어인 탐가tamga는 몽골의 관세, 관세를 징수하는 관료, 관세를 지불했음을 인정하는 인장印章 혹은 문서를 가리키는 말이었다. 모스크바 공국은 몽골의 관세 제도를 차용하면서 단어 탐가의 세 가지 용법을 모두 받아들였다. 세관稅關을 뜻하는 러시아 단어인 타모즈니아tamozhnia는 탐가에서 유래한 것이고, 이는 또 다른 제도적 차용을 반영하고 있는 것일지도 모른다. 러시아에 주판이 도입된 것도 몽골의 영향인지에 대해서는 알려져 있지 않다. 세금은 킵차크 칸국을 살리는 근원이었고, 그 결과 모스크바 공국은 그들이 필요할 때 즉시 참조할 정교한 본보기의 자료를 갖게 된 것이었다.

타타르와 러시아의 관계에서 무장 충돌은 일반적인 특징이었기 때문에 몽골의 군사적 관습은 자연스럽게 러시아인들에게 알려지게 되었다. 모스크바인들은 이러한 지식을 몽골족으로부터 스스로를 방어할 때 사용했다. 1380년에 쿨리코보 평원에서 모스크바의 장군들이 선택한 장소는 러시아 병력이 살아남기 위해서는 반드시 몽골의 전투 방식을 알아야 했음을 보여준다. 모스크바인들은 뒤에 강을 끼고 양쪽 측면에는 숲이 있는 곳에 자리를 잡으면서 타타르 기병대가 좋아하는 측면 공격을 하지 못하게 만들었던 것이다.[8] 모스크바 사람들은 전투를 치르는 사람이 누구든지 간에 몽골의 장비와 전술에 관한 지식을 또한 활용했다. 유럽인 여행가들은 모스크바인들의 옷차림을 오스만튀르크의 것이라고 착각했지만, 16세기의 전형적인 모스크바 기병에 대한 묘사는 몽골 등자와 안장 위에서 몽골식 투구를 쓰고 있고, 몽골식 화살통에 몽골의 복합식 활로 무장했음을 보여준다. 전장에서 몽골 군대는 전위 부대, 주력 부대, 좌익과 우익 부대, 후위 부대로 배치되어 있었다. 샤머니즘 전통에서는 오른쪽을 더 우월하다고 보았기 때문에 우익 부대의 지위가 좌익 부대보다 높았다. 모스크바 공국의 군대도 전장에서 똑같은 형식을 취했고, 심지어 우익 부대가 우위를 차지하고 있다는 점도 동일했다.

물론, 이것이 모스크바 기병과 타타르 기병이 똑같다는 것을 의미하지는 않는다. 유목민들은 거의 안장 위에서 살았고, 러시아인들은 기병 공격의 기술 혹은 말의 등에서 화살을 쏘는 점에서는 똑같아질 수 없었다. 키예프 시기에 이러한 문제에 직면한 공작들은 유목민 용병을 고용했다. 모스크바도 같은 방식으로 복속 국가인 카시모프 칸국으로부터 온 몽골족을 활용했다.[9] 그러나 16세기에는 모스크바의 군사적 수요가 변화하기 시작했다. 전쟁의 양상이 초원에 있는 기마 궁수들 사이의 전투가 아니라 동유럽 도시들에 대한 공성으로 점점 변해갔던 것이다. 모스크바는 더욱 서구화된 전쟁 형태에서 타타르족 분견대分遣隊를 정찰병, 전투 기병으로 쓰기 시작했다. 비록 초원의 몽골족을 방어하기 위한 지속적인 필요성으로 인해 화약을 사용하는 전쟁에 대한 모스크바의 발전이 느려지기는 했지만(모스크바의 대포가 권총보다 더 뛰어났다), 점점 유목민 용병은 쓸모가 없어지게 되었다.[10]

세금과 전쟁 모두 모스크바 공국의 관료제에 의존했지만, 이것이 타타르의 본보기에 어느 정도로 기반을 두고 있는지는 분명하지 않다. 모스크바의 관료 기구들인 프리카지prikazy의 기원이 몽골에 있다는 주장은 입증되지 않고 있다. 모든 차용은 킵차크 칸국이 이슬람교를 채택하면서 그와 함께 페르시아의 디완diwan 제도를 도입하기 이전의 형태들이었을 것이다. 디완은 분명히 이슬람식 정부 형태였고, 모스크바는 그러한 기관들을 받아들이지 않았다. 모스크바 공국은 스톨브치stolbtsy 혹은 스톨비stolby라 불리는 두루마리를 사용했는데, 이는 서류첩들이 쌓여 있는 것이라기보다는 둘둘 만 종이를 함께 묶어놓은 문서들이라고 할 수 있다. 이러한 관습은 중앙아시아에 그 기원을 두고 있는 것으로 보이고, 이는 킵차크 칸국으로부터 혹은 킵차크 칸국을 통한 관료제의 영향력을 암시하고 있다.[11]

그리고 모스크바 공국의 관료제에서 사용된 언어는 변형된 투르크어 종류로써 타타르의 본래 뜻은 의도에 두지 않은 채 종종 언어학적으로 의미가 없는 투르크-타타르 말투와 형태의 여러 언어가 섞인 차용 어구라고 여겨졌다. 아마도 모스크바 공국의 관료 문서는 몽골의 형식을 따랐던 것으로 보인다.[12] 물론, 관료제에서 쓰이는 모든 언어는 일정한 틀에 맞추어졌지만, 모스크바 공국 관료제의 용어가 어색하고 난해하다는 것에는 의문이 없다. 그것의 문장, 어형語形, 단어의 특징들이 투르크-타타르의 모델에서 기원했음을 보여주는 증거는 아직 확실한 것은 아니고 암시적이지만, 그 연결성은 앞으로 연구할 가치가 있다. 킵차크 칸국의 외교 언어는 위구르 문자로 기록된 투르크어였기 때문에 러시아 서기書記들 사이에 위구르 문자가 보급되었음을 조사한다면 그 성과가 나올 수도 있다. 모스크바의 관료제가 가진 또 다른 특징들이 몽골을 기원으로 하고 있다는 점은 여전히 증명되지 않고 있다.

러시아와 그 동쪽 이웃 세력들의 관계가 지닌 중요성을 생각하면, 모스크바 공국이 그 자신의 외교 관례를 만들기 위해 타타르의 것을 이용했음은 당연하다.[13] 따라서 모스크바 공국의 외교 의례는 본질적으로 아시아의 것이었다. 지배자들은 종주국에 의해 지원을 받는 사절들을 통해 소통하고 예물을 교환했으며, 그들의 생계에 도움을 주기 위해 면세 무역을 할 수 있도록 허가했다. 사절은 스스로 무릎을 꿇었고, 무기는 외부에 놓아두었다.(칼을 그대로 차고 들어오는 서구의 귀족들은 심각한 문제를 일으켰다.) 협상 이전에 장황한 인사, 오는 길과 통치자의 건강에 대한 안부 묻기, 은그릇을 사용하지 않는 연회宴會 등이 진행되었다. 물론, 정교한 외교적 예법에 들어가 있는 모든 요소가 아시아에만 독특하게 존재하지는 않았다. 그러나 16, 17세기에 모스크바 공국과 오스만 제국이 편하게 소통했던 방식은 충분히 비非유럽적이었고, 유럽인들을 상대할 때에는 이 정도의 능숙함을 보여주지 못했다.[14]

몽골 시기 이후 러시아 내의 교통도 타타르의 모델에 의존했다. 얌yam

이라고 불리는 몽골의 역참 제도는 유라시아 대륙을 가로지르는 교통 체계로서는 그때까지 알려진 것 중에 가장 빠른 수단이었다. 근대 기술이 발전하기 전까지는 이를 뛰어넘지 못했던 것이다. 본래 얌은 몽골 제국의 모든 장소를 연결하는 역驛, 말, 기수騎手들로 이루어진 조직망이었다. 이를 통해 국가의 비용으로 정보와 서신이 전달되었을 뿐만 아니라 관료, 외교관들도 이동할 수 있었다.[15] 몽골족은 정복했던 모든 국가에 얌을 설치했지만, 거대한 관료제를 발전시켰던 중국의 기록 보존 전통으로 인해 중국의 얌이 가장 잘 알려져 있다. 다른 곳에서처럼 중국에서도 몽골족은 지역의 조건에 따라 얌을 개조시켰고, 말이 다니기에 적합하지 않은 지형에서는 주자走者를 활용했다.[16] 러시아에서는 15세기 말에 대 칸국이 관료제를 유지할 수 없게 되면서 얌의 기능도 정지되었다. 모스크바도 그 영역을 관리하기 위해서는 이러한 역참 체계를 필요로 했다. 러시아 농민들은 수세기에 걸쳐 얌을 위한 특별한 세금을 이미 납부하고 있었기 때문에, 몽골식 모델에 따라 러시아의 제도에서 말과 물자를 공급하는 것이 손쉽게 의무로 전환되었다.[17] 이러한 연결망은 몽골족이 있었을 때처럼 모스크바에서도 효율적으로 기능했다.

킵차크 칸국의 사회 질서 중의 한 분야는 모스크바 공국이 발전하는 데 도움이 될 수 없었다. 14세기 초에 킵차크 칸국이 이슬람교로 개종하기 이전에 그 법적 체계는 칭기즈칸에 의해 야사Yasa로 성문화되었다고 추정되는 전통적인 유목적 법률인 몽골의 관습법을 따르고 있었다. 킵차크 칸국이 이슬람 정부가 되고 난 이후에는 무슬림의 종교법인 샤리아트Shar'iat를 준수했다. 이들 중 어떤 것도 정주 지대의 기독교 국가에서는 장래성이 없었다. 유목민의 관습은 적합하지 않았고, 이슬람교의 법률은 신성을 모독하는 것이었기 때문이다. 몽골족은 중세 러시아의 법적인 의무라는 개념에 영향력을 끼쳤을 가능성이 있다. 서로 맹세를 맺은 집단 구성원들의 행위에 대해 연대 책임을 지는 포루카poruka의 실행은 몽골 시기의 러시아에서 더욱 일상적인 것이 되었는데, 이는 아마도 몽골족이 연대 책임이라는 개념을 광범위하게 사용했기 때문이었다.[18] 그리고 타타르족은 또한 중국으로부터 곤장을 치는 관습을 도입해온 것으로 보인다. 러시아에서 이 처벌pravezh은 빚을 갚지 못했을 때 적용되었다. 이렇게 특별한 형벌이 몽골 시기의 러시아에 나타났고 세계로는 광범하게 퍼지지 않았던 점을 보면, 타타르족이 이를 보급한 것으로 보인다. 혹은 몽골의 휘하에서 중국을 방문했던 러시아인들이 이러한 관습을 가지고 돌아왔을 가능성도 있다.[19]

사형死刑 또한 정복 이후에 처음으로 러시아에서 출현했는데, 러시아가 이를 킵차크 칸국으로부터 채용했는지에 대해서는 상당히 의문스럽다. 사형은 러시아인들이 이미 넓게 접촉하고 있던 민족들 사이에서는 평범한 것이었다. 사형의 관습은 독일 한자 동맹의 도시들에서부터 노브고로드, 프스코프를 통해 도입되었을 가능성이 있고 혹은 사형이 일반적인 관례였던 비잔틴 제국으로부터 차용되었을 수도 있다. 사형은 비잔틴 제국의 세속법과 교회법이 잡다하게 집성되어 있는 『지침서Kormchaia kniga』의 러시아어 번역에서도 종종 나타난다. 또한, 사형은 러시아의 내부 발전을 통해서 발생했을 가능성도 존재한다.[20] 몇몇 역사가는 사형과 같은 더욱 가혹한 형벌이 사회 질서를 유지하기 위해 필요하게 되었던 것은 몽골 지배의 혹독함으로 인해 범죄가 급증했기 때문이라고 주장했다. 사실, 타타르의 멍에 시기에 난폭함이 증가했다고 보이는 인상은 키

1282년 노브고로드에서 발간된 가장 오래된 『지침서Kormchaia kniga』와 그 첫 장.

예프, 몽골 시대부터 보존된 기록들의 상대적인 양을 통해서 드러나고 있다.[21]

　새로운 모스크바 공국에 흔적을 남겼다고 여겨지는 킵차크 칸국의 사회, 정부제도 중의 마지막 측면은 바로 인구 조사였다. 모스크바 공국의 관료들은 몽골식으로 인구 전체를 계산하는 것에 담긴 이점을 모르지 않았을 것이다. 그러나 이후에 밝혀지듯이, 15세기 말부터 등장하는 모스크바 공국의 토지 대장과 인구 조사는 몽골의 인구 조사 관습과 일맥상통한 점이 없음을 보여준다. 아마 단순히 모스크바 공국에 인구 조사를 수행하기 위해 필요한 관료 자원이 부족했을 수 있다. 반면에, 모스크바 공국의 엘리트는 귀족과 농민을 구별하지 않는 제도의 개념을 거부했던 것으로 보인다.(러시아에서 몽골의 인구 조사로부터 면제의 대상이 되었던 것은 13세기의 성직자뿐이었다.)[22] 영국의 역사가 오볼렌스키D. Obolen-sky는 정교회를 믿는 다른 슬라브족들처럼 러시아인들은 귀족이 평등주의의 어떠한 형태도 거부했기 때문에 법 앞에서 모든 시민을 평등하게 해주는 로마-비잔틴의 원리를 채택하지 않은 것이라고 주장했다.[23] 이와 같은 감정이 아마도 타타르 형식의 어떠한 인구 조사에 대해서도 모스크바 귀족이 편견을 갖게 만들었을 것이다.

　모스크바 공국이 그들의 국가 건설에 유용한 점을 찾아냈던 몽골의 많은 제도에 대한 증거는 거의 모두 15세기 말과 16세기에 걸쳐 나오고 있다. 역설적으로, 모스크바 공국이 차용했던 제도들은 킵차크 칸국 그 자체의 것이었다기보다는 13세기 몽골 세계 제국의 특징을 더욱 많이 보여준다. 아마도 종교적인 이유로 인해 모스크바 공국은 무슬림 근동近東의 영향을 받은 킵차크 칸국에서 탄생한 어떠한 제도들도 채택하지 않았을 것이다. 모스크바 공국의 무질서한 프리카지보다 그 우월성이 입증된 디완도 종교적인 장벽을 극복할 수는 없었다. 그래서 모스크바 공국이 15세기 말기에 몽골의 제도들을 받아들이기 시작했을 때, 그중에는 킵차크 칸국의 몽골족들은 더 이상 활용하지 않는 제도들도 포함되어 있었다. 모스크바가 어떻게 복잡하면서도 시대에 뒤처진 관습의 일부를 부활시킬 수 있었는지에 대해서는 알 수가 없다.[24] 물론, 러시아인들이 이전부터 이러한 제도들을 사용했지만, 현존하는 기록들에 그 흔적이 남아 있지 않을 가능성도 있다. 그러나 러시아 지역의 통일이 완벽한 규모의 행정 관료제에 대한 필요성을 창출하기 이전에는 모스크바가 그것을 시행하지 않았다고 주장하는 편이 더욱 안전하다. 모스크바 공국의 전제 정치가 러시아를 장악하면서 그 관료 기구를 향상시키고 확장시키려는 자극을 받으면서 몽골의 유산에 시선을 돌렸던 것이다.

비록 모스크바 공국이 타타르족으로부터 도입한 제도들에 상당히 의존했지만, 그렇다고 해서 몽골 국가와 비슷해지지는 않았다. 무엇보다도, 러시아 사회는 기독교 사회이면서 농경 사회였다. 어느 제도가 러시아의 필요를 충족시킬 수 있고, 또 어느 제도는 도입할 수 없는지를 결정하는 데에 있어서 종교가 가진 중요성의 측면을 살펴본다면, 러시아인의 정체성에 대한 인식은 명백하게 드러난다. 이미 예견할 수 있겠지만, 러시아의 자료들은 타타르족으로부터 채용했던 많은 정부 구조의 기원을 결코 인정하지 않는다. 모스크바 공국이 기독교 정교회 국가라고 하는 스스로에 대한 이미지와 조화가 되지 않고, 몽골족은 단점을 상쇄할 수도 있는 장점이 전혀 없는 불구대천의 종교적 원수라고만 취급했던 문학적 필법에도 어울리지 않았던 것이다. 실용주의는 모스크바 공국이 필요로 하는 몽골식 제도를 활용하게 만들었지만, 이 사실을 언급하는 것에 있어서는 제한적이었다. 결국 이러한 제도들이 더 이상 러시아의 필요에 맞지 않게 되었을 때, 이들은 폐기되기에 이르렀다.

우리는 모스크바 공국이 가장 강력한 러시아 공국이 되는 것에 몽골족이 직접적·간접적으로 연관되어 있었고, 16세기에 발전한 모스크바 공국의 전제정치가 이전 주군들로부터 물려받은 많은 제도에 의존하고 있었음을 살펴보았다. 그러나 이는 몽골의 영향이 러시아의 전제적 지배를 불러왔다는 점으로 연결되지는 않는다. 중앙집권화된 관료제는 절대적인 힘을 가진 군주를 필요로 하지 않고 혹은 실제로 군주가 전혀 필요하지 않다. 몽골의 제도들은 전제정치를 위한 효율적인 수단은 되었지

프스코프의 베체. 빅토르 바스네초프의 작품.

만, 전제정치가 존재하는 이유는 아니었던 것이다. 그럼에도 몇몇 역사가
는 타타르족이 러시아 사회에 특별한 영향을 끼쳤고 그것이 러시아 전제
정치의 창립을 직접적으로 야기했다고 주장했다.

　이러한 이론들 중 하나는 몽골족이 절대주의에 대한 두 가지의 주요
한 장애물인 베체veche(민주적인 시민의 회합)와 보야르스트보boyarstvo(러
시아 귀족 계급)의 사회적 권력 기반을 제거하면서 러시아에 절대주의를
불러왔다고 주장한다. 타타르족이 러시아인들의 저항에서 수행하는 역
할 때문에 베체를 제거했고, 베체가 성가신 존재라고 인식한 러시아 공
작들이 자발적으로 그 제거에 협조했음을 처음으로 주장한 이는 카람
진이었다. 키예프의 베체가 얼마나 민주적이었는가는 해결되지 않은 문

제이지만,[25] 이 점은 차치하더라도 베체가 킵차크 칸국에 위협이 되지는 않았던 것으로 보인다. 타타르족은 1289년에 로스토프에서, 1305년에는 니즈니 노브고로드에서 일어난 베체의 반란과 1327년에 트베르의 모반도 진압했다. 그러나 1262년에 베체가 동북부 러시아의 도시들로부터 무슬림 세금 징수 청부업자들을 추방시킨 것에 대한 진압은 하지 않았다. 노브고로드의 베체는 1259년의 인구 조사를 둘러싼 갈등에도 불구하고 결코 몽골의 권위에 도전하지 않았기 때문에 타타르 멍에의 시기 동안 건재했다. 킵차크 칸국은 문제들이 발생했을 때에는 단호하게 행동했지만, 스스로의 이득에 영향이 없을 때에는 굳이 러시아의 국내 정치에 개입하지 않았다. 몽골족이 베체를 위험한 제도라고 인식했음을 보여주는 증거는 존재하지 않는다.[26]

몽골 시기 노브고로드 이외 지역의 베체의 역사에 대해서는 알려진 것이 거의 없다. 베체의 모임이 일상적으로 이루어지지는 않은 것 같지만, 개념은 사라지지 않았다. 돈스코이가 군대를 모으기 위해 자리를 비운 동안 1382년에 토흐타미쉬가 모스크바를 위협했을 때, 도시의 수비를 논의하기 위해 베체가 소집되었다. 몽골 지배로부터 한 세기 반이 지난 뒤에도 블라디미르-수즈달리아 공국에서는 명백하게 베체가 여전히 운영되는 제도였다. 베체가 결국 언제 그리고 어떻게 폐지되었는지에 대해서는 알 수 없지만, 베체의 폐지가 타타르족의 계획적인 정책으로 발생한 결과는 아니었다.[27]

카람진은 또한 킵차크 칸국이 러시아 귀족 계급boyarstvo의 권력을 깨뜨리면서 모스크바 공국의 전제적 지배를 가능하게 만들었다고 믿었다. 사실, 몽골족은 분명히 러시아 귀족의 특권 혹은 영향력을 제한하는 어떠한 것도 하지 않았다. 15세기 모스크바 공국의 귀족 계급은 때때로 상속받은 기반을 바탕으로 정부의 최고위 관직을 독점하고 있으면서 대부분 서로 연계되고 통혼 관계를 맺은 가문들의 소규모 엘리트 집단으로 구성되어 있었다. 실제로, 이는 보야르스트보의 전성기의 일종으로 묘사되고 있다.[28] 귀족 계급이 모스크바 공국의 전제정치 발전에 걸림돌이 되었든 되지 않았든, 킵차크 칸국에 의해 그들의 권력이 손상되지는 않았다.

더욱 애매하면서도 널리 퍼져 있는 이론은 모스크바 공국의 전제정치가 타타르족에 의해 생긴 본보기라고 비난한다. 이러한 관점은 전제적이면서도 독단적인 몽골의 지배가 러시아의 정치적 도덕성을 약화시키는 효과를 가져왔고, 엘리트와 대중 각각에게 무조건적인 권력과 철저한 복종에 대한 기대를 주입시켰다고 주장한다. 그 결과 전제적 지배에 도움이 되는 정치 문화가 생겨났다. 이러한 태도가 킵차크 칸국이 소멸된 이후에도 유지되면서 모스크바 공국의 전제군주는 몽골 칸들의 방식을 사용했고, 러시아 사람들은 새로운 '칸들'에게 똑같이 복종했다는 것이다.[29] 러시아인의 행동에 끼친 몽골의 영향력에 대한 이러한 이론은 해리슨 샐리스버리Harrison Salisbury가 현재 러시아는 "끔찍한 몽골족에 의해 강제로 발생한 퇴보, 무지, 굴종, 복종, 교활함, 잔인함, 억압, 거짓들의 유산에서 버둥거리고 있다"[30]고 한 언급에서 뚜렷하게 드러난다.

러시아인들이 타타르족으로부터 사악함을 배웠다는 가설은 키예프 시기 러시아인의 행동이 오히려 관대하다고 보는 선입견에서 비롯된 것이다. 스뱌토폴크Sviatopolk가 그의 형제들인 보리스Boris와 글레브Gleb를 살해한 것, 바실코Vasil'ko를 장님으로 만든 것, 안드레이 보골류프스키

알비파의 파문과 십자군에 의한 학살 장면.

Andrei Bogoliubskii가 1169년에 키예프를 약탈한 것 등의 수많은 예는 몽골족이 그러한 방법을 가르치려고 하기 한참 전부터 류리크 가문의 공작들이 고약한 관습을 시행하고 있었음을 암시한다. 일반 사람들은 몽골에 복종했을 것이라고 생각하는 것에 대해 언급하자면, 되풀이되어 일어났던 도시의 반란들은 몽골족이 러시아 대중의 정신까지 깨뜨리지는 못했음을 보여주고 있다.

이 이론은 또한 몽골족의 정치적 행위가 다른 방면으로 러시아인들의 행동에 영향을 끼친 중세의 문화들보다 확실히 더욱 흉악했다고 가정한다. 그러나 프랑스의 십자군들은 알비파Albigensian[12~13세기 프랑스 남부에서 발생한 카타르파의 이단 분파], 라인강의 유대인, 예루살렘의 무슬림, 콘스탄티노플에 거주하는 사람들에게 유럽의 기사도가 무엇을 의미하는지를 보여줬다. 비잔틴 제국과 중국의 황제들은 타타르의 칸들보다 덜 잔인하지도, 덜 교활하지도 않았다. 조금 더 까다롭게 말하자면, 르네상스가 초기에 만들어낸 작품은 마키아벨리Machiavelli가 아니라 몽골이었다. 비록 타타르족은 그들의 적들로부터 비난을 받았지만, 그들의 행동은 시대의 표준과 일치하고 있었다.

그래서 모스크바 공국의 전제정치는 몽골족으로부터 얻은, 절대주의에 유일하게 공헌했던 정치적 품행 때문에 나타난 것이 아니었다. 몽골족은 러시아의 가장 강력한 공국에서 전제적 지배의 출현을 방해할 수 있는 제도적·사회적 장애물을 파괴하지 않았다. 전제정치가 킵차크 칸국을 몰아낼 필요성 때문에 나타났다는 또 다른 주장도 신뢰하기가 어려운데, 전제적 지배의 첫 지표는 킵차크 칸국이 해체되고 난 이후에야 등장했기 때문이다.[31] 모스크바 공국의 정부 형태에 끼친 몽골의 영향력은 거대했고, 몽골로부터 차용된 제도들은 모스크바 공국의 권력과 능률에 크게 기여했다. 하지만 킵차크 칸국은 이러한 제도들이 어떻게 활용될지를 직접적 혹은 간접적으로도 결정지은 적이 없었다. 대부분의 중세, 그리고 초기 근대의 유럽에서처럼 중세 러시아에서도 전제정치는 내부적 사건의 결과로 발전했던 것이다.

모스크바 공국이 기독교 정교회 국가라는 개념은 물론 비잔티움으로부터 온 것이었고, 중세 러시아의 전제정치 이데올로기는 그 이론, 상징들의 측면에서 압도적으로 비잔틴 제국의 것이었다. 그럼에도 마이클 체르니압스키는 모스크바 공국이 또한 몽골 제국의 전통을 도입하여 자신들이 사용하기 위해 그것을 채택하고 적응시킨 것임을 보여줬다.[32] 뒤에 언급될 논의는 대부분 체르니압스키의 생각을 이용한 것이다.

몽골 정복 이전에 러시아인들이 경험한 유일한 제국 통치자는 비잔틴 제국의 황제(바실레우스basileus라고 불렀다)였다. 정복 이후에 타타르의 칸은 초원에 거주했고, 러시아인들은 이 군주도 차르라고 칭했다. 러시아인들은 이 용어를 일관적으로 사용했는데, 칸의 아내는 차리차tsaritsa라고 불렀고 칭기즈 가문의 후계자들은 차레비치tsarevichi라고 불렀던 것이다.(몽골 계승의 과정을 알고 있었던 러시아인들은 황금 씨족[칭기즈칸의 후손들을 일컫는 말로, 황금처럼 아주 중요한 가문임을 강조했던 것이 아닌 어떤 누구에게도 결코 크니아즈kniaz' 즉, 공작보다 더 높은 칭호를 사용하지 않았다.) 러시아인들이 무지 때문에 칸을 차르라고 부른 것은 아니었다. 칸이라는 용어는 카간kagan이라는 형태로 등장하는데, 이는 키예프 시기부터 알려져 있었다.[33] 1223년 칼카강 전투에 대한 이야기는 '칭기즈칸'을 언급하는데, 칸을 인명人名의 일부처럼 쓰고 있다.[34] 카라코룸을 향한 공작들의 여정에 대한 기록들에서는 그 도시를 '카노비Kanovi' '카노비츠Kanovich' 혹은 '카노비치Kanovichi'로 언급하는데 이는 모두 칸에서 파생된 러시아어이다.[35](문인들은 카라코룸을 '차르그라드Tsar'grad' 즉 차르의 도시라고 부를 수 없었다. 왜냐하면 그것은 다른 차르의 도시였던 콘스탄티노플을 가리키는 명칭이었기 때문이다.) 칸의 러시아 파생어들은 체르니고프의 미하일 일대기[36]와 갈리시아-볼히니아 연대기[37]에도 등장한다. 그럼에도 차르라는 용어를 사용하여 칸을 지칭하는 것은 러시아의 대주교에게 내리는 몽골의 야를리크들을 러시아어로 번역할 때에 더 철저하게 확립되었고, 아마도 14세기 후기에 칭기즈칸도 칭기즈 차르가 되었던 것 같다.[38]

칸과 비잔틴 황제가 똑같은 용어로 지칭되었을 뿐만 아니라 서로 다른 두 차르의 이미지도 혼합되었다. 반으로 접을 수 있는 기록판(기념적인 명단)에는 전례典禮의 특권에서 칸과 비잔틴 황제가 일치하는 것으로 나타난다. 칸의 그림들에는 심지어 비잔틴 황제를 상징하는 것을 그려

보자강 전투.

넣기도 했다. 칸과 비잔틴 황제에게 같은 칭호를 사용하면서 이로 인해 둘을 구분하기가 애매해졌고, 이는 은연중에 이교도 칸에게 기독교 황제와 같은 정통성이 있는 것으로 비춰졌다. 이는 모스크바 문인들의 저작과 전제군주의 정치적 요구 속에서 명백하게 몽골의 제국적 전통이 제한적이지만 상당 정도로 활용될 수 있게 하는 데 도움이 되었다.

쿨리코보 시기의 모스크바 공국 문인들은 시종일관 그들의 목적을 위해 칭기즈 가문의 원칙을 조작했다. 몽골의 정치에서 가장 중요한 요소인 이 법칙은 칭기즈칸의 직계 후손인 황금 씨족만이 칸이 될 수 있다는 것이었다. 러시아인들은 몽골 지배자 정치의 이러한 본질적인 특징을 빈틈없이 알고 있었다. 1378년 보자Vozha강 전투에 대한 이야기에서 작가는 마마이가 칭기즈 가문이 아니면서 불법적으로 킵차크 칸국을 통치하며 차르의 명예를 더럽히고 있다고 비난한다. 1380년의 '연대기 이야기'에서도 이와 똑같은 맥락으로 마마이가 칸(차르)의 칭호를 찬탈했다고 힐난하고 있다. 이는 사실이 아니었고, 사실이 아니라는 점을 모스크바인들은 알고 있었다. 마마이는 칭기즈 가문의 꼭두각시 칸을 활용했던 것이다. 이 이야기의 결론에서는 칭기즈 가문의 진정한 후계자인 토흐타미쉬가 마마이를 패배시키고, 러시아인들에게 공동의 적에 대해 승리를 거두었음을 알린다. 이 명백한 계략은 마마이가 찬탈자라고 하는 공동의 인식에 의지하고 있었다. 1395년에 티무르가 러시아를 공격했을 때의 이야기에서는 티무르가 황금 씨족의 일원이 아님에도 불구하고 차르라는 칭호를 강탈하려고 한다면서 비난을 퍼붓는다.

모스크바 공국의 작가들은 러시아의 적들을 공격하면서도 러시아의 행위를 정당화하는 수단으로 칭기즈 가문의 원칙을 활용했다. 토흐타미쉬가 1382년에 모스크바를 약탈하고 난 이후, 문인들은 돈스코이가 때마침 모스크바에 없었던 것을 칭기즈 가문의 정통성에 대한 존중을 보여주는 행동으로 설명하고자 했다. 그래서 찬탈자 마마이를 전투에서 상대하여 패배시킨 돈스코이는 진정한 차르 토흐타미쉬를 향해 '그의 손을 들기를' 원하지 않았거나 혹은 '차르 스스로' 도시를 향해 오고 있음을 알았을 때 모스크바를 떠났다. 실제로는 정통성에 대한 염려보다는 전략적인 이유가 모스크바를 떠나게 만든 것이었다. 몽골족이 일단 도시에 도착하면, 킵차크 칸국의 고관들은 칸의 이미지가 비잔틴 황제의 신성한 자애로움인 필란트로피아philanthropia[인자함 혹은 인류애]와 일치한다고 거짓으로 선전하면서 거주자들이 성문을 열게 만들었다.

연대기들은 에미르 에디게이가 모스크바를 포위한 것에 대해 그를 찬탈자로 혹평하지는 않지만, 칭기즈 가문의 세부 사항에 상당히 주목하면서 기록을 남기고 있다. 에디게이는 모스크바를 공격하라는 차르의 허락을 받는다. 네 명의 차레비치[차르의 아들을 지칭]가 그의 군대에서 복무한다. 그는 사라이에서 일어난 쿠데타로부터 차르를 지키기 위해 모스크바에 대한 포위를 포기한다. 기독교 정교회의 관점에서 모든 이교도 지배자는 한결같이 정통성이 없어야 했다는 점을 고려하면, 쿨리코보 시기 이래 모스크바의 저작물들은 칭기즈 가문의 원칙에 상당히 관심을 가지고 있었음을 보여준다. 모스크바의 문인들은 몽골의 계승과 관련된 문제들을 철저히 파악하고 있었고, 다양한 이념적 목적을 위해 이를 창의적으로 활용했다.[39]

킵차크 칸국과 지속적으로 상대했던 주요 러시아 도시의 이론가들이 칭기즈 가문의 원칙을 스스로 상당히 진지하게 다루어야만 했다는 사실은 아마도 그리 놀라운 일은 아닐 것이다. 그러나 이러한 인식이 러시아에 더욱 깊이 침투했음을 보여주는 증거가 있다. 이는 피터Peter의 일대기에 등장하는데, 피터는 킵차크 칸국의 차레비치로서 기독교로 개종했던 인물이었다. 칭기즈 가문의 후계는 피터의 후손들 4세대를 통해 신중하게 이어졌고, 칭기즈 가문 출신이라는 매개는 줄거리에서 결정적인 역할을 하고 있다.[40] 이 문헌은 로스토프의 정치적 후원을 받는 지방의 수도원에서 14세기부터 기록되었다. 황금 씨족이 가지고 있는 특별한 중요성에 대한 이해가 광범하게 퍼져 있었던 것으로 보인다.

칭기즈 가문의 원칙에 대한 러시아의 의식은 1480년에 대 칸국을 몰아낸 이후에 모스크바 공국의 이데올로기가 철저하게 비잔틴 형식이었음에도 불구하고 모스크바 대공들이 정복자로서의 자격을 행사했고, 결국 이것은 킵차크 칸국 칸들의 계승자임을 나타내는 것이었기 때문에 흥미롭다. 우그라강의 대치를 기념하여 주조된 동전의 형상에 대한 체르니압스키의 창의적인 해석은 이러한 태도를 보여주고 있다. 동전의 한 쪽 면에는 말을 탄 영웅이 보이는데, 이는 아마도 세인트 조지st. George일 것이다. 다른 면에는 몽골 칸의 이름이 들어갈 곳에 이반 3세의 이름이 아랍어로 새겨져 있다. 이 동전의 상징성은 해방을 기념한 것이 아니라 한 왕조가 다른 왕조를 계승했음을 보여주는데, 즉 모스크바의 가문이 황금 씨족을 대체한 것이다.

모스크바는 몇 세기 동안 그 제국적 위상의 이러한 측면을 지속적으로 선전했다. 16세기에 모스크바 공국은 카잔, 아스트라한 칸국을 정복한 것을 상기시키면서 유럽 세력에 대한 황제로서의 권리를 정당화했다. 17세기에는 모스크바 공국의 망명 관료 그레고리 코토시힌Gregorii Kotoshikhin이 모스크바 공국의 지배자는 이반 4세가 카잔을 정복한 덕택에 차르가 되었다고 설명했다. 심지어 크렘린Kremlin의 천사장 대성당Archangel cathedral에 있는 성상과 프레스코화 체계가 칭기즈 씨족의 개념에서 영감을 받았다고 볼 수도 있다.[41]

모스크바 공국의 차르가 킵차크 칸국 칸들의 후계자라고 간주하는 것에는 실용적인 이점도 있었다. 예를 들면, 벨리 차르belii tsar(흰색 차르라는 뜻)로서 모스크바 공국의 지배자는 야사크yasak[조공을 뜻하는 투르크어에서 기원한 단어]를 받을 권리를 행사하며 킵차크 칸국에 의해 이전에 지배되었던 내륙 아시아의 유목민 부족, 정주민 부족으로부터 모피를 조공으로 받았다. 그래서 킵차크 칸국의 계승 국가라는 이미지를 조장하고, 초원의 통치 전통에 여전히 신중함을 발휘하는 것이 모스크바 공국에게는 이득이 되었다.

러시아에서의 몽골의 유산을 중국·페르시아에서의 그것과 비교해보면 흥미로운 역설이 드러난다. 얼핏 살펴보면, 중국인과 페르시아인은 러시아인들보다 더욱 철저하게 칭기즈 가문의 전통을 흡수했던 것처럼 보일 수 있다. 중국인들은 칭기즈 가문의 상세한 역사가 담긴 『몽골비사』를 잊지 않고 있었고, 이를 왕조 역사를 편찬하는 기초로 활용했다. 페르시아 역사가인 주베이니Juwaini 또한 변형된 『몽골비사』를 기록했고, 칭기즈 칸의 행적을 서술하면서 계보상의 문제를 상당히 세심하게 다루었다. 이러한 성향의 기록이 러시아 문학에는 도입되지 않았다. 중세 러시아의 역사 저술은 명백히 이교도들의 저작이었던 『몽골비사』와 같은 문헌을 받아들일 수 없었다. 어쨌든, 러시아의 연대기적인 형식에 그러한 문헌들이 전혀 적합하지 않았던 것이다. 그런데 러시아에서는 타타르 지배가 끝난 이후에도 몇 세기 동안에 황금 씨족의 지위가 여전히 높았고, 반면에 중국과 페르시아에서는 칭기즈 가문에 대한 존중이 몽골 왕조가 무너지자마자 거의 사라져버렸다. 실제로, 내륙 아시아의 몇몇 유목민 사이에서도 몽골 헤게모니가 붕괴되면서 황금 씨족의 중요성은 신속하게 흐릿해졌다. 러시아에서는 칭기즈 가문의 원칙에 대한 존중이 몽골 제국에 통합되었던 유목민족들 사이에서도 뚜렷하게 확립되어 있었다. 심지어 이반 4세는 1575~1576년에 칭기즈 가문의 후손이었던 시메온 베크불라토비치Symeon Bekbulatovich를 지지하며 그에게 양위하기도 했고, 칭기즈 가문의 후손은 17세기 그리고 표트르 대제의 서구화 시대까지는 러시아에서 여전히 중요성을 유지했다.[42] 황금 씨족의 일원들은 19세기까지도 여전히 러시아 제국에서 귀족의 지위를 요구할 수 있었다. 부분적으로는 모스크바 공국의 차르가 칸의 외피를 걸치고 있었기 때문에 적어도 러시아에서는 칭기즈 가문의 원칙이 계속 살아남았던 것이다.

말할 필요도 없이 모스크바의 문인들과 차르들에 의해 몽골 제국의 전통이 활용된 것은 몇몇 문제를 해결했지만, 또 다른 문제들을 만들어 내기도 했다. 러시아의 행위를 정당화하고 적들을 깎아내리는 것에는 칭기즈 가문의 원칙이 유용했지만, 이는 사실상 몽골 지배의 정당성을 인정하는 것이었고 이교도의 이데올로기를 부적절하게 이해한다는 것으로 드러났다. 그 결과, 스스로의 관습에 대한 모스크바 공국 작가들의 인식을 알 수가 없게 된다. 그러나 '공공연히 끌어들이면서도 분석하지 않는' 이러한 이념적 탈선과 '킵차크 칸의 후계자로서 정통성을 주장하는 기독교 황제'라는 개념 사이에는 현저한 차이가 있었다. 후자는 러시아 정교회에 대한 배신이었고, 모스크바 공국 궁정에서 사용하는 비잔틴 제국의 과시용 수단, 예식, 언어를 통해 구체화되는 기독교 제국이라는 바로 그 개념을 명백하게 기만하는 것이기도 했다. 그래서 모스크바 공국의 전제군주가 몽골 제국의 전통에서 만들어진 것들을 분명히 사용하고, 모스크바 공국이 킵차크 칸국의 계승 국가라는 개념이 있었음에도 불구하고 동시대 사료들에서는 이를 언급할 수 없었던 것이다.[43]

물론, 두 번째로 더욱 큰 모순이 있다. 러시아의 문인들이 정복을 당한 사실을 지적으로 다루지 않았던 시대에 어떻게 러시아인들이 이렇게 철저하게 몽골 제국의 전통을 받아들일 수 있었는가와 관련된 문제다. 적어도 부분적으로 이 문제에 대한 대답은 타타르족이 러시아를 지배한 방식의 특성에 있다. 역사를 저술할 때 러시아 지식인들은 러시아 공작들이 여전히 러시아의 왕좌에 앉아 있고 타타르족은 러시아의 삼림지대에 간헐적으로만 보였기 때문에 러시아는 여전히 독립적인 상태에 있다고 평계를 둘러댈 수 있었다. 몽골 약탈 집단에 의한 파괴는 그들이 공격할 때만 분명히 나타나는 것이었고, 이것이 이방인의 통치는 아니었다. 진정한 정치적 상황을 실제로 상기시켜주는 사람은 많지 않았다.

물론, 러시아의 문인들은 상황을 잘 알고 있었다. 그들은 일상적으로 사라이를 방문하며 몽골 관료들과 지배자들을 상대했던 엘리트, 공작, 귀족, 성직자들 사이에 존재하고 있었다. 킵차크 칸국의 장엄한 위엄에 둘러싸인 상태에서 몸소 러시아의 타타르 군주를 만나면서 러시아의 정치 엘리트는 몽골 제국의 전통이 끼치는 영향을 직접적으로 느꼈고, 그 발전 가능성을 깨달았다. 러시아 공작들이 자신의 정치적 이데올로기에 칭기즈 가문의 원칙을 통합시켰을 때에 그들의 대변인이었던 문인들은 러시아가 칭기즈 가문의 왕조주의를 수용한 것과 몽골의 종주권 사이의 관계를 빠뜨린 채로 놔두는 것을 선호했다. 러시아 엘리트들은 이러한 모순적인 태도가 실행 가능하면서도 이득이 된다는 사실을 알게 되었다.

모스크바 공국에 남은 전제정치 유산의 이러한 흔적은 계속 지속되면서 지워지지 않았다. 카잔 칸국, 아스트라한 칸국과 노가이 타타르족 그리고 모스크바 공국에 예속되어 있는 국가인 카시모프 칸국을 상대하는 데에 있어서 칭기즈 가문의 원칙에 따르는 것은 16세기의 모스크바 공국에게 있어서 외교적으로 유용했다. 심지어 모스크바가 카잔, 아스트라한을 합병한 이후 이와 동시에 카시모프의 중요성은 줄어들었지만, 그 지위가 오스만 제국의 보호령이었음에도 불구하고 러시아와 동유럽의 정치에 강력한 요소로 남아 있었던 크림 칸국과는 여전히 싸워야 했다. 물론 모스크바 공국은 16, 17세기에 칭기즈 가문의 진정한 칸들과 접촉할 때에는 칭기즈 가문으로서의 권리를 주장할 수 없었지만, 17세기에 모스크바는 내륙 아시아 민족들을 상대할 때에 킵차크 칸국의 계승자라는 임시적인 지위를 지속적으로 이용했고, 상대적으로 그 활용도가 낮지만 유럽의 세력들을 대할 때에도 이를 활용했다. 결국 17~18세기에 와서 크림 칸국조차도 그 온전한 형태가 오스만 제국에 의해 파괴되면서 쇠퇴했다. 유라시아 초원의 모든 유목민에 대한 러시아의 군사적 우수성이 완벽해지면서 초원의 전통과 원리에 대한 러시아인들의 관심은 줄어들었다. 이제 러시아는 킵차크 칸국의 계승자라는 주장을 내세울 필요가 없어졌고, 주변에 있는 칭기즈 가문의 혈통을 상대하기 위한 노하우를 유지할 필요도 없어졌다. 서구화는 황금 씨족에 대한 러시아의 관심을 거의 다 제거했다. 18세기 러시아 제국의 식민지 경영자들은 러시아와 초원의 관계에 대한 전통적인 체계를 고려하지 않은 채 유목민 연맹들을 상대했다.

16세기에 나타난 모스크바 공국의 전제정치는 모스크바가 발군의 지위로 부각된 점과 전제정치를 강력하게 만든 대부분의 정부 기관이라는 측면에서 이전의 타타르 군주들에게 큰 영향을 받은 것이었다. 그러나 타타르족은 러시아의 전국적 통일을 향한 움직임 혹은 모스크바 공국 정권의 전제적 성격과는 별로 관련이 없었다. 러시아의 절대주의는 국내의 사정으로 인해 탄생한 것이었고, 그 이론과 상징적 표현은 사라이보다는 비잔티움에서 끌어왔다. 그런데 모스크바가 몽골의 제도들을 쓸모가 있다고 본 것처럼, 모스크바 공국의 전제군주들은 몽골 제국의 전통이 그들의 목적을 위해 활용되도록 만들었다. 모스크바 공국은 기독교 이데올로기를 약화시키지 않고 스스로를 칭기즈 가문 형태의 새로운 칸국이라고 보이게 할 수 없었기 때문에, 이러한 태도에는 뚜렷한 점이 좀처럼 없었다. 기독교는 킵차크 칸국의 이슬람 제도들을 차단하고, 모스크바가 킵차크 칸국의 계승 국가로 되지 못하게 하면서 모스크바 공국에 있던 타타르 제도들의 운명을 결정했다. 기독교 정교회라는 러시아 사회의 토대적인 특성으로 인해 모스크바 공국이 몽골의 정치 형태를 차용한 것은 중요했지만 대대적인 현상은 아니었고, 현저한 영향을 받았지만 그것이 러시아 역사에서 영원히 유지되지는 않았다.

✕

9장

몽골족과
러시아 사회

역사가들은 주로 자신의 주장을 위해 러시아 문인들의 말을 인용했다. 역사가들은, 타타르족을 이해할 수도 없고 이해하기를 바라지도 않았던 이방인 종족으로 바라보았던 러시아 사람들의 인상을 그대로 받아들였다. 종교적인 배경만 봐도 이교도인 몽골족은 증오의 대상이었고, 여기에 더해 그들은 러시아 도시들을 약탈하고 불태우기까지 했으며 러시아의 농촌을 황폐화시켰고 러시아의 주군으로 계속 남아 있었다. 그 시대의 러시아 작가들은 몽골족을 논하면서 당연하게 그리고 의무적으로 적대적인 호칭을 사용하면서 자연스럽게 정복자들에게 욕설을 퍼부었다. 이러한 종교적·정치적 혐오의 문학적 분위기 속에서 타타르족과 그들의 관습에 대해 익숙함을 드러내는 표현은 신에 대한 모독이자 배신으로 연결되었다. 그러나 3세기 동안 몽골족은 러시아인들의 생활에서 빠뜨릴 수 없고 회피할 수도 없는 현실이었고, 러시아인들은 원하든 원하지 않았든 타타르족 개인과 그들의 사회를 자세하게 알게 되었다. 자료들에서는 군사적인 충돌을 과도하게 부각시키고 있지만, 두 민족 사이의 접촉은 외교, 무역 심지어 통혼을 포함하는 다양한 형태로 이루어졌다. 기독교 정교회는 러시아인과 타타르족이 만날 수 있는 유일하면서도 적절한 상황은 생사를 걸고 싸우는 전투뿐이라고 강조했지만, 실제 생활에서의 사정은 이와는 다른 방향이었다. 따라서 몽골이 러시아 사회와 역사에 끼친 영향을 고려할 때, 많은 사람이 그래왔던 것처럼, 중세 러시아 작가들의 저술 태도를 액면 그대로 받아들이는 것은 오류라고 볼 수 있다.

러시아 문인들은 자신들이 인정하는 것보다 몽골족을 더 잘 알고 있었다. 이를 즉각적으로 명백하게 암시해주는 증거는 그들이 타타르족 개개인의 이름을 잘 알았다는 점이다. 기록들에는 실제로 러시아인들이 상대했던 타타르의 모든 왕자, 귀족, 관료의 이름이 적혀 있고, 연대기에는 군사령관, 사절, 신료들의 이름으로 가득 차 있다. 예를 들면, 갈리시아-볼히니아 연대기에서는 1240년에 일어난 키예프 약탈을 서술할 때에 사로잡힌 정보 제공원인 토브룰Tovrul이라는 단어를 기록하고 있다. 그는 도시를 포위 공격했던 몽골 군대의 지휘관들로 우르두Urdu, 바이다르Baidar, 비루이Birui, 베차크Bechak, 멘구Mengu[훗날 몽골 제국의 4대 칸이 되는 뭉케를 일컫는 것으로 보임], 쿠유크Kuyuk[훗날 몽골 제국의 3대 칸이 되는 구유크를 일컫는 것으로 보임], 세베디아Sebedia(수부다이Subudai) 보가티르bogatyr'[이는 몽골어로 영웅, 용사를 뜻하는 바아투르ba'atur를 의미하는 것이다. 훌륭한 전공을 세운 무장들에게 붙여진 칭호이기도 했다], 부룬다이 보가티르Burundai bogatyr' 그리고 물론 바투Batu의 이름까지 밝히고

몽골 군대의 지휘관 멘구mengu(뭉케)가 전사들을 이끌고 있다.

있다.[1] 자료들은 칭기즈 가문의 칸과 에미르의 계보 혹은 적어도 그 지위를 기록해놓고 있다. 킵차크 칸국의 칸들에 대해선 불충분한 목록 ordynskie tsari이긴 하지만 아래와 같이 열거하고 있다. 바티 사인Batii Sain, 사르타크Sartak, 베르케Berke, 멘구-테메르Mengu-temer, 노가이Nogai, 텔레부가Telebuga, 토흐타Tokhta, 오즈비아크Ozbiak, 제네베크Zhenebek, 베르데베크Berdebek, 쿠플리아Kuplia, 나브루스Navrus, 히디르Khidyr, 티무르-호지아Timur-Khozia(뒤의 네 명은 내전 시기에 재위한 단명한 칸들이다) 그리고 마마에 압둘라Mamae Avdula(사라이 외부에 에미르 마마이가 꼭두각시로 세운 칸인 압둘Abdul이다), 우무라트Umurat(그 당시에 사라이에 있었다), 아지아Azia(마마이의 또 다른 꼭두각시 칸이다), 마마크 살탄Mamak Saltan, 타흐타미시Takhtamysh, 테미르-아크사크Temir-Aksak, 테미르-쿠틀루이Temir-Kutlui, 샤디베크Shadibek, 불라트-살탄Bulat-Saltan, 제디-살탄Zedi-Saltan이 있고 여기에 울루-메흐메드Ulu-Mehmed와 아흐메드Akhmed도 추가되어야 한다.[2] 러시아 연대기들은 14세기 후반 '대혼란'의 시기에 단명했던 칸들의 생애에 대해서도 아랍-페르시아 사료들보다 더욱 상세한 내용을 포함하고 있다.[3]

군주들의 목록은 이보다 지위가 낮은 몽골인들의 이름을 무수하게 언급한 것에 비하면 그리 놀랄 만한 것은 아니다. 연대기 작가들은 그 독자인 러시아 엘리트가 타타르족과 그들의 개인적 특성을 잘 알기를 기대하면서 이러한 이름들을 사용했고, 이것이 실제 기록 방식이었음이 분명하게 드러나고 있다. 아마도 많은 러시아인은 타타르의 언어와 킵차크 칸국 영역의 지형도 알고 있었을 것이다.[4] 몽골족에 대한 광범한 적대감이라는 러시아 자료 특유의 성격에도 불구하고, 중세의 연대기·설화·문서들은 이 외에도 다양한 방식으로 러시아를 압제했던 자들을 스스로가 상당히 많이 알고 있음을 무심코 드러내고 있다. 타타르족에 대한 많은 양의 인상적인 정보는 동시대의 사료에 남아 있고, 물론 이는 원래 자료의 일부분만을 서술한 것이다. 확실히 러시아 문인들의 태도에도 불구하고, 몽골족은 결코 알려지지 않고 알 수 없는 사람들이 아니었다. 추상적으로 생각하면, 타타르족은 원칙적으로는 받아들일 수 없었지만 러시아 엘리트에게 있어서 그 상대방인 타타르족을 알리지 않고, 정체불명인 적들이라고는 할 수 없었다. 실제로, 러시아 귀족들은 아마도 러시아 농민 사회보다는 몽골 상류층 사회에 대해 더욱 많이 알고 있었을 것이다. 몽골의 존재가 러시아의 사회 구조를 바꾸지는 못했지만,[5] 길게 지속되었던 몽골 시기에 러시아의 사회적 삶에 강력한 영향을 끼쳤다. 침묵의 이데올로기를 고수했던 중세 러시아 문인들이 러시아 사회에서 타타르족의 역할을 거짓으로 설명하기 위해 최선을 다했음을 인식하는 것이 그 역할이 실제로는 무엇이었는지를 판단하는 데에 있어서 필요한 첫 번째 단계다.

러시아 사회에 끼친 몽골의 영향은 서로 다른 사회 계급에 따라 상당히 다양하게 나타났다. 러시아 인구의 대다수를 차지했던 농민들은 귀족보다는 몽골족과 훨씬 접촉할 기회가 없었고, 그 접촉이라는 것도 아마도 획일적으로 그리 달갑지 않은 성격이었을 것이다. 몽골의 공격으로 고통을 받은 것을 제외하면, 러시아 농민들이 타타르와 겪었던 유일한 접촉은 노예로서 혹은 강제 노동에 의해서였다. 이러한 방식으로 타타르 사회와 접한 러시아인들은 타타르의 민속을 받아들여 이를 러시아 농촌에 도입하려 하지 않았을 것이고, 그렇기 때문에 러시아의 민속 중에서 초원에 그 유래를 가진 것이 없다는 점은 그리 놀랍지 않다.6 분명히 러시아 농민들의 운명은 몽골 시대에 시작되어 그 이후에도 끝나지 않았던 과중한 징세로 인해 악화되었다. 타타르의 보호 아래에서 러시아 정교회가 가진 재산 및 영향력이 증가했다는 점과 이에 수반하여 러시아의 농촌에서 기독교가 퍼져나갔던 것도 농민들의 생활에 영향을 끼쳤음에 틀림없다.

타타르의 멍에에 대한 러시아‘인’의 반응에 대해서는 서로 다른 생각을 가진 두 학파가 있다. 한 역사가 집단은 몽골의 침략이 대중의 집단의식에 충격을 주고 상처를 입혔다고 주장한다.7 이러한 역사가들은 침략의 공포에 대해 슬퍼하면서 이후로 러시아인들이 비참한 상태에 빠졌다고 말한 블라디미르의 세라피온Serapion의 설교 등을 증거로 제시한다. 이는 농민이 아니라 귀족들의 경험이었고, 게다가 이러한 비탄은 13세기에 당시 여전히 이교도가 많았던 러시아 농촌에는 적절하지도 않고 아마 이해할 수도 없었던 기독교 수사修辭로 가득했다. 우리는 이러한 문헌들이 농민들의 경험과 반응을 반영하고 있다고 여길 수 없다.

다른 학설을 지지하는 학파는 러시아 사람들이 최후의 해방에 대한 희망을 결코 잃어버리지 않았다고 주장하고, 러시아인들의 인내심과 자유에 대한 사랑의 증거로서 러시아의 민속 서사시byliny를 인용하며 더욱 긍정적인 관점을 취하고 있다.8 그러나 불행히도 그들이 내세운 증거도 앞서 언급했던 것처럼 같은 결함을 지녔다. 서사시 그 자체는 아마도 귀족들 사이에서 통용되었던 것으로 보이고, 귀족의 비탄과 마찬가지로 러시아 대중의 진정한 반응과는 관계가 없다.9 실제로는 그렇지 않았을지라도 서사시는 환상의 영역으로 발전해나갔다. 이런 서사시들 속에서 비유와 상징은 타타르족을 러시아 영웅들 앞에서는 항상 몰락하는 가공의 짐승과 같은 사람으로 변화시켰다. 서사시에 따르면, 몽골의 키예프 공성은 실패했다. 이러한 설화는 차가운 겨울밤과 같았던 러시아인들의 마음을 따뜻하게 만들었겠지만, 창작의 과정은 역사적 분석의 범위를 뛰어넘어서 모든 역사적 현실을 왜곡시켰다.[10]

농민 사회에 끼친 몽골의 영향에 대한 이상의 두 견해는 불확실한 논점과 존재하지 않는 자료에 근거해 몽골 지배기에 '러시아인'이 있었다는 식의 불합리한 가설을 만들어내고 있다. 중세에는 러시아 민족이라는 것이 존재하지도 않았고[11] 단결력 있는 민족적 대응이 생길 수도 없었다. 러시아 귀족들은 실제로 타타르의 지배에 동일하게 반응했지만, 우리는 러시아 삼림 지대의 곳곳에 흩어져 있는 일반인들에게도 그것이 똑같이 적용될 것이라고는 생각할 수 없다. 어쨌든, 정복이 러시아 농민 사회에 가져온 여파에 대한 주장은 당시 농민들의 기분이 어땠을까 추측하는 것보다도 더 진지하지 못할 뿐이다. 논의를 더 진전시킬 증거가 없는 것이다.

몽골족과 직접적인 사회적 접촉을 가졌던 러시아인들은 상류층—지배자, 귀족, 관료, 성직자, 상인들—이었다. 이중 킵차크 칸국에서 살았던 이들은 억지로 몽골식 예절을 익혔다. 예를 들면, 어느 누구도 타타르 텐트의 문지방을 밟아서는 안 되었다.(단 한 번도 용납되지 않았다.) 특히 러시아 공작들에게 있어서 타타르의 방식에 대한 상세한 지식은 생존, 성공을 위한 절대적인 전제 조건이었다. 이교도의 관습을 지키는 것은 기독교도 러시아인들에게 있어서는 시련이었지만, 다른 선택의 여지가 없었다. 타타르의 예절·관습을 위반하면 치명적인 결과를 가져올 수도 있었다. 그러나 킵차크 칸국의 러시아인들이 몽골식 예법에 능숙해지고 몽골 사회의 작동에 정통했다고 할지라도 그들이 익혔던 세계주의는 정작 본국에서는 발 디딜 곳이 없었다. 바실리 2세가 비통한 상태에 빠지게 되었을 때, 타타르족 혹은 타타르족의 방식을 눈에 보일 정도로 편애한다면 그것은 위험할 수 있었다. 이와 비슷하게, 러시아로 이주했던 몽골족은 삼림 지대로 들어갈 때 타타르의 풍습을 포기해야 했다. 기독교 정교회가 몽골의 영향을 러시아 사회로부터 차단하고 있었기 때문이다. 상류층의 강요된 사회적 적응은 지속적인 효과를 발휘할 수 없었다.

러시아 귀족 계급이 몽골의 사회적 관습을 채택하지 않았다고 말하는 것이, 그들의 사회사에서 몽골이 중요한 요소였음을 부인하는 것은 아니다. 두 민족 사이의 사회적 교류, 타타르에 대한 러시아인들의 인식에 내재한 다양성과 복합성의 개념을 알기 위해 우리는 뒤에서 논의할 옛 러시아 문헌의 기록에 부분적으로 시선을 돌려야만 한다. 물론, 사회사를 연구할 때 문헌 증거에 내재된 방법론적인 결함이 있긴 하지만 이는 여기에서 무시될 수도 없고 적절하게 해결될 수도 없는 문제다. 역사가는 장르와 편향성, 문학적 심미안과 정치적 편견을 반드시 참작해야 한다. 심지어 러시아 연대기들에 포함되어 있는 광범한 이야기식 '설화들'은 신뢰할 수 없을 정도로 문학에 가깝다. 그럼에도 소설이라는 개념은 중세 러시아에 존재하지 않았다. 옛 러시아 문학이 만들어낸 모든 문헌은 문학적으로 기록되었음을 의미했다. 그래서 우리는 문학적 기록에 나온 일화를 액면 그대로 받아들일 수는 없지만, 적어도 그러한 기록들이 귀족 계층 독자들에게 상상할 수 있는 상황과 행동의 범위 내에서 신뢰를 받았다는 점은 확신할 수 있다. 이 자체가 사회사를 위한 가치 있는 정보를 제공하는 것이다.

타타르 시기 이후의 옛 러시아 문헌들은 자연스럽게 전투 장면과 잔인함으로 점철되어 있는데, 체르니고프의 미하일의 고문 혹은 1382년의 모스크바 약탈은 사람이 만든 극적이면서도 애처로운 사건들이고 죽음과 파괴는 그 당시에 일상적인 일이었지만 이러한 기록들은 여기에서 다룰 우리의 관심사와 관계된 것이 아니다. 몽골 정복의 공포와 이후의 억압은 충분히 강조되어 왔다. 설화, 문서의 형태로 침묵의 이데올로기를 때때로 무너뜨리고 있는 것과 표준적인 기타 역사적 자료의 도움을 통해서 우리는 러시아-타타르 관계의 다른 측면을 엿볼 수 있게 될 것이다.

심지어 전쟁에 대한 서술에서도 몽골족이 항상 짐승은 아니었다는 인식을 언뜻 확인할 수 있다. 『바투에 의한 리아잔 파괴 이야기Povest' o ra-zorenii Riazani Batyem』에는 대부분 구술을 통해서 민간에서 전승된 내용을 기원으로 하고 있는 것으로 보이는 러시아 귀족 에브파티Evpatii에 관한 이야기가 포함되어 있다. 리아잔의 약탈 이후에 에브파티는 그의 수행원들을 모아서 바투의 군대에 대해 맹렬하지만 가망성이 없는 공격을 시도한다. 이에 깜짝 놀란 바투는 부상을 당해 사로잡힌 에브파티의 몇몇 부하를 심문한다. 자비를 구걸하는 대신 그들은 바투에게 그를 존경하게 되었다고 말한다.(이는 전투를 하겠다는 전통적인 은유다.) 깊은 인상을 받은 바투는 그의 참모를 불러 자신이 싸웠던 모든 군대와 전사들 중에서 이렇게 용감한 사람들을 결코 본 적이 없었다고 분명히 말한다. 그는 에브파티를 생포하기로 결정하고, 그의 대리인으로 자신의 처남을 보낸다. 그러나 이 계획은 바투가 보낸 사람을 에브파티가 두 조각으로 동강내면서 실패로 끝난다. 결국 타타르족은 투석기의 도움을 빌려

『자돈시나Zadonshchina』 필사본 본문과 1858년 출간본 표지.

마침내 러시아 귀족을 안장에서 떨어지게 하여 치명적인 부상을 입힌다. 파멸에도 불구하고 에브파티는 싸웠고, 그에 대한 바투의 찬탄은 너무나 커서 영웅의 수행원 중에 살아남은 인원들로 하여금 그를 전장 밖으로 데리고 나가 명예롭게 죽을 수 있도록 허락한다. 적에 대한 바투의 존중은 중세의 접경을 따라 배치되어 있던 군인들에게는 일상적이었던 서로에 대한 이해의 전통과 맞아떨어진다. 아마도 이 이야기는 아주 사소한 진실만을 포함하고 있겠지만, 타타르족이 기사도의 예법을 보여줄 수도 있다는 것을 러시아인들이 고려했음을 드러내고 있다.[12]

쿨리코보 평원의 전투에 대한 서사시 『자돈시나Zadonshchina』[13]는 에브파티의 일화처럼, 전투 중인 러시아인과 몽골족 사이에서 기사도에 입각한 행동이 있었다는 점을 보여주면서 한 걸음 더 나아가고 있다. 일반적인 기록들에서는 악마였던 것과는 달리 여기에서는 패배를 당한 몽골의 병사들이 앞으로는 그들의 아내에게 다시는 입맞춤을 하지 못할 것이고 혹은 아이들을 귀여워해줄 수 없을 것이라면서 비통해하고 있다. 패배를 당한 마마이가 카파Kaffa의 제노바인들에게로 도피했을 때 그들은 비웃으면서 부하와 말을 모두 잃었다면 홀로 초원에서 겨울을 보내야만 한다고 말한다. 러시아인들은 이러한 조치가 사형에 가깝다는 것을 분명히 알고 있었다.[14] 자돈시나는 타타르 병사들의 인간성을 보여주고 있고, 러시아인과 타타르족이 모두 동감할 수 있는 슬픔에 대해 진심에서 우러난 동정을 표현하고 있다. 증오를 받았던 마마이가 초원으로 쫓겨나고 굴욕을 당해 버려지게 되는 것에 대한 연민을 인정하는 것이다.

두 사회의 군사적 관계가 모두 적대적인 것은 아니었다. 몽골족과 다양한 러시아 공국 사이의 군사적 연합은 몽골 시기 러시아 정치에서 나타나는 일정한 특징이었다. 이교도 동맹자라고 간주되었던 몽골 분견대와 러시아 귀족들이 함께 싸웠을지에 대해서는 알 수 없지만, 모스크바-카시모프의 관계와 연관된 몇몇 현존 문서는 이러한 연맹의 분위기를 암시하고 있다. 비록 이 연맹은 킵차크 칸국의 전성기 이후에 만들어진 것이고, 이때에 권력 균형이 러시아가 더 강력한 쪽으로 바뀌었다고 해도 많은 측면에서는 예전 시기의 관계와 비슷했을 것으로 보인다.

카시모프의 타타르족은 사실상 모스크바 공국 대공의 신하였고, 카시모프의 차레비치들은 생계를 위해 러시아의 도시들과 구역들을 할당받았으며 이를 코름레니예kormlenie('먹여 살린다'는 뜻)라고 불렸다. 코름레니예는 일반적으로 지역 총독과 같은 것이었지만, 부여된 권리는 세입으로만 제한되어 있었다. 무슬림은 기독교 정교회 사람들에게 행정권을 가할 수 없었기 때문이다. 차레비치들은 다른 곳에서 거주해야 했다. 도시가 코름레니예로 부여되었던, 현재의 세르푸호프Serpukhov에는 몽골의 차레비치들, 울란ulan들, 미르자mirza들과 공작들로부터 러시아 시민의 권리를 보호하기 위한 엄격한 규정이 있다.[15]

카시모프의 타타르족은 주로 유목민 용병으로 모스크바 공국에서 복무했다. 바실리 3세에게 행한 선서(투르크-타타르 용어로는 셰르트shert'라고 했다)에서 카시모프의 압둘라티프Abd-ul-latif는 대공을 위해 충심으로 복무하고, 몽골 사절들(아마도 카시모프의 적인 카잔과 크림 칸국에서 온 사절일 것이다) 혹은 다양한 칸국 사이를 여행하는 모든 상인을 약탈하거나 죽이지 않고, 이들을 포로로 삼지도 않을 것이며(아마도 몸값을 받아내려는 목적이거나 혹은 인질로 삼았을 것이다) 다른 범죄를 저지르지도 않겠다고 맹세했다. 또한, 그는 모스크바 공국의 얌yam을 사절 이외의 다른 사람들을 위해 사용하여 그것이 남용되지 않게 하겠다는 것, 중요한 네 씨족(시린족, 바린족, 아르긴족, 킵차크족)의 타타르족에게만 복종하겠다는 것, 허락 없이 카잔 칸국과 전쟁을 벌이지 않겠다는 것, 떠나는 것이 허락되지 않으면 그에게 할당된 유레프Yur'ev(즉, 카시모프의 고로데츠 Gorodets)에 머물러 있겠다는 것도 맹세했다.[16] 카시모프의 타타르족은 러시아의 연맹이면서 종복從僕이었지만, 적절히 신중하게 다루어져야 했다. 16세기에 몽골의 힘이 크게 쇠퇴했던 시절의 약속은 몽골 전성기의 그것과는 다른 상태를 반영하고 있지만, 그 특정한 금지 조항들은 러시아와 몽골족 사이에서 이루어졌던 예전의 연맹에 보이는 협조가 확실히 붕괴되었음을 나타낸다고 할 수 있다.

스몰렌스크와 야로슬라블의 공작 페도르 로스티슬라보비치Fedor Rostislavovich와 그의 두 아들의 일대기는 개인적 관계와 철저하게 뒤얽히면서 커져가는 군사적 협력을 보여준다. 페도르의 모험에 대한 서술은 그의 경이적인 유물이 발견되었던 15세기 말에 기록되었고, 16세기의 몇몇 개정본에도 기록이 남아 있다.[17] 이 이야기에 따르면, 외모가 출중한 페도르는 멘구-티무르Mengu-Timur 칸에게 술을 따라 올리는 사람의 역할을 하면서 칸의 오른손이 되어 킵차크 칸국에서 살았다. 그의 외모에 반한 칸의 부인은 그를 사위로 삼기로 결정을 내린다. 칸과 페도르 모두 이를 거부했는데, 칸은 페도르가 울루스니크ulusnik[울루스(여기에서는 킵차크 칸국을 뜻한다고 보아야 할 것이다)에 거주하는 사람을 일컫는 말이다]이자 슬루제브니크sluzhebnik(시종侍從의 뜻)이기 때문이라고 했고, 페도르는 이미 러시아에 아내와 아들이 있기 때문이라고 했다. 페도르의 아내가 사망했다는 소식이 당도했을 때, 그는 자신의 영지를 관리하기 위해 러시아로 돌아갈 것을 청했지만, 거절을 당하고 만다. 그런데 칸은 페도르가 칭기즈 가문의 개종한 공주와 결혼하는 것에 동의했는데, 그 공주의 이름은 이제 차리차tsaritsa 안나Anna였다.[18] 칸의 부인이 가졌던 소망을 만족시켜주었던 것이다. 멘구-티무르는 그의 새로운 사위를 아주 영예롭게 대우하면서tsarska chest', 그에게 통치를 맡길 36개의 도시들을 하사한다.[19] 나중에 페도르는 첫 번째 아내에게서 얻은 아들 미하일로Mikhailo가 사망하면서 야로슬라블이 통치자가 부재한 상태로 내버려져 있음을 알게 된다. 이때에 칸은 타타르족 부인에게서 얻은 두 아들과 함께 페도르가 러시아로 가는 것을 허락하고, 그들의 공작을 인정하려고 하지 않는 야로슬라블의 주민들을 압박하기 위해 몽골 부대를 파견한다. 페도르와 멘구-티무르는 타타르 병력이 페도르와 같은 종교를 믿는 사람들을 해치지 않는다는 것을 확신시키기 위해 많은 노력을 기울였고, 그들은 페도르가 공작의 자리에 다시 앉게 된 이후에 평화롭게 도시를 떠난다. 페도르는 남은 인생 동안 평안함 속에서 도시를 통치한다. 이 이야기에 나오는 세계에서 몽골족과 러시아인들은 서로의 정치적 이득을 돌볼 수 있었을 뿐만 아니라 상대방에 대한 깊은 존경과 호의를 느낄 수도 있었다. 물론, 페도르의 일대기에 진실은 그리 많지 않겠지만, 적어도 이러한 관계가 성립될 가능성이 있다고 생각했다는 점은 드러난다.

사실, 역사적으로 페도르 로스티슬라보비치는 13세기에 타타르 공주와 결혼했고, 그 다음에는 유리 다닐로비치Yuri Daniilovich가 그렇게 했다. 13세기의 글레브 바실코비치Gleb Vasil'kovich는 킵차크 칸국에서 결혼했을 뿐만 아니라 대부분의 생애를 초원의 몽골족들 사이에서 보냈다. 그러나 이러한 왕조 사이의 통혼은 드물었고, 14세기에 킵차크 칸국이 이슬람교를 받아들이면서 이러한 연합에 대한 이미 상당 정도로 극복할 수 없는 장애물이 생기면서 통혼은 아예 중단되었다. 왕조 사이의 통혼을 위해서 타타르 공주를 기독교로 개종시키는 것을 허락할 수 있었던 무슬림 칸은 없었고, 기독교도 공주를 무슬림과 결혼시키는 것을 인정할 러시아 공작들도 존재하지 않았다. 오스만 제국의 술탄이 그랬던 것처럼 기독교도 여성을 강제로 칸들의 후궁으로 만들 수도 있었겠지만, 아무도 그렇게는 하지 않았다.

그런데 15세기에 접어들면서 통치자 가문 사이가 아닌데도 러시아인과 몽골족 사이의 통혼이 다시 생기기 시작했다. 킵차크 칸국의 정치적 운명은 이때에 쇠약해졌고, 많은 수의 몽골 귀족이 러시아로 이주했는데 이들 중 대부분은 모스크바 공국 대공의 밑에서 복무하게 되었다. 무슬림 카시모프 칸국의 차레비치들처럼 저명한 타타르족은 가문 서열 체계인 메스트니체스트보mestnichestvo[15세기부터 17세기까지 러시아에서 시행된 관직 제도. 귀족 가문 서열에 따라 귀족을 공직에 임명하는 제도다][20] 및 러시아 사회에서 일반적으로 배제되었기 때문에, 이러한 이주자들은 기독교로 개종하고 귀족 계급과 통혼하면서 동화되어갔다.

이러한 방식으로 타타르 혈통이 얼마나 많이 러시아 귀족 계급에 들어갔는지는 의문의 대상이다. 일부는 몽골 혹은 동방에 기원을 둔 156개의 귀족 가문(20퍼센트)이라고 계산하여 꽤 높은 수치를 제시하고 있다.[21] 이는 아마도 조금 과도한 수치인 것으로 보인다. 이름, 가문의 문장紋章, 동시대의 계보들을 통해 얻을 수 있는 증거들은 항상 확실하지가 않다. 이름과 관련된 증거가 애매모호한데, 그 이유는 바스카코프Baska-kov, 야를리코프Yarlikov, 야사크Yasak처럼 분명히 타타르에 그 기원을 둔 이름을 가진 가문이 반드시 타타르의 후손이라고 할 수는 없기 때문이다.[22] 예를 들면, 러시아 아이가 가지고 있던 몽골식 별명이 몇 세대가 지나고 나서 분명히 타타르족에서 기원한 것 같아 보이는 이름을 만들어낼 수도 있다.[23] 이와 비슷하게 몽골 가문은 기독교로 개종하면서 철저하게 러시아식 이름을 갖게 되었을 수도 있다.[24] 그리고 다른 이름들은 여전히 그 언어적 기원을 확인할 수 없다. 문장을 통한 증거 또한 의심스럽기는 마찬가지다. 모든 초승달은 이슬람교로 개종한 것을 보여주는 것이고 모든 활, 화살은 초원에 그 기원이 있음을 암시하는 것이라고 해석하기 쉽지만, 이름과 관련된 증거와 함께 고려해보아도 어느 가문의 문장은 오해를 불러일으킬 수도 있다.[25]

가문의 문장과 16세기 족보rodoslovnye knigi도 모두 같은 이유 때문에 의심스럽다. 족보의 첫 편집본은 1540년대에 나왔는데, 이때는 가문의 위치와 지위를 배정하는 체계인 메스트니체스트보와 통치자 류리크 씨족의 기원이 외국에 있다는 새로운 전설(아우구스투스 카이사르Augustus Caesar의 형제로부터 그 기원을 찾았던 것)이 러시아 엘리트 사이에서 가문의 기원에 관한 문제를 광범한 관심사로 만들었던 시기였다. 몇몇 계보와 여기에 딸린 가문의 문장은 허구로 만들어진 것이다.[26] 다른 시기와 다른 장소의 귀족 계급들처럼 모스크바 공국 귀족 계급 사이에서 외국의 기원이라는 점이 유행을 하고 있었기 때문에 러시아가 아닌 혈통을 추적하는 계보들은 특별히 수상하다. 족보들에 있는 계보들 중에서 15세기 말보다 일찍 나온 것은 거의 없고, 이들 중 대부분은 구두로 전해지는 가문의 전설에 기반을 두고 있었다. 비록 몇몇 시도는 정말 그럴듯하지만, 어떠한 외국의 혈통과 연관을 지은 대부분의 가문 역사는 창조된 것이었다. 예를 들면, 리아잔에서 온 귀족들은 타타르의 기원을 선호했고, 반면에 체르니고프와 트베르에서 온 귀족들은 리투아니아 출신이라고 주로 주장했다. 그 혈통을 알렉산드르 넵스키 휘하로 들어간 타타르족으로 거슬러 추적하는 이러한 계보들은 본질적으로 의심스럽다. 13세기에 인구의 이동은 러시아인들이 초원의 몽골족에게로 가는 것이었고, 그 반대는 아니었다. 더 나아가 칸국을 지칭할 때 사용하는 용어들인 볼샤이아 오르다Bol'shaia orda(대 칸국)와 졸로타이아 오르다Zolotaia orda(킵차크 칸국)는 시대착오적이면서 무언가 조잡하게 섞였음을 보여주는 징표다. 이러한 이유들로 인해 타타르의 기원을 보여주는 가장 유명한 계보─공작 체트Chet에서 시작된 구두노프Gudunov 씨족의 계보─는 신뢰할 수가 없

다.27 그들이 주장했던 것과는 달리 귀족 계급의 압도적인 대다수는 토착 러시아인들이었다.28

개종하고 혼인 관계를 맺으면서 철저하게 러시아화된 타타르족만이 러시아 사회에 동화될 수 있었기 때문에 차다예프Chaadaev와 같은 후손들이 아닌 이상 그들이 러시아 문화에 타타르의 영향력을 많이 전수할 수 있었다는 점은 의심스럽다. 역사가들은 로마 제국으로 게르만족이 흡수된 것, 비잔틴 제국으로 슬라브족이 흡수된 것을 서술하면서 '새로운 혈통의 유입'의 역할을 언급해왔다. 그런데 여기에는 인력과 자원의 관점에서 중요하다고 할 수 있는 거대한 인구 이동이 있었다. 이러한 비유는 흡수된 사람들의 유전자가 문화적 변화와 민족 차별의 변경 지대를 만들어냈음을 암시하고 있다. 아마 일부 러시아 귀족 가문들이 몽골 조상을 두고 있었고, 그 후손들 중 일부가 러시아 문화와 사회에 중요한 공헌을 했다고 말하는 것이 적절하다고 할 수 있다. 그러나 그러한 공헌들은 조상과는 아무런 관계가 없었다.

물론, 16세기 계보들의 진정한 중요성은 러시아의 가장 가혹한 정치적·종교적 상대에 대하여, 혈통이 훌륭하고 심지어 그렇게 되고 싶다고 생각했다는 놀라운 사실에 있다. 비록 계보가 작성되었을 당시에 실제로 이슬람교와 타타르족에 대한 적대감이 커지고 있었음에도 불구하고, 몽골족 조상이 게르만, 라틴, 그리스처럼 존경을 받았음은 분명하다. 이 자체는 타타르의 지배가 무너진 이후에도 어떤 종류의 사회적 영향력을 만들어내고 있고, 몽골족에 대해서 복잡하면서도 종종 모순적인 러시아인들의 태도를 반영하고 있다는 점에서 아마도 가장 흥미를 끄는 부분일 것이다. 대혼란의 시기 이후에는 타타르 혈통에 대한 유행이 명백하게 사라졌고, 그래서 이후 세기부터 작성되는 새로운 계보들에서는 좀처럼 찾아보기 어렵다.

통혼보다 훨씬 더 중요한 것은 타타르의 헤게모니가 러시아 정교 교회에 끼친 영향들이었다. 몽골족은 교회의 운명을 급진적으로 바꾸게 했을 뿐만 아니라 교회는 러시아인들의 삶―정치, 경제, 문화―의 핵심이었기 때문에 교회를 통해 러시아 사회 전체를 현저하게 변화시켰다. 당연히 교회도 정복 시기에는 고통을 겪었다. 그리스인 대주교는 러시아로부터 완전히 도망쳤던 것으로 보이고, 몇몇 고위 성직자는 목숨을 잃었다. 그러나 더욱 많은 사람이 용케도 생존했던 것 같다. 정신적·물질적 세력을 지키는 것 이외에는 다른 도리가 없었던 교회는 질서가 다소 회복되자마자 새로운 상황을 받아들이기 시작했고, 몽골 정복자들과 일종의 잠정적 협정을 추구했다.

이런 부분은 상상하기 그리 어렵지 않다. 샤머니즘을 믿었던 칭기즈 칸의 모든 종교에 대한 관용은 그의 유산의 일부분이었고, 킵차크 칸국은 14세기 초에 이슬람교로 개종한 이후에도 이러한 전통을 계속 존중했던 것이다. 몽골족은 교회에게 단지 칸의 건강을 위해 기도해줄 것만을 요구했고, 그 대가로 러시아 정교회 세력을 보호하고 그 성장을 촉진시켰다. 주교구主教區는 심지어 사라이에도 설치되었는데, 주교는 사라이에 있는 러시아인들의 정신적 수요를 만족시키고 몇몇 선교 작업을 감독했을 뿐만 아니라 킵차크 칸국과 러시아 교회 그리고 비잔티움 사이의 외교적 중개자로서의 역할도 수행했다.[29]

몽골 시기에 교회는 번영을 누렸다.[30] 칸들이 교회에 하사했던 엄청난 면세는 침략과 그 이후의 약탈 시기에 입었던 손실을 회복하고 그 어느 때보다도 번성할 수 있게 만들어줬다. 교회 소유의 땅이 가진 우선적인 경제적 지위는 농민 거주자들의 유입을 촉진시켰을 것이고, 이는 교회의 경제적 위상을 더욱 강화시켰다. 대부분의 사람이 추정하듯이 이전에는 대부분 이교도들이 살았던 농촌에 기독교가 처음으로 분명하게 들어갈 수 있었던 시기는 14세기였다.

『칸국의 차레비치, 피터의 이야기Povest' o Petre, tsareviche ordynskom』는 몽골족이 보호자로서의 역할을 했다는 느낌을 주고 있다. 이 이야기는 페트로프Petrov 수도원의 명성을 높이고 재산을 보호하기 위해 14세기에 기록되었다.[31] 이는 칭기즈 황실 가문의 개종한 몽골족인 피터가 어떻게 페트로프 수도원을 설립했는지에 대해 설명하고 있다. 몇 세대가 지난 후 수도원은 로스토프 공작들, 주변의 러시아 민중들, 수도원의 어획권漁獲權을 빼앗으려는 어부들에 의해 위협을 받게 된다. 절망 속에서 피터의 후손들은 칸들에게 판결해달라고 청원한다. 칸들은 당연히 수도원을 지지하는 판결을 내릴 사절을 즉각 파견한다.[32] 물론, 이 이야기 속에서 피터의 후손들과 칸들 사이의 혈연관계가 아주 중요했다는 점은 사실이다. 그럼에도 칸들은 명백하게 올바른 판결을 내리는 근원이고, 러시아의 악당들에 대항해 러시아 기독교를 보호하는 사람들이다.

그러나 교회가 타타르의 보호 아래에서 번성했음에도 불구하고, 성직자들은 보통 그들의 저술에서 몽골족을 통렬하게 비난했다. 교회의 후원 아래에서 혹은 대주교, 주교, 수도원과 같은 후원자들을 위해 기록된 연대기들과 성인聖人의 전기들은 타타르족의 폭력과 억압의 공포를 서술하는 데에 수고를 아끼지 않았다. 정복 기간에 목숨을 잃었던 러시아 공작들 혹은 반란을 일으켰다가 처형된 사람들은 종교적 순교자가 되었다. 블라디미르의 주교 세라피온의 설교들은 타타르 침입의 재앙적인 결과와 그 이후 러시아인들의 정신적 예속 상태를 표현하는 과정에서 상상의 여지를 남기지 않고 있다. 전체 몽골 시기에 걸쳐진 러시아 성직자들의 기록은 끊임없이 타타르 정복자들을 욕하고 있다.

러시아인들의 정신적·애국적 가치의 관리자이면서 타타르족 정책의 수혜자이기도 한 교회의 위상은 아주 곤란한 문제였다. 교회는 모든 몽골족이 즉시 지옥으로 떨어지라는 것과 (협정에 의해) 칸의 지속적인 건강을 위해 동시에 기도하는 것에서 그 역할을 찾았다. 이렇게 명백하게 모순적인 사안을 다루면서도 교회는 할 수 있는 한 최선을 다했다. 예를 들어서 체르니압스키가 주목했듯이 이교도 칸의 이름은 기도서에 적을 수 없었기 때문에 둘로 접는 기록판에 공백을 남겨두었고 성직자들이 이것을 소리내어 읽을 때에 구두口頭로 칸의 이름을 집어넣었다. 이 시기 성직자들의 자료들은 또한 칸과 '타타르족'을 구별하는 데에 신중을 기하고 있다.[33] 예를 들면, 성인들의 전기를 쓰는 작가들은 때때로 순교한 러시아 공작들에 대한 칸들의 책임을 해제하고자 했다. 트베르의 미하일 일대기의 많은 기록은 그의 처형에 대한 비난을 칸 우즈베크보다는 모스크바의 이반 칼리타 혹은 타타르 장군 카브가디Kavgadii에게로 돌리고 있다. 물론, 이러한 자세가 교회의 정책에서 서로 충돌하는 요소들을 만족스럽게 해결할 수 있었던 것은 아니다. 딜레마는 러시아에 대한 몽골족의 억압과 교회에 대한 관용·후원 사이에 존재하는 긴장에 그 뿌리를 두고 있었다.

몽골의 지배 아래에서 누렸던 이점들에도 불구하고, 교회는 이러한 상황으로부터 벗어날 수 있는 기회가 발생하면 기뻐했다. 러시아인들이 그 권력에 중대하게 저항할 수 있을 정도로 킵차크 칸국이 약화되기 시작했을 때 교회는 러시아 공작들을 최대한 지원해줬다. 1380년에 성 세르기우스St. Sergius는 마마이에 대한 투쟁에서 드미트리 돈스코이를 축복해줬고, 1480년에 주교 바시안Vassian은 이반 3세와 아흐메드 칸의 대결을 가장 호전적으로 옹호했던 사람이었다. 몽골족이 더 이상 교회를 보호할 수 있는 위치에 있지 못했을 때에 러시아 공작들은 종종 칸들보다는 덜 관대한 후원자가 되었다. 교회는 그 특권들을 유지하기 위해 투쟁해야 했던 것이다. 대주교와 모스크바 공국 대공들 사이에 맺어진 협상들 중 첫 번째(이 경우에는 아마도 키프리안Kiprian과 바실리 1세)에서는 칸들의 면세 조치가 있었음에도 불구하고 교회의 땅에 있는 마을들은 대공이 명령할 때마다 몽골식 세금을 납부할 것을 강요했다.[34] 교회는 자신들이 어떻게 대접받아야만 하는지에 대한 본보기로 몽골의 방식을 완벽하게 상기시키려고 했다. 그 목적을 촉진시키기 위해서 16세기의 성직자들은 교회에게 세금 면제권을 부여했던 몽골의 야를리크들yarliki을 번역하여 이를 배포했다.

킵차크 칸국이 여전히 강력한 세력이면서 교회의 주요한 보호자였던 때에도 러시아의 반란을 성직자들이 지원했다는 사실은, 몽골족이 독단적인 정치권력에 교회가 굴종할 것을 가르쳤다는 주장에 근거가 없음을 보여준다. 16세기의 유럽 비평가들은 러시아 정교회가 모스크바 공국을 추종하고 있다고 공격했지만, 이는 유럽 국가들의 역사를 망각해야만 할 수 있는 것이었다.[35] 러시아 교회는 페름Perm'과 훗날에 카잔과 시베리아에 대한 모스크바의 제국주의적 목표를 위해 봉사했는데, 이것은 이상한 일이 아니다. 십자군의 발렌시아Valencia에서 가톨릭교회는 식민주의의 권력기관이었다. 동유럽의 독일 십자군 기사들과 비잔틴 제국의 사람들은 정치적 동화와 통합을 위해 그들의 교회를 이용했다. 도처의 교회들처럼 러시아 정교 교회도 그 시대의 정치적 상황에 연루되는 것을 피할 수 없었다. 그래도 전반적으로 몽골 시기와 그 이후에도 교회는 무엇보다도 성례聖禮, 성찬聖餐의 역할을 중시했고, 부차적인 세속 정치를 아마도 회피하려고 했던 것 같다.36 교회는 세계의 '권력자'들과 최선의 타협을 하면서도 그 임무를 수행하기 위해 노력했다. 킵차크 칸국을 상대하면서 러시아 교회는 이 세계에 있으면서도 거기에 속하지 않은 기관으로서의 지위가 가진 고유한 어려움에서 벗어날 수 없었다.

역사가들은 러시아 사회에 한번쯤은 존재했던 모든 '단점'의 원인이 몽골족에 있다며 비난했고, 그래서 훗날 모스크바 공국의 특징이라고 할 수 있는 하나같이 강압적이었던 세 가지 세속적인 사회 제도를 몽골족의 탓으로 돌리는 것은 그리 놀랍지 않은 사실이다. 이 제도들 중 첫 번째는 테렘terem인데, 이는 모스크바 공국에서 여성의 지위 하락을 보여주는 전형적인 것이었다. 테렘은 여성이 격리되어 있는 궁전의 탑 혹은 고립된 구역이었다. 이러한 관습이 언제 발전했는지는 아주 불분명하다. 테렘이라는 단어는 키예프 시기부터 나오는데, 이 시기에 궁전의 탑이 여성의 은거隱居와 어떠한 관련이 있는지의 여부는 알 수가 없다. 원래 비잔틴 그리스 단어였던 테렘논teremnon은 특별한 구역을 의미하고, 그 이상의 뜻은 없다.37 어쨌든, 러시아인들이 여성을 격리시키기 시작한 시기와는 상관없이 애초에 몽골족은 이 문제와는 아무런 관련이 없었다. 유목민인 타타르족 사이에서는 테렘 혹은 이와 비슷한 제도가 없었고, 실제로 칭기즈 가문의 여성들과 칸들의 아내, 미망인들은 상당한 정

야코프 카프코프Yakov Kapkov(1816~1854)의 그림. 자니베크 칸이 지켜보는 가운데 맹인 의사가 왕비 타이둘라를 치료하고 있다.

치적 권력을 행사했다. 예를 들면, 칸샤 타이둘라Khansha Taidula는 대주 교 알렉세이Alexei에게 야를리크를 줬고, 트베르의 미하일이 그의 아들 을 위한 보호자를 찾고 있을 때에 그는 아들을 우즈베크의 아내에게 보 냈다.[38] 일부는 몽골의 공격 위협이 여성들을 보호하기 위한 테렘의 필 요성을 창출했던 것이라고 주장했다. 그러나 러시아 여성들이, 끊임없이 서로 다투는 러시아 공작들의 전사들보다 몽골 침입자들을 더 두려워했 을 것 같지는 않다.[39] 게다가 도시 전체를 없앨 수도 있었던 몽골족이 어 떠한 이유로 그런 결정을 내리게 되면 탑들을 쉽게 쓸어버릴 수 있었을 것이다. 그래서 타타르족은 실제로나 간접적인 영향으로나 모스크바 공국 사회의 여성 격리에 기여하지 않았다.[40] 테렘은 16세기 모스크바 공국의 엘리트가 새로 도입한 것으로, 새로운 러시아 군주의 결정으로 생겨난 사회적 긴장의 산물이었을 개연성이 높다.

킵차크 칸국이 16세기 모스크바 공국의 억압적인 제도에 모델을 제공했다고 여겨지는 두 번째 점은 카발라 노예kabal'noe kholopstvo다. 빚을 져서 노예가 되는 이러한 방식 속에서 노예들은 아마도 빚을 탕감하기 위해 정해진 가격으로 스스로를 팔았고, 그 이후에는 납세의 의무로부터 해방되었다. 몇몇 경우에 카발라 노예를 사는 것은 적어도 이론적으로 누군가 빚을 갚아줄 수 있는 경우로 제한되어 있었다. 카발라라는 단어는 아랍어에서 온 것이고, 그래서 이는 킵차크 칸국으로부터 혹은 킵차크 칸국을 통해서 나온 영향을 암시하는 것일 수도 있다. 그러나 킵차크 칸국에 이러한 노예에 대한 자료가 거의 없는 상황에서 모스크바 공국의 카발라와 몽골의 원형이라고 추정되는 것을 비교할 수는 없다. 어쨌든, 카발라는 모스크바 공국에서 빠르게 발전했고 유목 경제보다는 농업 경제에서 더 잘 적응했음은 원래의 타타르 제도가 무엇이었든 간에 그것을 크게 변화시켰다는 것이었다.[41]

마지막으로, 타타르의 멍에로부터 벗어나기 위해 러시아인들이 치렀던 대가가 농노제였음을 주장하는 이론이 있다.[42] 그러나 농노제가 15세기 중반에 러시아에서 발전할 때에 몽골의 위협은 이미 감소하고 있었다. 1649년의 울로제니예Ulozhenie(법전)는 러시아의 대외 정책이 서방을 재조명하고 난 지 한참 뒤에 농노제를 명확하게 규정했다.[43]

지금 언급했던 세 가지 제도들은 몽골 세력의 분열 이후 모스크바 공

농노제가 정착되어가던 15세기 후반 수확이 끝난 러시아의 가을엔 '유리의 날'이라는 기념일이 있다. 이날을 전후한 2주간 러시아 농노들은 한 지주에서 다른 지주에게로 자유롭게 이동할 수 있었다.

국의 대공들이 스스로를 전제적 차르로 자리매김하면서 나타난 거대한 사회적 변화의 일부분으로서 발생한 것이었다. 교회와 귀족들은 이 변화를 통해 바뀐 관계를 무조건 받아들여야만 했다. 이 시기에 국가는 실질적으로 두 부류의 완전히 새로운 사회적 집단을 창조했는데, 하나는 영지pomest'e를 수여받은 군사적 시종들이라고 할 수 있는 신사dvoriane였고 또 하나는 모스크바 공국의 서류 임무를 맡았던 전문 관료들인 '서기들 d'iaki'이었다. 농민들은 농노제라는 더욱 깊은 수렁으로 가라앉았다. 초기 근대 유럽 국가의 모델에 따른 중앙집권화, 관료제화, 세속화, 자원의 운용 이 모든 것은 외국인 혐오, 편협함, 이단에서 배출구를 찾게 만든 사회적 긴장을 조성했다. 그리고 결국 17세기 초 대혼란의 시기에 농민, 노

니콜라이 네브레프의 「농노 소녀의 거래」

예, 코사크족Cossacks의 거대한 반란으로 특징지어지는 사회적 병리 및 사회 질서의 총체적 붕괴가 나타났다.

러시아 사회사의 이러한 복잡한 모든 발전은 내부의 과정 속에서 발생한 것이었고, 아직도 남아 있는 타타르의 영향을 어떤 방식으로도 반영하고 있지 않았다. 몽골족은 독단적인 권위에 대중이 겁먹은 상태로 복종하도록 몰아넣지 않았고, 농민들의 농노화가 일어나게 하거나 강요하지 않았다. 만약에 몽골족이 카발라 노예의 모델을 제공했다고 한다면, 그것은 모스크바 공국에 알려진 다양한 노예 형태 가운데 하나였을 뿐이었다.

그래서 러시아 사회에 끼친 몽골의 영향은 일시적인 것이었다.(거의 3세기에 걸친 기간을 일시적인 것으로 간주할 수 있다면 말이다.) 그럼에도 이 영향은 중요했다. 러시아를 정복하면서 타타르족은 러시아인들의 삶에서 수정을 할 수 없는 고정 부품이 되었다. 러시아인들은 스스로의 이득을 증진시키고 위험한 이교도들을 뜻밖에 자극하는 일이 없도록 만들기 위해서라도 그들 통치자들의 언어, 관습, 관행을 익혀야만 했다. 이러한 적응의 과정에서 러시아-타타르의 사회적 관계는 다소 우호적인 다양한 협조적 교류를 포함하게 되었다. 예를 들면, 몽골 칸은 러시아 공작의 인자한 장인丈人 혹은 러시아 수도원의 정당한 보호자가 될 수도 있었던 것이다. 이러한 일들이 발생하는 상태 그 자체가 중세 러시아 사회사의 중요한 현상을 구성했다.

중세 러시아 문인들 그리고 아마도 모든 러시아 사회의 입장에서 이러한 현상은 달갑지 않은 것이었다. 실용적인 사회적 관용은 이교도들과의 접촉에 대한 러시아 정교회의 금지 조항을 어기게 만들었다. 세계주의는 기독교도의 삶과 윤리가 가진 의심의 여지가 없는 우월함과는 조화를 이룰 수 없었다. 문인들의 대응은 종교적 적대감이라는 단색의 렌즈를 통해 복잡하고 다채로운 사회적 현실을 조망함으로써 이를 단순화시키는 것이었다. 물론, 이 장에서 인용한 사료들에서 보이는 것처럼 두 민족 사이를 통과하는 사회적 관계의 진정한 다양성을 보여주고, 타타르족 개인이 고귀함, 정직함 혹은 단순히 인간성을 가질 수도 있다는 점을 드러내는 시선이 가끔씩 존재한다. 그러나 이러한 착오는 기독교 신의 불가사의한 작업 결과라고 설명될 수도 있고, 타타르족은 여전히 타타르족이고 그들의 방식은 혐오적인 것이라는 사실을 부정하는 행위는 결코 용납되지 않았다. 민족-종교적 접경을 가로지르는 실용적인 사회적 관계는 종교적 편견으로 감추어졌고, 침묵의 이데올로기로 가려져버렸다. 접경이 사라졌을 때, 종교적 적개심과 충돌했던 사회적 관계도 없어졌다.

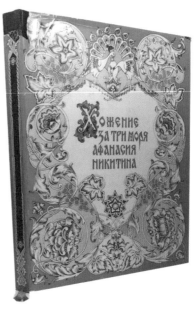

아파나시 니키틴의 『세 개의 바다를 넘는 항해』

이제 언급할 마지막 기록은 비록 타타르족을 특정하게 다루는 것은 아니지만 이교도들에 대한 러시아인들의 태도를 가장 잘 드러내는 것이다. 이것은 트베르의 상인 아파나시 니키틴Afanasii Nikitin이 쓴 『세 개의 바다를 넘는 항해Khozhenie za tri moria』라는 기록이다. 이 놀라운 회고록은 15세기 후반에 페르시아, 인도로 갔던 그의 여행담을 기록하고 있고, 이교도 무슬림들이 있는 동방에서 살았던 동시대 러시아인에 의해 저술된 가장 풍부하면서도 충분한 기록이다.[44] 니키틴은 더욱 이국적인 곳으로 가는 도중에 킵차크 칸국만을 통과했지만, 그와 함께 거주했던 무슬림들에 대한 그의 반응은 더욱 가까이에 있던 이교도 이웃들에 대한 더 많은 러시아인의 반응 실체를 훌륭하게 잡아내고 있다. 그래서 약간의 손재주만 부려 우리는 니키틴의 모험을 통해 지금까지의 논의에 대해 결론을 내릴 수 있다.

아마도 이것이 니키틴의 가장 긴 여행담이겠지만, 여기에서 서술되고 있는 그의 항해가 동방을 향한 첫 번째 여행은 아니었다. 실제로, 동방에 대한 그의 지식은 워낙 방대해서 그는 호라산Khorassan의 무슬림처럼 가장하여 들키지도 않고 통과할 수 있었다. 이를 위해 그는 무슬림처럼 말하고, 옷을 입고, 행동하고, 심지어 기도하는 것까지 필요했고 부활절은 무시해버리고 라마단 기간에는 금식을 해야 했다. 그의 동화됨은 너무나 완벽해서 심지어 러시아어로 회고록을 저술할 때에도 그는 간간이 동방의 페르시아어, 투르크어, 아랍어의 사투리를 무심코 적고 있다. 그러나 그가 무슬림 사회를 특별히 잘 알고 그에 동화되었다고 하더라도 니키틴은 계속 스스로를 이방인이라고 인식했다. 그는 원래 쓰던 언어, 관습, 심지어 종교까지도 선택이 아니라 필요에 의해 포기했고, 무슬림 세계에 대한 그의 지식이 무슬림 세계나 [그것에 동화된] 스스로에 대한 경멸을 지울 수는 없었다. 무슬림이 아닌 자가 교역의 이득을 얻는 것을 막기 위해 상업 규칙을 조종하는 인도의 사악한 무슬림 상인들을 비난하면서 니키틴은, 여기에서 교역을 원하는 러시아 상인들은 신앙을 집에 두고 오라고 훈계했다. 무슬림 사회를 향한 니키틴의 감정에 잠재해 있는 애매모호함과 모순성은 그에게 안정감을 주지 못했고, 고향으로 돌아오는 길에 불안에 사로잡힌 그는 한 수도원에 머물며 회고록을 편집하면서 속죄를 시도하지만, 끝내 그곳에서 사망하고 말았다.

니키틴의 반응은 이교도 문화와 강제적으로 접촉해야 했던 러시아 사회의 광범한 경험을 아주 의미심장한 방식으로 반영하고 있다. 동방의 무슬림들 사이에서 니키틴이 그러했던 것처럼, 타타르 사회에 철저하게 동화된 러시아인들이 있었다고 해도 확실히 극소수였을 것이다. 하지만 많은 러시아 공작, 귀족, 성직자, 장인, 상인은 그들의 정치적·종교적·재정적 목적을 위해 킵차크 칸국과 긴밀히 접촉했다. 니키틴처럼, 그들은 철학적으로 중대한 난제를 희생시키면서 그들의 문화와 종교의 가장 강력한 금지 조항의 일부를 직접 위반했다. 니키틴처럼, 러시아 사회는 이교도들에 대해 알 필요가 있는 많은 것을 익혔고, 깊게 뿌리박힌 편견을 모두 극복하지 않고서도 무엇이든지 조정하는 것이 필요했다. 그 결과, 몽골의 사회적 영향력은 몽골 시대와 함께 끝났다.

10장

×

문화생활

단지 경제적인 이유만을 언급한다면, 몽골의 정복이 러시아의 문화생활, 문학, 예술, 건축에 끼친 초기의 영향은 가혹했다. 1237~1240년의 파괴적인 원정과 이후의 혹독한 세금은 이 지역의 부를 철저하게 고갈시켰고, 그 결과 러시아의 문화 활동의 대부분이 이루어지지 못했다. 가장 눈에 띄고 비용이 많이 드는 교회 건설이 실질적으로 100여 년 동안 중지되었다는 사실은 그리 놀라운 일이 아니다.(지역에 따라 예외도 있는데, 몽골 공격의 예봉을 피한 노브고로드와 로스토프, 갈리시아-볼히니아가 그렇다.[1]) 수공업의 많은 전통이 쇠퇴했고 그중 일부는 영원히 사라졌다. 몽골의 휘하로 징발되지 않은 수공업자들은 고객들이 어려운 시기에 빠져있음을 알았던 것이다. 러시아의 문화생활에 피해를 끼친 요소가 경제적 잉여의 소멸만 있던 것은 아니었다. 몽골족이 드네프르강 유역의 도시들을 체계적으로 약탈할 때 키예프 공국의 주요한 모든 도서관이 거의 다 사라졌다.(여기서도 노브고로드는 예외다.) 러시아의 문화적 발전에 대한 이 손실의 결과는 추산할 수도 없지만, 수백 년 동안의 문화적 업적을 포함한 문서들이 실제로 하룻밤 사이에 사라진 일은 그 이후 심각한 문화적 후퇴를 불러왔음이 틀림없다.

정복 기간에 겪었던 손실이 심각했지만 만회할 수 없었던 것은 아니었다. 그리고 러시아의 문화생활에 대한 전망이 획일적으로 혹독했던 것도 아니었다. 이를 보여주는 가장 주목할 만한 사항은 러시아 문인들이 여전히 활동적이었다는 점이다. 전형적으로 정복 이후에는 뒤늦은 반응으로서 읽고 쓰는 능력의 쇠퇴가 수반되는데, 정복 시기에 이미 교육을 받은 세대가 그 후계자를 찾지 못하는 것이다. 이러한 점은 게르만의 침략 이후 로마 제국에서 발생했던 패턴이기도 했다. 그러나 러시아에서는 읽고 쓰는 능력이 감소하지 않았고[2] 문학 작품의 출간이 정복 기간이나 그 이후에도 결코 중단되지 않았다.

러시아 문학의 질도 저하되지 않았다.[3] 이와 반대되는 주장은 내용이 빈약하고 간단한 로렌티아 연대기라는 단일한 문헌 증거에만 과도하게 의존하고 있다. 이 문헌은 단일한 형태로 보존되었으나 결점이 있는 필사본이고, 바투의 원정 이후 반세기 동안에 블라디미르-수즈달리아 공국에서 나온 유일한 현존 연대기이다. 키예프 시기에 활발하게 나온 연대기들과 비교해보면, 틀림없이 불충분하고 인상적이지도 않지만 13세기 후반 러시아 문학의 질을 로렌티아 연대기 하나만 가지고 판단할 수는 없다.[4] 실제로, 옛 러시아 문학의 가장 흥미로운 문헌들 중 다수가 이 시기부터 출현하고 있다. 러시아 동북부의 다른 도시들도 계속 연대기를 만들어냈다. 문헌에 대한 분석을 통해 로렌티아 연대기에 다른 연대기의 일부, 특히 블라디미르와 로스토프 연대기들의 흔적이 드러났다. 연대기 저술 또한 갈리시아-볼히니아와 노브고로드에서 쇠퇴하지 않고 지속되었다. 13세기에 나온 세 개의 모든 중요한 연대기들(로렌티아, 갈리시아-볼히니아, 노브고로드)은 1237~1240년 몽골의 원정에서 벌어졌던 사건들을 설명하는 동시대의 문학적 설화들을 포함하고 있다. 13세기 후반부터 나온 다른 문헌들로는 『러시아 지역의 파괴에 대한 이야기Slovo o pogibeli russkoi zemli』, 체르니고프의 미하일 일대기, 알렉산드르 넵스키 일대기, 블라디미르의 주교 세라피온의 설교, 『바투에 의한 리아잔 파괴 이야기』의 몇몇 부분이 포함된다. 러시아 전 지역의 작가들은 사실상 다양한 장르를 통해 훌륭한 문학적 자질을 드러내고 있었던 것이다.

키예프 시기의 러시아 문학은 러시아와 가톨릭 유럽 사이에 활발한 접촉이 있었음에도 불구하고 결코 러시아의 서구 이웃에 신세를 그리 많이 지지 않았다. 11세기와 12세기 러시아의 원본 저작들에는 프랑스 혹은 이탈리아의 영향이 나타나지 않고,[5] 스칸디나비아와 독일 라틴 문학도 결코 러시아의 문학 풍조에 들어오지 못했다. 그래서 몽골족이 러시아 문학을 고립시켰다고 하더라도(혹은 이 점에 대해서는 러시아 문화까지도) 그 영향은 무시해도 될 것 같다.

대신에 중세 전반에 걸쳐 러시아의 문화적 영감은 비잔티움에서 나왔다. 13세기에 얼마 동안 비잔틴 제국과의 접촉이 뜸해졌는데, 이는 몽골족 때문이 아니라 1204년에 프랑스인, 이탈리아인으로 구성된 4차 십자군이 콘스탄티노플을 약탈하고 제국을 분할했기 때문이었다. 총대주교는 소아시아의 니케아Nicea로 도망갔고, 이후에 킵차크 칸국은 실제로 러시아와 니케아 대주교 사이의 소통을 촉진시켰으며 새롭게 임명된 사라이의 주교를 파견하여 3개 세력 사이의 중개자 역할을 하게 만들었다. 1261년에 비잔틴 제국이 복원되면서 정신적·문화적인 모국母國과 러시아의 접촉이 재개되었다. 결코 완벽하게 이해할 수 없는 이유들 때문에 정교회 슬라브족은 키예프와 몽골 시기 동안에 비잔틴 문화의 세속적인 요소들, 즉 고전 그리스의 유산은 획일적으로 거부했다. 신성한 언어인 옛 교회 슬라브어로 된 기독교 기도문을 받으면서 그리스어를 익힐 필요가 없어졌고, 종교적인 중요성이 없는 고전 그리스의 문헌들은 회피했던 것 같다.

러시아가 르네상스를 '놓치게' 만든 것은 몽골족이라는 푸시킨Pushkin의 비평은 중세 러시아 문화의 기본적인 사실들과 조화를 시킬 수가 없다.6 러시아는 결코 로마 제국의 일부분이 아니었고, 가톨릭교도도 아니었으며 중세 라틴어권의 범위에도 속하지 않았다. 실제로, 서방과 가장 긴밀하게 접촉했던 러시아의 지역들에서도 라틴 가톨릭교도들에 대한 일반적인 편견이 만연했고, 이는 노브고로드 연대기에 명백하게 나타난 적대감을 통해서도 분명하게 드러난다.7 러시아 지식인들은 그들의 것이 아니었던 고전 라틴의 유산이 부활하는 경향에 참여할 수 없었다. 르네상스는 본질적으로 라틴계의 서구에서 나타난 현상이었다. 몽골족이

알렉산드르 푸시킨.

러시아 기독교도들을 나머지 유럽 문명으로부터 단절시키고, 러시아의 서구 이웃들이 도약하는 동안에 러시아는 암흑의 시대에 머물게 만들었다는 널리 퍼진 개념을 진지하게 받아들일 필요는 없다.

러시아의 '르네상스'가 도래했을 때에 그 모델들은 비잔틴, 정교회 남슬라브족(세르비아인, 불가리아인), 그리고 과거 키예프에서 온 것이었다.[8] 이러한 문화적 부활의 시기는 14세기 중반에 시작되었다. 교회 건설이 도처에서 재개되었는데, 특히 몽골족에 의해 육성된 동방 무역과 직접적으로 관련된 도시들―모스크바, 트베르, 노브고로드, 니즈니 노브고로드―에서 성행했다. 동북부에서는 많은 공작, 도시, 성직자 기관(예를 들면, 대주교의 관청)이 새로운 연대기들을 후원했다. 12세기에 시작되었던 풍조를 계속 이어나갔던 이러한 지역 연대기들은 어느 정도의 지방주의적 사고방식을 반영하고 있다. 도시의 서부와 많은 접촉을 했던 노브고로드의 13세기 연대기조차도 노브고로드 지역 바깥에서 일어난 사건들에 대해서는 별다른 관심을 두지 않는다. 그러나 연대기들의 지방에 국한된 특성[9]과 지역적으로 나타나는 문체의 변형에도 불구하고, 14세기와 15세기의 문화적 번성은 러시아 전체에서 나타난 현상이었다.

러시아 문학은 언어학적 창의성, 문학적 과도함, 인간의 본성에 대한 더욱 인본주의적인 개념을 가진 더 순수한 교회 슬라브어의 부활이라는 현상과 만나게 되었고, 이것이 고도로 표현된 것은 성인 전기 작가인 에피파니 현자賢者, Epifanii Premudrii의 저작이었다. 예술 분야에서는 안드레이 루블료프Andrei Rublev의 뛰어난 프레스코화와 성상聖像이 신비하고 감상적인 비잔틴의 요소와 슬라브의 신비한 정적주의(수도원의 동향)를 상기시키는 역할을 발휘했다. 정체되어 있는 문화는 그 능력으로 독특한

풍조를 생산해내지 못한다.[10]

비록 킵차크 칸국은 이 시기에 러시아의 정치적 생활에 엄청난 영향을 끼쳤지만, 러시아 르네상스의 문화는 타타르의 영향력으로부터 분명히 벗어나 있었다. 이는 과거의 역사가들이 주장하는 것처럼 몽골의 문화가 열등하거나 아예 존재하지 않았음을 의미하는 것이 아니다. 반대로, 몽골의 문화는 이슬람교로 개종한 이후나 그 이전에 내륙 아시아 유목민으로서의 특징을 가지고 있었을 때나 풍부하고 다양했다. 불행하게도 이전 문화의 유물이 거의 남아있지 않다. 유목민의 생활은 운반이 가능한 문화를 필요로 한다. 텐트는 주변 환경에 흔적을 남기지 않고, 구전 문학은 어떤 사람이 문화적 변형을 경험할 때에 이를 적어두지 않으면 재빨리 사라질 수도 있다. 스키타이의 금세공품을 제외하면 근대 비평가들의 관심을 받는 중세 유목민의 예술품은 여전히 발견되고 있지 않지만,[11] 유목 문화가 후진적인 것은 결코 아니었다. 내륙 아시아 유목민들은 슬라브족보다 먼저 기록 문학을 발전시켰는데, 오르콘Orkhon강의 비문碑文은 최초의 슬라브어 알파벳(성인 키릴Cyril과 메토디우스Methodius에 의해 발명된 글라골 문자Glagolithic)보다 한 세기 정도 앞선 시기의 것이다. 『몽골비사』는 역사, 민속, 신화가 풍부하게 결합되어 있는 작품이고, 확실히 로렌티아 연대기보다 낫다.

14세기 초에 킵차크 칸국이 이슬람교로 개종했을 때, 몽골족도 고대의 세련된 무슬림 문화 전통의 후계자가 되었다. 볼가강에 있던 그들의 대도시 사라이에서 몽골족은 완벽하고 '수준 높은' 무슬림 문화를 발전시켰다. 포장된 도로, 모스크, 이슬람 신학교, 상인들이 묵는 숙소들이 있었던 사라이 그 자체로도 무슬림 동방의 대도시들과 비교할 가치가 충분했다.(고고학적인 증거는 이집트, 중앙아시아의 호레즘으로부터 아주 강력한 영향을 받았음을 보여준다.) 14세기에 몽골족은 확실히 아랍어로 문학, 시, 종교 해설 등을 기록했지만, 불행하게도 현존하는 것이 없다. 15세기의 타타르 작가들은 새로운 방언인 차가타이 투르크어로 문헌을 생산하기 시작했다.

러시아 문화가 몽골의 영향력으로부터 자유로울 수 있었던 것이 킵차크 칸국의 문화가 열등했기 때문은 확실히 아니었다. 물론, 부분적으로는 러시아인들이 모스크를 짓기 위한 더 좋은 방식 혹은 코란에 대한 새로운 해석을 그저 찾지 않은 것일 수 있다. 러시아인들은 새로운 행정적·관료적 제도를 필요로 했고 눈에 띄지 않을 정도로 이를 받아들일 수 있었던 반면에, 문화생활의 측면에서 몽골의 모델은 많은 경우에 적용할 수 없었고, 거의 모든 경우에서 활용이 불가능했다. 중세 러시아 사회의 예술은 꼼짝없이 종교적 신앙과 역할에 매여 있어서 이교도의 영향력이 통과할 수가 없었다. 신중한 결정 아래에서, 통치와 같은 세속적인 분야에서 몽골은 좋은 모델이 되었지만 건축과 예술 부문에서는 종교적 금기가 몽골 방식의 통합을 거의 불가능하게 만들었다. 종교적인 요소에 그리 가치를 두지 않았던 사람들이 만든 극소수의 장식들은 러시아의 수공예로 편입되었지만, 정교회 기독교는 러시아의 문화생활 대부분이 킵차크 칸국의 영향력으로부터 벗어나 있도록 유지시켰다.

이러한 패턴과 관련하여 가장 주목할 만한 예외적인 현상은 러시아의 까다로운 종교적 감수성을 인정하지 않는 것이 아니라 실질적으로 그것을 승인하고 보여주는 방식으로 나타났다. 다수의 옛 러시아 문헌은 아르메니아, 조지아, 투르크, 페르시아, 아랍에 그 원형이 있음이 입증되었다. 그러나 이러한 것들은 모두 그리스어, 라틴어, (남)슬라브어와 같이 수용 가능한 언어로 매개되어 번역이 이루어져야만 했고, 철저하게 기독교적 관용구로 손질된 이후에 러시아로 들어올 수 있었다. 그래서 알렉산드리아드Alexandriad의 알렉산더와 심지어 바를람Barlaam과 조아사프Joasaph의 이야기에 나오는 부처도 기독교의 성인으로 등장한다. 러시아 문인들은 아마도 이러한 이야기들이 이교도들로부터 유래한 것임을 거의 알지 못했을 것이다.

러시아 지식인들이 '삭제된' 형태가 아닌 동방의 다른 문학적 전통에 대해서 쓸모가 있음을 느끼지 못했다면, 이는 불가능해서 그랬던 것이 아니라 내키지 않았기 때문이었다. 이교도들을 정규적으로 상대했던 러시아인들은 필요에 따라 동방의 언어를 숙달할 수 있었다.(아파나시 니키틴이 좋은 예다.) 게다가 러시아인들은 그들의 수요를 위해 수용 가능한 문헌들을 마련하는 데에 있어서 상당한 능력이 있음을 보여줬다.(좋은 실례는 비잔틴 제국 서사시인 「디게니스 아크리타스Digenis Akritas」다. 비록 이 작품에서 그리스와 아랍 접경에서의 삶에 대해 묘사하고 있는 것은 러시아에서 익숙한 감정을 생각나게 했음이 틀림없지만, 러시아어 '번역'은 이를 잘 개작하여 서술하고 있다.[12]) 여전히 문인들은 동방의 문헌들을 인식할 수 있을 정도로 받아들이는 것에 자신들의 재능을 사용할 마음이 없었다. 아마도 정복의 결과 러시아 독자들은 '동방'을 배경으로 하는 이야기들에 대한 취향을 발달시켰겠지만,[13] 종교적인 이유 때문에 실제의 것은 받아들일 수 없었다.[14]

15세기 후반이 되면, 러시아로부터 초원으로 흘러들어가는 세금의 양이 줄어들었고, 모스크바 공국의 엘리트는 더욱 야망에 찬 문화적 사업을 추진해나갔다. 몽골 시기 동안에 지어진 교회들은 키예프 시기의 교회에 비해서 규모가 작았는데, 이는 틀림없이 비용 문제 때문이었다. 이제 자유로워진 모스크바 공국은 웅장한 규모로 기념비적인 건축물을 후원하기 시작했고, 새로운 문화적 영감을 추구했다. 호레즘 혹은 사라이를 방문했던 많은 러시아인은 중앙아시아와 킵차크 칸국 무슬림의 건축을 직접적으로 알았고, 예를 들어 티무르의 묘는 건축학적으로 르네상스 교회들과 어깨를 나란히 할 정도다. 그러나 모스크바 공국은 대신에 기독교 유럽(가톨릭이었음에도 불구하고 말이다)으로 시선을 돌렸다. 이반 3세는 이탈리아로부터 피오라반티Fioravanti와 다른 건축가들을 데려오면서 러시아가 고립되어 있지 않음을 증명했다.[15] 물론, 이 선택은 장점에도 불구하고 이교도의 요소들을 예술에서 엄격하게 배제하는 러시아의 전통을 자연스럽게 지속시킨다는 측면에서 보면 불가피한 것이었다.

  몽골족은 러시아 경제를 황폐화시켰고, 키예프의 도서관들을 파괴했으며 러시아인들의 삶에 지배적인 요인으로 계속 남아 있었다. 몽골족이 러시아의 문화생활에 끼친 영향은 컸지만, 러시아의 신앙으로 인해 그 힘은 미미했다.

11장

결론

몽골 시기에 중세 러시아는 두 개의 광범하면서도 조화되지 않는 세계 사이에 우연히 자리하게 되었다. 서구의 입장에서 생각해보면, 러시아는 유럽 기독교 세계에서 멀리 떨어진 가장자리에 놓여 있었고 접경에서도 가장 먼 거리에 있었다. 동방의 입장에서 관찰해보면, 러시아는 중국해 中國海로부터 모든 방향으로 뻗어있는 거대한 몽골 제국의 영역에서 가장 서쪽으로 떨어져 있는 곳이었다. 이 두 영역의 일부분이면서도 아직은 완전히 소속되지 않았다는 점이 중세 러시아가 직면한 수수께끼 중의 하나였다. 문화적으로는 비잔티움 및 서구와 연결되어 있고, 정치적으로는 이교도와 훗날의 무슬림이 거주하는 동방과 연계되어 있던 킵차크 칸국 치하의 러시아는 동방과 서구의 관점에서 보면 변칙적인 존재였다.

　게다가 중세 러시아는 종종 눈에 보이지도 않는 정복자들에 의해 정복된 땅이었다. 흑해와 카스피해 초원의 거대한 목초지는 러시아와 충분히 가까운 곳에 있는 대규모의 유목민 군대를 먹여 살릴 수 있었고, 그래서 몽골족은 직접적인 점령이 불필요하다는 것을 알았다. 그 결과는 러시아의 역사 그리고 러시아의 역사 저술 측면에서 현저하게 나타났다. 이와는 달리, 유럽과 중동의 기독교-무슬림 정복 사회들과 몽골의 영역에서는 정복자들이 소수의 귀족 계급이 되어 피정복민들에 에워싸인 채 거주했다. 정복한 땅에 거주하는 군주들은 이윽고 자신들이 지배하는 사람들의 문화적 특성의 일부를 받아들이는 경향이 있었다. 예를 들면, 중국 원나라의 몽골족은 서예를 배웠고, 중국의 시를 이해했지만 킵차크 칸국의 몽골족 대부분은 여전히 말안장에서 낮을 보냈고 텐트에서 밤을 지새웠다. 그 결과 러시아는 여전히 치명적인 기병이었던 몽골족에 장기적으로 예속되었고, 문화적 차용이 일어났을 때에는 몽골족이 영향을 받은 것이 아니라 오히려 러시아인들이 정복자인 몽골 영향을 받았다.

킵차크 칸국에서 러시아의 지위가 가진 또 다른 영향은 곧바로 명백하게 드러나지는 않았다. 정복 전쟁으로 인해 철저하게 황폐화되고, 토벌과 기분 전환을 목적으로 하는 침략에 의해 약탈을 당하기도 했고, 과중한 세금을 납부하면서 혹사를 당하기도 했지만 그럼에도 불구하고 러시아는 스스로의 지혜를 어느 정도 남겨두었다. 이는 침묵의 이데올로기라는 독특한 변형을 만들어낼 수 있게 했다. 이미 러시아는 중세의 민족-종교적 접경에 광범하게 퍼진 지적 전통 영역의 일부분이었고, 이 속에서 이교도와의 이로운 협조라는 현실이 종교적 이데올로기를 침해해서는 안 되었다. 키예프 시기의 또 다른 유산 중의 하나는 종주권의 변화를 결코 드러내지 않으면서도 초원 민족들과의 교류를 묘사하는 단어였다. 그래서 러시아가 몽골 제국에 합병된 뒤에 몽골족이 대부분 철수했을 때, 러시아 문인들은 그들의 패배라는 끔찍한 이념적 문제와의 직면을 회피할 절호의 기회를 잡게 되었다. 사회의 종교적 토대가 위험에 처했을 때 현실을 무시해버리는 것에 이미 익숙해진 러시아 작가들은 어떠한 실질적인 변화가 발생했음을 은연중에 부정하는 언어를 쓰면서 그들이 예속되었던 역사를 기록했다. 실제로 극소수의 몽골족만이 러시아 삼림 지대에 살고 있었기 때문에 러시아 문인들은 러시아가 독립을 유지하고 있다는 허구를 계속 주장할 수 있었던 것이다.

이 책을 통해 필자는 러시아 지식인들이 진실을 마주하기를 꺼려했음을 두 가지 이유를 통해서 강조했다. 첫째, 침묵의 이데올로기는 상당히 흥미를 끄는 역사적 현상이고, 그 자체적으로도 연구의 가치가 있다. 둘째, 특히 침묵의 이데올로기가 가장 기이한 발전을 이룩했다고 말할 수 있는 러시아에서는 역사 기록에 끼치는 영향이 막대했다. 이는 러시아와 킵차크 칸국의 역사에서 흥미를 끄는 측면 그 이상이다. 이렇게 독특한 지적인 태도를 분석하여 염두에 두는 것은 사실 몽골 지배 시기 러시아에 대한 우리의 중요한 정보 출처로 남아 있는 중세 러시아 문헌들을 의미 있게 읽어내기 위한 절대적인 필수 조건이다. 우리가 중세의 작가들이 세계를 바라보는 시선의 규범을 알지 못한다면, 우리 스스로 단지 왜곡되어 있는 세계만을 볼 수밖에 없을 것이다.

과거에 작성된 모든 기록을 신중하게 해석하고 주의 깊게 받아들여야만 한다는 점은 여기에서 다시 진술할 필요가 없고, 혹은 그런 필요성이 있어서도 안 된다. 그러나 계획적이면서 오래 지속된 정책의 결과로 인해 중세 러시아의 사료들이 특히 오해를 불러일으키고 있고, 편견 혹은 무관심으로 인해 이후의 역사가들이 종종 기꺼이 오해를 받아들인다는 것은 여전히 사실이다. 문화적 편견을 가지지 않은 역사가는 없고, 러시아의 많은 역사가는 기독교의 보루이자 비잔틴 문명의 후계자였던 러시아 사회가 아마도 가장 나쁜 점은 제외하더라도 거처가 없는 유목민들의 영향을 받았을 수도 있다는 점을 인정하기를 꺼려한다. 역사적 기록의 성격과 관련된 상황들과 몇 세기 동안 지속된 선입견의 유감스러운 조화는 많은 역사가가 몽골 시기에 러시아 사회가 생기를 잃은 상태에 놓이고 혹은 문화적, 경제적 침체에 빠졌다고 결론을 내리게 만들었다. 이러한 지적 풍토는 거의 전반적으로 러시아 중심의 관점을 가지고 있을 뿐만 아니라 아주 기만적인(필자는 이를 드러내기 위해 애를 썼다) 증거들을 무비판적으로 받아들이는 데에 특히 공헌하고 있다.

킵차크 칸국의 일부분으로서 러시아의 존재에 대한 좀처럼 바뀌지 않는 이미지는 여전히 남아 있고, 이는 중세 러시아 지식인들이 기독교 이데올로기—혹독한 억압과 격렬한 저항이라고 하는 단순한 관점—와 조화시킬 수 있었던 것이었다. 게다가 러시아의 문헌들을 액면 그대로 받아들이면서 이에 과도하게 의존하는 것은 필연적으로 역사가들이 거의 러시아의 동기와 능력의 관점으로만 몽골 시기의 사건들을 해석하게 만들었다. 이러한 접근은 킵차크 칸국의 다양한 세력과 동기들—중세 러시아인들은 결코 이룩할 수 없었던 것—을 무시해버리는 실수를 저지르게 한다. 킵차크 칸국 관료제의 발전, 대외 정책 그리고 내부 정치는 모두 러시아에 엄청나게 중대한 영향을 끼쳤고, 이 시대를 바라보는 분명한 관점의 일부분이 되어야 한다.

몽골 시기 러시아인들 삶의 더욱 정확한 모습을 찾아내고, 종종 적대적이었지만 결코 항상 그렇지는 않았던 두 민족 사이의 복잡하고 다면

적이면서 장기적으로 지속된 관계를 고려하는 것이 이 책의 목표였다. 러시아 공작들은 대부분 헛된 영웅담에 빠져들지 않고 충분한 용기를 보여줬다. 그래서 우리는 타타르족에 저항하는 데에 있어서도 러시아 공국들이 단합되지 못했음을 알 수 있다. 그 대신에 나타나는 것은 상황이 순조로운 것 같으면 타타르족에 대해 반항하고 그렇지 않으면 협력을 선택하는 다양한 공작들로 이루어진 '유동적인 모자이크'였다. 각각의 공국들은 지속적으로 대립하고 있는 러시아의 서로 다른 정체政體들을 연결시키는 끊임없이 변화하는 연맹 체계의 중심이었고, 그 연결은 아마도 킵차크 칸국 혹은 칸국 내의 파벌로까지 이어졌을 것이다.

러시아와 몽골의 관계에서 드러나는 다른 양상들도 똑같이 복잡했고, 모두 기독교 정교회의 요구와는 마찰을 빚었다. 비록 러시아의 문인들은 방법론적으로 이를 숨겨보려고 했지만(우리가 살펴보았듯이 항상 성공적인 것은 아니었다), 다양한 평화적 교류가 일상적으로 이루어지고 있었음은 분명하다. 러시아와 몽골 전사들은 종종 함께 전투에 임했고, 러시아 공작들은 타타르족 부인을 본국으로 데려왔으며 규모가 큰 교역 집단이 사라이와 러시아 삼림 지대를 여행하는 등의 일이 있었다. 게다가 정확히 측량을 하기는 어렵지만, 러시아의 발전에 끼친 킵차크 칸국의 영향은 분명히 매우 컸다. 정복으로 인한 파괴는 예상의 범주를 넘어서는 것이지만, 킵차크 칸국에 의해 신중하게 육성되어 훗날에 나타난 풍부한 교역의 중요성도 측정의 범주를 넘어서는 것이다. 몽골의 후원 아래에서 러시아 정교회는 재산, 영향력의 측면에서 거대하게 성장했다. 모스크바의 흥기와 러시아의 통일에 있어 킵차크 칸국의 정확한 역할을 평가하기는 어렵지만, 모스크바 공국이 권력을 강화하면서 훗날 팽창하는 과정에 타타르의 수많은 제도를 활용했다는 점은 명백하다. 간단히 말해서 중세 러시아에 끼친 몽골의 영향은 다양하고 복잡하면서도 강력했다.

이러한 퍼즐의 조각들을 발견하기는 쉽지 않고, 조합하는 것은 더욱 어렵다. 예를 들면, 바스카크 제도를 생각해보자. 바스카크는 러시아인들의 삶에서 분명히 대단한 중요성을 가지고 있었고, 틀림없이 이방인의 지배를 상기시키는 가장 짜증나면서도 지속적이었던 제도 중의 하나였다. 그러나 우리는 부족하면서도 종종 숨어 있는 암시를 통해 바스카크 행정의 모습을 복원해야 한다. 그 암시는 마치 러시아 연대기들에 우연히 몰래 들어가 있는 것 같아서 여기에는 이름이 나오고, 저기에는 사악한 행위들이 나오는 식이다. 실제로, 이 책에서 동시대의 사료로부터 얻은 정보의 대부분은 중세 러시아 문인들이 있었기 때문에 수집된 것이 아니라, 그들이 그런 기록을 남겨 놓았음에도 불구하고 찾아낸 것이었다. 이러한 종류의 증거는 행간行間을 읽어내고, 시종일관 말하고 있지 않는 내용에 주목하면서 얻어진 것이다. 또한, 문인들이 조심스럽게 만들어 놓은 은폐의 벽에 남아 있는 틈과 자신도 모르게 드러낸 몇 개의 설화, 일화 혹은 문서 들을 찾으면서 얻어진 것이기도 하다. 아마도 삶의 현실과 사회의 이념적 토대 사이에 존재하는 모순을 기록하지 않는 문인들의 타고난 지적 습관은 때때로 그들을 신중하지 못하게 만들었던 것 같다. 모순을 무시하는 것에 익숙해진 문인들은 중요한 사건들을 기록하기 위한 열정 속에서 때때로 그 모순을 인식하지 못했거나 혹은 조사를 하면 그 의미가 아주 달갑지 않은 것일 수도 있는 증거를 남기기도 했다. 그래서 타타르족 부인을 둔 러시아 공작의 이야기, 타타르족과 모스크바 공국 사이에 맺어진 연합에 대한 맹세, 킵차크 칸국을 왕복했던 교역 집단에 대한 기록 등 조그만 빛이 새어나왔던 것이다. 이들로부터 우리는 러시아-타타르 관계의 진정한 이미지를 재구성할 수 있는 것이다.

아직 많은 분야에서 증거가 여전히 부족하기 때문에 이러한 이미지의 여러 부분은 반드시 추측에 의거하게 된다. 그러나 학자들은 점점 또 다른 시각으로 중세 러시아 문헌들을 다시 바라보게 되었고, 고고학자와 언어학자 들은 새로운 증거를 밝혀내고 있다. 이러한 연구자들의 발견은 러시아 역사에서 몽골 시기를 철저하게 재고再考할 것을 요구하고 있다. 전쟁은 물론이고 평화적인 측면에서, 정부와 상업에서, 사회와 경제에서 중세 러시아인의 모든 계층의 삶에 끼친 타타르의 영향이 가진 깊이와 복합성을 재평가하는 작업이 필요한 것이다. 이 책은 이러한 작업의 일부이고, 러시아의 공작들이 킵차크 칸국의 칸들에게 무릎을 꿇었던 시대의 장막을 걷어 올리기 위한 시도이기도 하다.

| 서문 |

1 Michael Cherniavsky, "Khan or Basileus: An Aspect of Russian Medieval Political Theory", *Journal of the History of Ideas* 20(1959), p.459.

2 이 주제를 다룬 러시아 역사서술에 대한 조사는 B. D. Grekov and A. Iu. Iakubovskii, *Zolotaia orda i ee padenie*(Moscow-Leningrad, 1950), pp.247-261; V. V. Kargalov, *Vneshnepoliticheskie faktory razvitiia feodal'noi Rusi. Feodal'naia Rus' i kochevniki*(Moscow, 1967), pp.219-255; N. S. Borisov, "Otechestvennaia istoriografiia o vliianii tataro-mongol'skogo nashestviia na russkuiu kul'turu", *Problemy istorii SSSR* V(Moscow, 1976), pp.129-146; 그리고 Michael Roublev, "The Scourge of God", 미간행 원고, 1장, "서론"을 참조하시오.

3 V. V. Bartol'd, "Obzor deiatel'nosti fakul'teta vostochnykh iazykov"와 "Istoriia izucheniia Vostoka v Evrope i Rossii", reprinted in V. V. Bartol'd, *Raboty po istorii vostokovedeniia*(=*Sochineniia*, tom IX; Moscow, 1977), pp.21-196, 197-482를 각각 참조하시오.

4 I. N. Berezin, "Ocherk vnutrennogo ustroistva ulus Dzhuchieva", *Trudy*

Vostochnago otdeleniia Russkago arkheologicheskago obshchestva 8(1864), pp.387-394; V. V. Grigor'ev, "Ob otnosheniiakh mezhdu kochevymi narodami i osedlymi gosudarstvami", *Zhurnal Ministerstva Narodnago Prosveshcheniia*, ch. 178, 1875, otdel nauk(III), pp.1-27.

5 Charles J. Halperin, "Soviet Historiography on Russia and the Mongols", *Russian Review* 41:3(July 1982), pp.306-322.

6 Charles J. Halperin, "George Vernadsky, Eurasianism, the Mongols and Russia", *Slavic Review* 41:3(Fall 1982), pp.477-493; Charles J. Halperin, "Russia and the Steppe: George Vernadsky and Eurasianism", *Forschungen zur osteuropaischen Geschichte* 36(1984), 출간 예정이다.[이 글은 1985년에 출간되었다.]

7 Macmillan Book of Proverbs, Maxims and Famous Sayings, ed. Burton Stevenson(New York, 1948), p.2019; Bergan Evans, *Dictionary of Quotations*(New York, 1968), p.602. 필자는 바틀레트Bartlett에서는 이 구절을 찾지 못했다. 아마 이 구절의 원판은 프랑스어—"Grattez le russe et vous trouverez le tartare!"—였던 것이 분명해 보이고, 이는 19세기 후반에 생겨났다. 아마 나폴레옹이 이런 말을 했을 가능성이 높다. Victor Hugo, *Le Rhin*(Paris, 1900), v. 3, p.186을 참조하시오.

1장 중세의 민족-종교적 접경

1 Charles J. Halperin, "The Ideology of Silence: Prejudice and Pragmatism on the Medieval Religious Frontier", *Comparative Studies in Society and History* 26:3(July 1984), pp.442-466. 스페인 가톨릭교도들과 무어인들에 대해서는 Robert Ignatius Burns, S.J., *Islam under the Crusaders: Colonial Survival in the Thirteenth-Century Kingdom of Valencia*(Princeton, 1973)과 같은 저자의 "Spanish Islam in Transition: Acculturative Survival and Its Price in the Christian Kingdom of Valencia", in Speros Vryonis, ed., *Islam and Cultural Change in the Middle Ages*(Wiesbaden, 1975), pp.97-105를 참조하시오. 비잔티움과 이웃한 무슬림들에 대해서는 Speros Vrynois, Jr., "The Byzantine Legacy and Ottoman Forms", *Dumbarton Oaks*

Papers 23-24(1969-1970), pp.253-308과 같은 저자의 "Byzantium and Islam, Seventh-Seventeenth Centuries", *East European Quarterly* 2(1968), pp.205-240을 참조하시오. 팔레스타인의 프랑스 십자군과 무슬림들에 대해서는 Joshua Prawer, *The Latin Kingdom of Jerusalem. European Colonialism in the Middle Ages*(London, 1972)를 참조하시오.

2 Charles J. Halperin, "Russia in the Mongol Empire in Comparative Perspective", *Harvard Journal of Asiatic Studies* 43:1(June 1983), pp.239-261.

2장 키예프 공국과 초원

1 각각 서구와 소비에트의 관점이 담긴 두 표준 연구를 비교해보라. George Vernadsky, *Kievan Russia*(volume 2 of A History of Russia, New Haven, 1948)과 B. D. Grekov, *Kievan Russia*(tr. Y. Sdobnikov; Moscow, 1959). 키예프 공국의 역사에 대한 연구 중 현재 가장 신뢰할 만한 연구로는 Harmut Rüss, "Das Reich von Kiew", in Manfred Hellmann, ed., *Handbuch der Geschichte Russlands*, Band 1, *Von der Kiewer Reichsbildung bis zum Moskauer Zartum*, Lieferung 3-6(Stuttgart, 1979-1980), pp.199-429이다.

2 V. V. Alin, "Rus' na bogatyrskikh zastavakh", *Voprosy istorii* 1968 #12, pp.99-115, 1969 no.1, pp.136-152. 키예프 공국과 초원에 대한 소비에트 역사 서술의 최근(그러나 편향적인) 관점에 대해서는 R. M. Mavrodina, "Rus' i kochevniki", in *Sovetskaia istoriografiia Kievskoi Rusi*(Leningrad, 1978), pp.210-221을 참조하시오.

3 하자르와 동슬라브족의 관계를 다룬 많은 이론에 관한 증거는 존재하지 않는다. 예를 들면, Vladimir Parkhomenko, "Kievskaia Rus' i Khazariia(Rol' khazarskogo torgovogo kapitala v istorii Kievskoi derzhavy)", *Slavia* 6(1927), pp.380-387과 George Vernadsky, *Ancient Russia*(volume 1 of A History of Russia; New Haven, 1943)을 참조하시오. 이 문제에 대해 가장 회의적인 연구에도 정당한 이유가 반드시 있는 것은 아니다. B. A. Rybakov, "Rus' i Khazariia(k istoricheskoi geografii Khazarii)", in *Akademiku B. D. Grekovu ko dniu 70-letiiu. Sbornik statei*(Moscow, 1952), pp.76-88을 참조하시오.

4 Charles J. Halperin, "Now You See Them, Now You Don't: A Note

on the First Appearance of the Rus(Ros) in Byzantium", *Canadian-American Slavic Studies* 7:4(Winter, 1973), pp.494-497; Lüdolf Müller, *Das Metropoliten Ilarion, Lobrede auf Vladimir den Heiligen und Glaubensbekenntnis*(Wiesbaden, 1962); N. K. Gudzii, ed., *Khrestomatiia po drevnei russkoi literatury*, 7th ed.(Moscow, 1962), pp.58-71을 참조하시오.

5 V. V. Bartol'd, *Sochineniia*, IX, p.357; Vernadsky, *Kievan Russia*, p.174. 비록 베르나츠키는 이 칭호가 트무토로칸Tmutorokan'에서 지배자가 사용한 것으로 보고 있지만 말이다.(예를 들면, pp.44, 77) 이제는 Peter B. Golden, "The Question of the Rus' Qağanate", *Archivum Eurasiae Medii Aevi* II(1982), pp.77-97을 참조하시오.

6 하자르 지배자는 유대교를 믿는 상위 계층으로 변화한 이후에도 이 칭호를 계속 유지했다.

7 B. D. Grekov, "Volzhskie bolgary v IX-X vv.", *Istoricheskie zapiski* 14(1945), pp.3-37; Iu. A. Limonov, "Iz istorii vostochnogo torgovli Vladimiro-Suzdal'skogo kniazhestva", in *Mezhdunarodnye sviazi Rossii do XVII v. Sbornik statei*(Moscow, 1961), pp.55-63; Thomas S. Noonan, "Suzdalia's Eastern Trade in the Century before the Mongol Conquest", *Cahiers du monde russe et soviétique* XIX(4)(1978), pp.371-384; Ellen S. Hurwitz, *Prince Andrej Bogoljubskij: The Man and the Myth*(Firenze, 1980), pp.15, 46, 60-68.

8 *Povest' vremennykh let*, ed. V. P. Adrianova-Peretts, 2 vols.(Moscow-Leningrad, 1950), v.I, Tekst, s.a. 968, p.47.

9 이 의견은 피터 보르하이스Peter Voorheis의 도움을 받았다.

10 14세기에 리투아니아 대공이었던 비토브트Vitovt는 동일한 지역에 같은 이유로 그에게 봉사하는 타타르족을 거주시켰다. A. E. Presniakov, *Lektsii po russkoi istorii. Tom II: Zapadnaia Rus' i Litovsko-russkoe gosudarstvo*(Moscow, 1939), p.83.

11 이 부분에 관해서는 D. S. Likhachev, *Chelovek v literature drevnei Rusi*, 2nd ed.(Moscow, 1970), pp.41-42와 Charles J. Halperin, "The Concept of the ruskaia zemlia and Medieval National Consciousness", *Nationalities Papers* VIII:1(Spring, 1980), p.80의 논평을 참조하시오.

12 D. A. Rasovskii, "O roli Chernykh Klobukov v istorii drevnei Rusi", *Semi-*

narium Kondakovianum I(1927), pp.93-109. 또한 그의 "Pechenegi, Torki i Berendei na Rusi i v Ugrii", ibid., VI(1933), pp.1-66을 참조하시오. S. A. Pletneva, "Pechenegi, torki i polovtsy v iuzhnorusskikh stepiakh", *Trudy Volgo-Donskoi Arkheologicheskoi ekspeditsii. Materialy i issledovaniia po arkheologii SSSR*, #62(Moscow-Leningrad, 1958), pp.151-226도 참조하시오.

13 폴로브치에 대한 가장 훌륭한 연구는 라솝스키D. A. Rasovskii가 쓴 일련의 끝없는 논문들이다. "K voprosu o proiskhozhdenii Codex Cumanicus", *Seminarium Kondakovianum* III(1929), pp.193-214; "Polovtsy. I. Proiskhozhdenie Polovtsev", ibid., VII(1935), pp.245-262; "Polovtsy. II. Razselenie Polovtsev", ibid., VIII(1936), pp.161-182; "Polovtsy. III. Predelia 'polia polovetskago'", ibid., IX(1937), pp.71-88, X(1938), pp.155-178; "Polovtsy. IV. Voennaia istoriia Polovtsev", ibid., XI(1939), pp.95-128; 그리고 "Rus', Chernye Klobuky i Polovtsy v XII v.", *Bulgarsko Istorichesko Drushtvo. Izvestiia 16/18. Sbornik v pamet na Prof. N. Nikov*(Sofia, 1940), pp.369-378.

14 Rasovskii, "O roli Chernykh Klobukov v istorii drevnei Rusi"의 곳곳 그리고 D. A. Rasovskii, "Rol' polovtsev v voinakh Asenei s vizantiiskoi i Iatinskoi imperiiami v 1186-1207", *Spisanie na B'Igarskata Akademiia na Naukite*, kn. 58(Sofia, 1939), pp.203-211.

15 D. A. Rasovskii, "Rus' i kochevniki v epokhu Vladimira Sviatago", *Vladimirskii sbornik, v pamiati 950-letiia kreshcheniia Rusi*(988-1938)(Belgrade, 1938), pp.149-154.

16 *Povest' vremennykh let*, I, pp.160-161, 194.

17 K. V. Kudriashev, *Polovetskaia zemlia: ocherk istoricheskoi geografii*(*Geograficheskoe obshchestvo SSSR. Zapiski*, novaia seriia, t. 2; Moscow, 1948), pp.91-95, 112-122.

18 가장 유명한 것은 쿠드리아셰프Kudriashev의 것(주석 17번 참조)이고, 가장 최근의 연구는 S. A. Pletneva, "Polovetskaia zemlia", in *Drevnerusskie kniazhestva v X-XIII vv.*(Moscow, 1975), pp.260-300이다.

19 Peter B. Golden, "The *Polovci Dikii*", *Harvard Ukrainian Studies* III/IV(1979-1980)(Eucharisterion—Pritsak Festschrift), Part 1, pp.296-309를 참조하시오.

20 이 분석은 래리 모지스Larry W. Moses의 것이다.

21 알란족은 코카서스 북쪽에 거주하는 이란계 민족이었다.

22 Kudriashev, pp.103-111; G. A. Fedorov-Davydov, *Kochevniki Vostoch-noi Evropy pod vlast'iu zolotoordynskikh khanov. Arkheologicheskie pamiatniki*(Moscow, 1966), pp.202-203; Vernadsky, *Kievan Russia*, pp.110-111, 118, 121.

23 G. A. Fedorov-Davydov, *Obshchestvennyi stroi Zolotoi Ordy*(Moscow, 1973), pp.68-70. L. N. Gumilev, "Udel'no-lestvichnaia sistema u tiurok v VII-VIII vv.(k voprosu o rannykh formakh gosudarstvennosti)", *Sovetskaia etnografiia* 1959 #3, pp.21-23도 참조하시오.

24 D. S. Likhachev, *Velikoe nasledie: Klassicheskie proizvedeniia literatury drevnei Rusi*(Moscow, 1975), p.158. 물론, 연대기들은 이러한 현상을 언급하지 않는다.

25 연대기에 따르면, 브세볼로드Vsevolod '큰 둥지Bolshoe gnezdo(자식을 많이 낳아서 붙여진 명칭)'는 집에서 다섯 개의 언어들을 익혔다. Vernadsky, *Kievan Russia*, pp.191-192에서는 그 중 하나가 투르크어라는 의견을 반복해서 서술했다. 이러한 주장은 이미 Bartol'd, *Sochineniia*, IX, pp.534-536에서 반박되고 있는데, 그는 브세볼로드가 집에서 글자 그대로 투르크어를 배웠을 수는 없다고 주장했다. 연대기의 기록은 과장에 지나지 않는다.

26 Vernadsky, *Kievan Russia*, pp.245, 249-250, 251-252, 263, 272-273, 307에서는 많은 주장을 하고 있지만, 이를 확증할 수 있는 증거를 제공하지는 않고 있다.

27 *Povest' vremennykh let*, I, s.a. 972, p.253.

28 V. A. Pakhomenko, "Sledy polovetskogo eposa v letopisiiakh", *Problemy istochnikovedeniia* III(1940), pp.391-393(비록 민간 구전 장르에 대한 그의 구별이 엄격하지는 않지만 말이다.); D. S. Likhachev, *Razvitiia russkoi literatury X-XVII vv. Etiudi i stili*(Leningrad, 1973), p.48; Likhachev, *Chelovek v literature drevnei Rusi*(Moscow, 1958), p.49. 비록 문헌에서는 오트로크가 공작 kniaz'으로 읽히지만, 학자들은 항상 그에게 '칸'이라는 칭호를 붙인다.

29 Kudriashev, pp.42-90; Likhachev, *Chelovek v literature drevnei Rusi*, p.37; Likhachev, *Velikoe nasledie*, pp.132-204. 『이고르의 원정 이야기』에 대한 비유적인 해석에 대해서는 L. N. Gumilev, "Les Mongoles au XIIIe siècle et la *Slovo o polku Igoreve*", *Cahiers du monde russe et sovié-*

tique Ⅶ:1(January-March 1966), pp.37-57과 그의 *Poiski vymyshlennogo tsarstva*(*Legenda o "Gosudarstve presvitra Ioanna*")(Moscow, 1970), pp.305-346을 참조하시오.

30 A. N. Nasonov, ed., *Novgorodskaia pervaia letopis' starshego i mlad-shego izvodov*(Moscow-Leningrad, 1950), pp.61, 264.

31 V. V. Kargalov, "Polovetskie nabegi na Rus'", *Voprosy istorii* 1965 #9, pp.68-73.

32 Werner Philipp, *Ansätze zum geschichtlichen und politischen Denken in Kiewen Russland*(Breslau, 1940), pp.48-55.

33 S. V. Ikonnikov, *Opyt' russkoi istoriografii*, 2 vols.(Kiev, 1891-1908), v.Ⅱ part 1, p.275; Grekov and Iakubovskii, p.234.

│3장 몽골 제국과 킵차크 칸국│

1 『몽골비사』의 문학적인 번역으로는 Arthur Waley, *The Secret History of the Mongols and Other Pieces*(London, 1963), pp.217-291을 참조하시오. 가장 유익하면서도 중요한 연구들은 아마도 W. Hung, "The Transmission of the Book Known as *The Secret History of the Mongols*", *Harvard Journal of Asiatic Studies* 14:3-4(December 1951), pp.433-492; F. W. Cleaves, "The Historicity of the Baljuna Covenant", ibid., 18(1955), pp.357-421; Igor de Rachewiltz, "Some Remarks on the Dating of the *Secret History of the Mongols*", *Monumenta Serica* 24(1965), pp.185-206일 것이다.

2 잘 알려진 특징임에도 불구하고 Owen Lattimore, "Chinghis Khan and the Mongol Conquests", *Scientific American* 209(August, 1963), pp.54-68이 이 점에 대해 가장 잘 설명하고 있다. 그의 "The Social History of Mongol Nomadism", in W. G. Beasley and E. G. Pulleybank, eds., *Historians of China and Japan*(*Historical Writing on the Peoples of Asia*, v. 3; London, 1961), pp.328-343도 참조하시오.

3 Igor de Rachewiltz, "Some Remarks on the Ideological Foundations of Chinghis Khan's Empire", *Papers on Far Eastern History of the Austra-lian National University* 7(1973), pp.21-36.

4 E. Voegelin, "The Mongol Orders of Submission to European Powers, 1245-1255", *Byzantion* 15(1941), pp.378-413; W. Kotwitcz, "Les Mongoles, promoteurs de l'idée de paix universelle au début du XIII siècle", in *La Pologne au VIIe Congrès International des Sciences Historiques*(Warsaw, 1933)과 "Formules initiales des documents mongoles au XIIIme et XIVme siècles", *Rocznik Orientalistyczny* 10(1934), pp.131-157.

5 Larry W. Moses, "A Theoretical Approach to the Process of Inner Asian Confederation", *Études Mongoles* 5(1974), pp.113-122.

6 L. S. Puchkovskii, "Mongol'skaia feodal'naia istoriografiia", *Uchenye zapiski Instituta Vostokovedeniia* VI(1953), pp.131-146.

7 Henry Surruys, "Mongol Altan 'Gold' = Imperial", *Monumenta Serica* 21(1962), pp.357-378; Surruys, "A Mongol Prayer to the Spirit of Cinggisqan's Flag", in Louis Ligeti, ed., *Mongolian Studies*(*Bibliotheco Orientalis Hungarica*, XIV; Amsterdam, 1970), pp.527-535; N. P. Shastina, "Obraz Chingiskhana v srednevekovoi literature mongolov", in S. L. Tikhvinskii et al., *Tataro-Mongoly v Azii i Evrope. sbornik statei*(Moscow, 1970), pp.435-454.

8 '이' 야사에 대한 두 가지 해석으로는 Valentin A. Riasanovsky, *Fundamental Principles of Mongol Law*(1937; Bloomington, 1965)와 George Vernadsky, "The Scope and Contents of Chinghiz Khan's Yasa", *Harvard Journal of Asiatic Studies* III(1938), pp.337-360을 참조하시오. 이제는 David Ayalon, "The Great Yāsa of Chinghiz Khan: A Reexamination", *Studia Islamica* 33(1971), pp.97-140, 34(1971), pp.151-180을 참조하시오. 킵차크 칸국의 칸들이 러시아 정교회 대주교들에게 보낸 야를리크yarlik[칸의 칙령을 일컫는 말]들에서도 야사를 언급하고 있다.

9 Larry William Moses, *The Political Role of Mongol Buddhism*(Bloomington, 1977), pp.1-82를 참조하시오.

10 참고로 이러한 자료들로는 Christopher Dawson, ed., *Mission to Asia. Narratives and Letters of the Franciscan Missionaries in Mongolia and China in the Thirteenth and Fourteenth Centuries*(New York, 1955, 1966; 원래는 *The Mongol Mission*); John Andrew Boyle, tr., *al Juwaini, The History of the World Conqueror*, 2 vols.(Manchester-Cambridge, Mass., 1958); Arthur Waley, tr., *The Travels of an Alchemist: The Journey of the Taoist*

Ch'ang-ch'un from China to the Hindukush at the Summons of Chinghiz Khan, Recorded by his Disciple Li Chih-ch'ang(London, 1931: 재판, Westport, Conn., 1976); 그리고 Igor de Rachewiltz, "The Hsi-yu lu of Yehlü Ch'u-ts'ai", *Monumenta Serica* 21(1962), pp.1-128이 있다.

11 B. Ia. Vladimirtsev, *Obshchestvennyi stroi Mongolov: Mongol'skii kochevoi feodalizm*(Leningrad, 1934). Cf. A. Iu. Iakubovskii, "Kniga B. Ia. Vladimirtseva 'Obshchestvennyi stroi Mongolov' i perspektivy dal'neishego izucheniia Zolotoi Ordy", *Istoricheskii sbornik*(Instituta istorii A. N. SSSR), t. V(Moscow-Leningrad, 1936), pp.293-313과 Iakubovskii, "Iz istorii izucheniia mongolov perioda XI-XIII vekov", *Ocherki po istorii russkogo vostokovedeniia*, sb. 1(Moscow, 1953), pp.82-88.

12 소비에트 학자들은 씨족-부족제와 봉건제 형태가 앞뒤로 이어지는 대립된 단계라고 하는 사회적 발전의 단선적인 개념을 고수하고 있다. 그래서 봉건화되고 있는 몽골 제국에서 씨족-부족제 요소가 유지된다는 점은 무질서와 약화의 근원이라고 간주된다. 제국적-관료제적 사회, 제도 구조는 명백하게 봉건주의의 규정 하에 포함되어 있는 것이다.

13 Tikhvinskii et al., *Tataro-Mongoly v Azii i v Evrope*가 가장 좋은 예이다. 이 연구에는 몽골 제국의 구조, 제도 혹은 관료제에 대한 장章이 포함되어 있지 않다.

14 Berthold Spuler, *Die Goldene Horde. Die Mongolen in Russland*(2nd ed.; Wiesbaden, 1965), pp.274-280, 혹은 M. G. Safargaliev, *Raspad Zolotoi Ordy*(Saransk, 1960), pp.26-28.

15 Spuler, pp.300-312; George Vernadsky, *The Mongols and Russia*(New Haven, 1953), pp.121-130, 214-232; Grekov and Iakubovskii, pp.122-140; V. L. Egorov, "Gosudarstvennoe i administrativnoe ustroistvo Zolotoi Ordy", *Voprosy istorii* 1972 #2, pp.32-42.

16 내부 문서에 기초한 비교 연구인 A. P. Grigor'ev, *Mongol'skaia diplomatika XIII-XV vv.(Chingizidskie zhalovannye gramoty)*(Leningrad, 1978)을 참조하시오.

17 기본적인 단행본은 여전히 M. D. Priselkov, *Khanskie yarliki russkim mitropolitam*(Zapiski Istoriko-filologicheskago fakul'teta Imp. Petrogradskago universiteta, v. 133; Petrograd, 1916)이다. 몽골의 세금에 관한 서로 다른 해석은 Herbert Franz Schurmann, "Mongolian Tributary Practices of the Thir-

teenth Century", *Harvard Journal of Asiatic Studies* 19(1956), pp.304-389 와 John Masson Smith, "Mongol and Nomadic Taxation", ibid., 30(1970), pp.46-85를 참조하시오.

18 H. A. R. Gibb, tr., *Ibn Batuta, Travels in Asia and Africa 1325-1354*(New York, 1929), pp.142-152.

19 G. A. Fedorov-Davydov, *Obshchestvennyi stroi Zolotoi ordy*에서 킵차크 칸국 사회에 대한 그의 많은 논문의 요약을 참조하시오.

20 G. V. Vernadskii, "Zolotaia orda, Egipet i Vizantiia v ikh vzaimoot-nosheniiakh v tsarstvovanii Mikhaila Paleologa", *Seminarium Kondakovianum* 1(1927), pp.73-84; Spuler, pp.346-361; 그리고 가장 광범위한 연구는 Salikh Zakirov, *Diplomaticheskie otnosheniia Zolotoi Ordy s Egiptem(13-14 vv.)*(Moscow, 1966)이다.

21 자키로프Zakirov(그리고 원래 단행본들)에 대한 서평에서 우스마노프M. A. Usmanov 는 킵차크 칸국이 외교 서신을 몽골 문자(즉, 몽골어가 아닌 위구르 문자)로 썼기 때문에 맘루크의 외교 담당 부서에서는 '몽골 전문가'의 전문적 지식을 통해 재해석이 반드시 필요했다고 주장한다. *Narody Azii i Afriki* 1968 #1, pp.210-212를 참조하시오.

22 Janet Martin, "The land of darkness and the Golden Horde. The fur trade under the Mongols. XIII and XIV centuries", *Cahiers du monde russe et soviétique* XIX(4)(1978), pp.401-422.

23 John Meyendorff, *Byzantium and the Rise of Russia. A Study of Byzantine-Russian Relations in the Fourteenth Century*(Cambridge, England, 1981)은 동유럽 정치의 큰 영향력이 제노바인에게 있었던 것으로 보고 있다.

24 Spuler, pp.10-209. Vernadsky, *The Mongols and Russia*와 Grekov and Iakubovskii, *Zolotaia orda i ee padenie* 또한 다양한 이야기들을 보여주고 있다.

25 John J. Saunders, *The History of the Mongol Conquest*(New York, 1971), p.118을 통해 알아낸 것이다.

26 Fedorov-Davydov, *Obshchestvennyi stroi Zolotoi ordy*, pp.28-29, 94-103; Egorov, 곳곳; 그레코프Grekov와 야쿠봅스키Iakubovskii의 연구에서는 덜 분명하고, 슈풀러Spuler와 베르나츠키Vernadsky의 연구에서는 거의 나타나지 않는다. 이러한 사실에 담긴 의미는 결코 완벽하게 탐구된 적이 없다.

27 Fedorov-Davydov, *Obshchestvennyi stroi Zolotoi ordy*, pp.43-44, 118. 페도로프다비도프는 자신의 의견을 통해 적어도 드미트리 돈스코이와 그의 후계자들의 통제 아래에 있던 모스크바 공국과 다른 동북부 지역은 울루스의 일부였음이 틀림없는데 이는 공작들이 킵차크 칸국의 칸의 이름으로 동전을 발행한 것으로부터 알 수 있다고 알려줬다. 그러나 울루스 내에서 러시아의 위상은 특별했다. 무슬림도 아니고 초원에 있지도 않았으며 공작들이 그대로 유지되었기 때문이다. G. A. Fedorov-Davydov, *Monety Moskovskoi Rusi*(*Moskva v bor'be za nezavisimoe i tsentralizovannoe gosudarstvo*)(Moscow, 1981)을 참조하시오. 페도로프다비도프의 주장에는 몇 가지 의문점이 있다. 드미트리 돈스코이 통치 이전에 러시아가 울루스에 포함되어 있었음을 어떻게 증명할 것인가? 리아잔 혹은 트베르처럼 모스크바 공국의 동전이 사용되는 영역 밖에 있는 지역은 울루스 외부에 있는 것인가? 중세 러시아 문인들은 러시아를 차례프 울루스_tsarev ulus(칸의 울루스)로 서술한 것을 러시아 공작들과 귀족들, 심지어 타타르족들의 행위로 보고 있다. Charles J. Halperin, "*Tsarev ulus*: Russia in the Golden Horde", *Cahiers du monde russe et soviétique* 23:2(April-June, 1982), pp.257-263을 참조하시오. 러시아와 킵차크 칸국의 관계에 대한 언급으로는 V. L. Egorov의 Fedorov-Davydov, *Obshchestvennyi stroi Zolotoi ordy*에 대한 논평(*Voprosy istorii* 1974 #1, pp.173-175, 특히 pp.173-174)을 참조하시오.

28 페도로프다비도프의 연구를 종합한 것으로는 G. A. Fedorov-Davydov, *Kochevniki Vostochnoi Evropy pod vlast'iu zolotoordynskikh khanov. Arkheologicheskie pamiatniki*를 참조하시오.

29 킵차크 칸국의 문화에 대해서는 Grekov and Iakubovskii, pp.160-176 혹은 Spuler, pp.423-438의 관점과 더욱 비관적인 평가인 Safargaliev, pp.72-100을 비교하시오.

30 Perry Anderson, *Passages from Antiquity to Feudalism*(London, 1974), p.227.

4장 몽골의 러시아 통치

1 필자는 바스카크의 기원을 폴로브치에서 찾으려고 하는 세메노프_A. A. Semenov

의 연구("K voprosu o zolotoordynskom termine 'baskak'", *Izvestiia Akademii nauk SSSR, otdelenie literatury i iazyka*, tom VI vyp. 2, pp.137-147)보다는 몽골 바스카크가 카라한, 카라키타이, 셀주크에서도 사용되었던 선례를 확인한 바 사리I. Vásáry의 연구("The Origin of the Institution of Basqaqs", *Acta Orientalia Academiae Scientiarium Hungaricae* 32:2(Budapest, 1978), pp.201-206)를 따르고자 한다. 폴로브치는 정주 지역을 결코 통치했던 적이 없었기 때문이다.

2 Dawson, p.40.

3 *Troitskaia letopis*', ed. M. D. Priselkov(Moscow-Leningrad, 1950), pp.326-327.

4 필자는 이 장을 준비하면서 미셸 루블료프Michel Roublev의 원고 "The Scourge of God"의 3장 "Aspects of the New Order"로부터 큰 도움을 받았다.

5 *Polnoe sobranie russkikh letopisei*(이후로는 P.S.R.L로 약칭) II. Ipat'evskaia letopis'(Moscow, 1962), col.829.

6 *Pamiatniki russkogo prava* III(Moscow, 1955), p.467.

7 *Novgorodskaia pervaia letopis' starshego i mladshego izvodov*, p.319.

8 *P.S.R.L.* X(St. Petersburg, 1885), p.147. 필자는 루블료프처럼 쉽게 이 기록을 받아들일 수가 없을 것 같다.

9 *P.S.R.L.* X, p.130. 니콘 연대기에서 발견되는 일대기의 새로운 머리말이다.

10 *P.S.R.L.* X, p.117.

11 *Akty sotsial'no-ekonomicheskoi istorii severo-vostochnoi Rusi kontsa XIV-nachala XVI vv.* III(Moscow-Leningrad, 1964), p.373.

12 현존하는 판본 중 가장 이른 시기의 것은 *Novgorodskaia pervaia letopis'*, p.298에 있지만, 필자는 그렇게 빨리 몽골족이 남쪽에서 인구 조사를 수행했는가에 대해서는 회의적이다. Martin Dimnik, *Mikhail, Prince of Chernigov and Grand Prince of Kiev, 1224-1246*(Toronto, 1981)은 남러시아에서 몽골의 인구 조사 문제를 다루고 있지 않다. Thomas T. Allsen, "Mongol Census-Taking in Rus', 1245-1275", *Harvard Ukrainian Studies* V:1(March, 1981), pp.32-53은 기록이 나온 시기와는 상관없이 모든 연대기의 기록을 동등하게 취급하고 있다. 그의 연구가 가진 가치는 전체 몽골 제국에 대한 증거로부터 몽골의 기술과 목적을 비교했다는 것에 있다.

13 *P.S.R.L.* I. Lavrencheskaia letopis'(Moscow, 1962), cols. 474-475; *Novgorodskaia pervaia letopis'*, pp.82-83.

14 Nasonov, *Mongoly i Rus'(Istoriia Tatarskoi politiki na Rusi)*(Moscow-Leningrad, 1940), pp.15-21. 미셸 루블료프와 재닛 마틴Janet Martin은 나소노프의 주장을 받아들이고 있다. 나소노프는 또한 1262년에 쫓겨난 무슬림 세금 징수 청부업자들이 킵차크 칸국이 아니라 대몽골 제국에 의해 고용된 것이라고 주장했다. 킵차크 칸국의 칸은 그 당시에 대몽골 제국과 갈등 관계에 있었다. 이러한 상황은 1262년의 반란에 뒤이은 토벌대가 카라코룸과 사라이 모두로부터 왜 파견되지 않았는지에 대한 이유를 설명할 수 있게 한다. Safargaliev, *Raspad Zolotoi Ordy*, p.51은 이러한 해석을 받아들이지 않고 있다.

15 V. V. Kargalov, "Sushchestvovali li na Rusi 'voenno-politicheskaia baskacheskaia organizatsiia' mongol'skikh feodalov?" *Istoriia SSSR* 1962 #1, pp.161-165; Kargalov, *Vneshnepoliticheskie faktory razvitiia feodal'noi Rusi*, pp.154-160, 162-163; Kargalov, "Baskaki", *Voprosy istorii* 1972 #5, pp.212-216. 카르갈로프는 타타르의 지배에 대한 러시아의 저항에 몽골이 대응했다는 차원에서 동북부 러시아의 바스카크 제도의 창설과 폐지를 해석하면서 A. A. Zimin, "Narodnye dvizheniia 20-kh godov XIV v. i likvidatsiia sistemy baskachestva v severo-vostochnoi Rusi", *Izvestiia Akademii nauk SSSR, seriia istorii i filosofii*, t. IX no. 1, 1952, pp.61-65를 따르고 있다.

16 *P.S.R.L.* IV, p.52.

17 페도르Fedor의 공작으로서의 지위는 매우 의심스럽고 그의 혈통도 알 수 없다. 이 사건과 관련하여 프레스니아코프Presniakov는 두 개의 불 사이를 걸어가는 행위를 거부하는 바람에 순교한 페도르의 주군 미하일Mikhail의 예를 따르지 않았다면, 체르니고프의 왕좌를 받았을 수도 있었던 보야르(귀족) 페도르로 유추하고 있다. 이는 몽골족이 류리크 가문이 아닌 사람을 러시아에서 공작으로 만들 수도 있었음을 보여주는 증거라고 한다. Presniakov, *Lektsii po russkoi istorii*, II, pp.18-21. 이는 프레스니아코프의 평소답지 않은 경솔한 주장인데, 몽골이 보야르 페도르에게 체르니고프를 줬다는 것은 확실히 허구이기 때문이다. 1331년 키예프의 페도르 공작에 대해서는 M. Grushevskii, *Ocherki istorii Kievskoi zemli ot smerti Yaroslava do kontsa XIV stoletiia*(Kiev, 1891), pp.465-470과 Safargaliev, p.67을 참조하시오.

18 Zimin, "Narodnye dvizheniia 20-kh godov XIV v. i likvidatsiia sistemy baskachestva v severo-vostochnoi Rusi", p.63은 미간행 원고를 인용하고 있다.

19 로렌티아 연대기는 이 이야기의 시작에 포함되었어야 할 자잘한 내용들을 놓치고 있지만, 로렌티아 연대기에 토대를 둔 트리니티Trinity와 시메온Simeon 연대기는 완벽한 이야기를 담고 있다. 그래서 우리는 로렌티아 연대기가 놓친 부분은 후대의 연대기들에 보존되어 있는 것처럼 이야기의 시작점이었음을 추정할 수 있다. 현존하는 불완전한 로렌티아 연대기는 이야기의 결말은 기록해놓고 있다. *P.S.R.L.* I, cols. 481-482; *Troitskaia letopis'*, *pp.340-342*; *P.S.R.L.* XVIII(St. Petersburg, 1913), pp.79-81을 참조하시오.

20 예를 들면, V. V. Mavrodin, "Levoberezhnaia Ukraina pod vlast'iu tataro-mongolov", *Uchenye zapiski Leningradskogo gosudarstvennogo univer-siteta*, #32, vypusk 2(1939), pp.57-61이 있다.

21 바스카크 아흐마드 이야기의 출처에 대한 다양한 의견에 대해서는 A. N. Na-sonov, *Mongoly i Rus'*, pp.70-71과 나소노프의 "Lavrent'evskaia letopis' i Vladimirskoe velikokniazheskoe letopisanie pervoi poloviny XIII v.", *Problemy istochnikovedeniia* XI(1963), p.450; M. D. Priselkov, *Istoriia russkogo letopisaniia*, p.109; V. A. Kuchkin, *Povesti o Mikhaile Tverskom. Istoriko-tekstologicheskoe issledovanie*(Moscow, 1974), p.4를 참조하시오.

22 George A. Perfecky, *The Hypatian Codex. Part II. The Galician-Volyn-ian Chronicle. An Annotated Translation*(Munich, 1973), pp.68-69와 주석들은 밀레이 이야기의 혼동을 바로잡지 않고 있다.

23 *P.S.R.L.* I, col. 528. 로렌티아 연대기의 로렌티아 필사본에는 기록되어 있지 않은데, 그 속편인 아카데미 필사본에는 기록된 이 사실의 출처에 대해 의문을 가진 역사가들이 없었다.

24 *P.S.R.L.* X, p.211.

25 *Pamiatniki drevne-russkogo kanonicheskago prava, ch. 1. Pamiatniki XI-XV vv.(=Russkaia istoricheskaia biblioteka, t. VI)*(St. Petersburg, 1908), nos. 18, col. 164와 19, col. 167; *Dukhovnye i dogovornye gramoty velikikh i udel'nykh kniazei XIV-XVI vv.*, ed. L. V. Cherepnin(Moscow-Leningrad, 1950), #10, p.29(이후로는 *DDG*로 약칭한다.)

26 루블료프와 카르갈로프는 *P.S.R.L.* XXVI(Moscow-Leningrad, 1959), p.157을 인용하면서 이 주장을 각주로 언급하고 있다. 마마이의 전투 이야기의 '연대기 판본'(letopisnaia redaktsiia)은 *Vologodsko-Permskaia letopis'*에 남아있고, 1380년의 항목에 기록되었다. 1380년의 쿨리코보 전투 이야기의 날짜는 다양

하게 나타나지만, *Vologodsko-Permskaia letopis*'는 확실히 16세기에 나왔고 마마이의 전투 이야기의 '연대기 판본'은 이차적인 개정본이다. 이러한 비판은 이른바 드미트리 돈스코이 일대기의 '개정 판본'을 인용했다고 보는 것이 바람직할 것 같은데, 이는 드미트리 돈스코이가 사망한 1389년 항목에 기록되었고 이것이 노브고로드 제4연대기Novgorod Fourth Chronicle에 있는데 이 기록은 1448년에 '편집svod'되어 나온 것이라 가정되는 판본에 그 유래가 있고, 15세기 중반의 것이다. 그래서 쿨리코보 전투와 시간적으로는 더 가깝다. *P.S.R.L.* IV, Appendix, p.350. 필자는 마마이의 전투 이야기의 '연대기 판본'이 드미트리 돈스코이 일대기에 적힌 비판을 가져온 것으로 의심하고 있다.

이러한 다양한 문헌에 대해서는 Charles J. Halperin, "The Russian Land and the Russian Tsar: The Emergence of Muscovite Ideology, 1380-1408", *Forschungen zur osteuropaischen Geschichte* 23(1976), pp.23-27, 69-78을 참조하시오.

27 Kargalov, *Vneshnepoliticheskie faktory razvitiia feodal'noi Rusi*, p.165에서는 바스카크가 1270년 리아잔의 가톨릭교도 올고비치Ol'govich를 비난한 결과에 대해서 타티셰프Tatishchev를 인용하고 있고, 1318년에 트베르의 순교자 미하일에 대해 같은 행동을 한 다른 사람에 대해서는 카람진을 인용하고 있다. 두 사건들에 대한 연대기의 기록에서는 어떠한 사람도 바스카크로 나타나지 않는다.

28 István Vásáry, "The Origin of the Institution of Basqaqs"의 여러 부분과 그의 "The Golden Horde Term *Daruga* and Its Survival in Russia", *Acta Orientalia Academiae Scientiarium Hungaricae* XXX:2(1976), pp.187-197을 참조하시오.

29 래리 모지스는 러시아 사료들에 바스카키에 대한 언급이 거의 없는 것은 그들이 대부분 부재不在 관료들이었다는 사실로 설명될 수 있다고 필자에게 주장한 적이 있었다.

30 *P.S.R.L.* XVIII, p.224.

31 Ibid., pp.171-172, 188-190.

32 *Troitskaia letopis*', pp.401-402.

33 *Novgorodskaia pervaia letopis*', p.82.

34 *Troitskaia letopis*', p.327. Nasonov, *Mongoly i Rus*', p.30의 주석 3에서는 그가 무슬림이라고 불리고 있는데도 쿠빌라이 칸으로 인식하고 있다. Spuler,

Die Goldene Horde, p.36을 참조하시오.

35 *P.S.R.L.* II, cols. 876-878. 15세기 중반에 나온 소피스키 제1연대기Sofiiskii I chronicle는 1296년에 나온 이브루이Ivrui(네브루이Nevrui)를 포솔posol이라 부르고 있다(*P.S.R.L.* V, p.202). 그러나 초기 연대기들은 그렇지 않다. 아마도 이는 훗날의 필사자에 의해 삽입된 신뢰할 수 없는 개찬改撰일 것이다.

36 S. M. Soloviev, *Istoriia Rossii s drevneishikh vremen*(Moscow, 1953), II, pp.488-489.

37 다음 목록에서 *TL* = Troitskaia letopis', *NPL sm* = Novgorodskaia pervaia letopis' starshego i mladshego izvodov, *PSRL* = Polnoe sobranie russkikh letopisei이다.

14세기 러시아로 온 사절들

1314년 아라치Arachii(*TL*, pp.354-355)

1315년 티아테메르Tiatemer(*TL*, p.355)

1317년 카브가디Kavgadii(*TL*, p.355)

1318년 콘치아Konchia(*TL*, p.356)

1322년 세벤추그 부가Sevenchug buga(*TL*, p.357)

　　　　아흐밀Akhmyl(*NPL sm*, p.96)

1327년 셰브칼Shevkal(*NPL sm*, p.98)

1338년 콘디크Kondyk와 아브둘Avdul'(*TL*, p.362)

1347년 코가Koga(*TL*, p.368)

　　　　이트카르It'kar(*PSRL* XVIII, p.100)

1357년 이린체이Iryn'chei(*PSRL* XV, col. 65)

　　　　코샤크Koshak(*PSRL* IV, p.63)

　　　　체츠클리아Chechklia와 알라치Alachi(*PSRL* XXVIII, p.241)

1360년 주코트니차Zhukotnitsa(*TL*, p.377)

　　　　아흐미아드바Akhmiiadva(*PSRL* XX, p.189)

1361년 오산Osan(*PSRL* IV, p.65)

1363년 일리아카Iliaka(*PSRL* XI p.2)

1364년 우루스만디Urus'mandy(*PSRL* XV, col. 77)

1365년 바란 호자Baran Khoza, 오산(1361년의 오산과 같은 사람?)(*PSRL* IV, p.65)

1368년 코라츠Korach', 오브다르Ovdar', 테메르카트Temerkat(*TL*, p.386, *PSRL* XI, p.10)

1370년 아치호자Achikhoza(*TL*, p.389)

1371년 사리호자Sarykhoza(*PSRL* XV, col. 95)

1374년 사라이크Saraik(*TL*, p.396)

1382년 카라츠Karach, 시흐마트Shikhmat(*TL*, p.425)

1382년 아다시Adash(*TL*, p.427)

1389년 시흐마트(드물게 왔다가 돌아가는 것이 기록되어 있다. *TL*, pp.434-435)

　　　　울란Ulan(*PSRL* IV, p.97)

1399년 엘차El'cha와 베크시 사트킨Bekshchii Satkin(*TL*, pp.450-451)

비록 필자는 각각의 사례에서 가장 이른 시기의 것을 인용하고자 했지만, 어떤 사절이 몇 년도에 일어난 어느 사건에 연관되어 있는지에 관한 연대기들 사이의 모순을 합리화하려는 시도는 하지 않았다.

38 축약어에 대한 설명은 주석 37을 참조하시오.

15세기 러시아로 온 사절들

1400년 소프리아Sofria(*TL*, p.454)

1403년 엔티아크Entiak(*TL*, p.456)

1405년 미르자Mirza(*TL*, p.466)

1408년 마만트 데르비시Mamant Derbysh(*PSRL* XV, col. 473)

1433년 만시르 울란 차레비치Mansyr Ulan tsarevich(*PSRL* V, p.202)

1445-1446년 비기카Bigika, 크니아즈kniaz' 세이트 아산Seit Asan, 우테샤 카라이샤Utesha Karaisha, 딜호지아Dylkhozia, 아이다르Aidar(*PSRL* XVIII, pp.193-195)

1474년 카라쿠치우크Karakuchiuk(*PSRL* IV, p.151)

1476년 보치우카Bochiuka(*PSRL* XVIII, p.252)

주석 37과 38의 자료가 모든 사절을 총망라한 것이라고는 할 수 없다. 아마 필자가 러시아 사료들에서 몇몇 사절의 이름을 찾아내지 못했을 수도 있다.

39 N. M. Karamzin, *Istoriia gosudarstva Rossiiskago*(St. Petersburg, 1892), IV, p.121, V, p.55에서는 사절들을 살인자, 도적razboiniki, 흡혈귀krovopiitsy라고 혹평하고 있다. 연대기들에서는 일반적으로 타타르족에게 이러한 용어들을 적용하고 있지만, 포솔에게 직접적으로 사용한 경우는 드물다.

40 Nasonov, *Mongoly i Rus'*, p.109의 주석 2(p.110까지 계속된다). 나소노프도 연대기들이 러시아에 온 모든 몽골 사절을 기록하지는 못했을 것이라고 보고 있다.

41 *P.S.R.L.* XV, vyp. 1, col. 68.

42 *P.S.R.L.* XXII, p.431.

43 *DDG*, #40, p.119. 필자는 이 구절의 해석에 완전히 자신감을 갖고 있는 것은 아니다.

44 트베르의 연대기 저술에 대한 고전적인 연구로는 A. N. Nasonov, "Letopisnye pamiatniki Tverskogo kniazhestva. Opyt rekonstruktsii tverskogo letopisaniia s XIII do kontsa XV v.", *Izvestiia Akademii nauk. otdelenie gumanitarnykh nauk*, VII seriia, 1930, #9, pp.707-738, #10, pp.739-773이 있다.

45 이제는 B. M. Kloss, "O vremeni sozdanii russkogo Khronografa", *Trudy otdela drevnerusskoi literatury* XXVI(1971), pp.244-255에서 제기된 것처럼 크로노그래프가 1512년에 작성되었다는 수정된 결론을 지지하는 합의가 이루어지고 있다.

46 Charles J. Halperin, "The Defeat and Death of Batu", *Russian History* 10:1(1983), pp.50-65.

47 *Akty, otnosiashchiesa k istorii Zapadnoi Rossii*, t. II(St. Petersburg, 1848), nos. 6, pp.4-5, 그리고 200, pp.362-364를 루블묘프의 연구에서 인용했다.

48 킵차크 칸국이 크림 칸국에 끼친 영향을 훌륭하게 보여주고 있는 것으로는 앨 런 W. 피셔Alan W. Fisher의 다음 연구들을 참조하시오. *The Russian Annexation of the Crimea*(Cambridge, England, 1970), pp.1-18; "Les Rapports entre l'Empire Ottoman et le Crimée: l'aspect financier", *Cahiers du monde russe et soviétique* XIII/3(1972), pp.368-381; "Crimean Separatism in the Ottoman Empire", in William W. Haddad and William Ochsenwald, eds., *Nationalism in a Non-National State: The Dissolution of the Ottoman Empire*(Columbus, 1977), pp.57-76; *The Crimean Tatars*(Stanford, 1978), pp.1-47; "The Ottoman Crimea in the Mid-Seventeenth Century: Some Problems and Preliminary Considerations", *Harvard Ukrainian Studies* III/IV(1979-1980)(Eucharisterion-Pritsak Festschrift), Part 1, pp.215-226; 그리 고 "The Ottoman Crimea in the Sixteenth Century", *Harvard Ukrainian Studies* V:2(June, 1981), pp.135-170.

크림 칸국의 특허장에 대해서는 M. A. Usmanov, *Zhalovannye akty Dzhuchieva ulusa XIV-XVI vekov*(Kazan', 1979)를 참조하시오. 여기에 우스 마노프의 많은 논문이 요약되어 있다.

A. A. Novosel'skii, *Bor'ba moskovskogo gosudarstva s Tatarami v pervoi polovine XVII veka*(Moscow-Leningrad, 1948), p.419도 참조하시오.

49 Nasonov, *Mongoly i Rus'*, pp.98-99를 참조하시오.

50 1371년에 드미트리 돈스코이는 킵차크 칸국에 인질로 잡혀 있던 트베르의 이
반 미하일로비치의 몸값으로 '1만 루블t'mu rublev'을 지불했다(*Troitskaia letopis'*,
p.393). 1315년에 토르조크Torzhok를 공격하던 모스크바 공국-타타르 연합군은
다섯 번에 걸쳐 '1만 은 그리브니tem griven srebra'를 받고 매수되었다(*P.S.R.L.* IV,
p.48). 이러한 천문학적인 재정 수치의 정확성에 대해 여기에서 의문을 제기하
는 것은 아니고, 단지 트마t'ma가 1만을 의미하는 데에 사용되었음을 보여주고
자 한 것이다.

51 예를 들면, 바투는 1237년에 템니크들의 세 아들과 함께 코젤스크Kozel'sk를 공
격했는데(*P.S.R.L.* II, col. 781), 여기에서 템니크는 러시아인들이 러시아화된 용어
로 이를 즉각 받아들였음을 보여주는 것으로 여겨진다. 셸칸Shchelkan은 1327
년에 트베르로 다섯 명의 템니크를 데리고 왔다(*Troitskaia letopis'*, pp.358-359).
그리고 마마이는 아마도 베일레르베이beylerbey 혹은 에미르emir였음에도 불구
하고 템니크라고 불렸다(*P.S.R.L.* IV, p.64). 필자는 러시아 삼림 지대에 주둔하는
템니크에 의해 지휘되는 트마 혹은 투멘을 러시아 사료에서 언급하는 예가 있
는지는 찾지 못하고 있다.

5장 러시아 정치에서 몽골의 역할

1 *Novgorodskaia pervaia letopis'*, pp.264-266, 61-63.

2 Thomas T. Allsen, "Prelude to the Western Campaigns: Mongol Military
Operations in the Volga-Ural Region, 1217-1237", *Archivum Eurasiae
Medii Aevi* III(1983), pp.5-24.

3 1237~1238년의 러시아 원정을 서술하고 있는 세 개의 기본적인 연대기는 다
음과 같다. *Polnoe sobranie russkikh letopisei*, I, cols. 460-468, II, cols.
778-782 그리고 *NPL*, pp.286-289, 74-77이다. 키예프의 약탈에 대해 풍부하
게 언급하는 이야기는 *P.S.R.L.* II, cols. 784-787에 있다.

4 Denis Sinor, "Horse and Pasture in Inner Asian History", *Oriens Extre-
mis* 19(1972), pp.171-183.

5 체르니고프의 미하일은 샤머니즘의 정화淨化 예식을 행하는 것을 거부했다는

이유로 순교자의 명성을 획득했다. 그의 일대기 가운데 훗날의 개정본만이 미하일의 보야르 페오도르Feodor가 그의 주군이 하지 못했던 것을 한다면 그에게 공작의 지위를 주겠다고 한 타타르의 제안을 기록하고 있다. *NPL*, pp.298-303에 있는 가장 이른 시기의 판본과 *P.S.R.L.* VII, pp.152-156에 있는 16세기 보스크레셴스크Voskresensk 연대기의 내용을 비교하시오.

6 John L. I. Fennell, *The Emergence of Moscow, 1304-1359*(Berkeley and Los Angeles, 1968), pp.25-26, 36-42.

7 I. M. Kataev, "Tatary i poraboshchenie imi Rusi", in M. V. Dovnar-Zapol'skii, *Russkaia istoriia v ocherkakh i stat'iakh*(Moscow, 1909), p.574. 우크라이나의 정치 평론가들은 타타르족에 대한 대러시아인들의 '비굴한' 행동과 우크라이나인들의 '자유를 사랑하는' 용감한 대응들을 비교할 때 종종 13세기의 증거들을 활용하기 시작했고, 민족주의적 고정관념을 대비시키는 모습이 완전하게 사라지지는 않았다. 이 이론을 가장 많이 지지했던 19세기의 인물은 역사가이자 정치 평론가였던 코스토마로프N. Kostomarov였다. 이에 대해서는 N. L. Rubinshtein, *Russkaia istoriografiia*(Moscow, 1941), pp.421-440, 특히 pp.434-435를 참조하시오.

8 *P.S.R.L.* II, cols. 805-808.

9 Dimnik, *Mikhail, Prince of Chernigov and Grand Prince of Kiev*에서는 타타르족에 대한 미하일의 저항을 과장하고 있고, 정치적 처형이 어떻게 순교가 되었는지에 대해서는 전혀 다루지 않고 있다.

10 조지 베르나츠키는 그의 초기 유라시아 연구들에서 넵스키가 몽골에 복종하면서 가톨릭의 공격으로부터 러시아의 영혼을 구제했다고 주장했다. G. Vernadskii, "Dva podviga sv. Aleksandra Nevskogo", *Evraziiskii vremennik* 4(1925), pp.318-337을 참조하시오. 존 펜넬John L. I. Fennell은 최근 일련의 논문들에서 넵스키 신화의 정체를 폭로했다. 펜넬의 "Andrej Yaroslavovič and the Struggle for Power in 1252: An Investigation of the Sources", *Russia Mediaevalis* I(1973), pp.46-73과 "The Struggle for Power in North-East Russia, 1246-1249: An Investigation of the Sources", *Oxford Slavonic Papers* 7(1974), pp.112-121을 참조하시오. 균형 잡힌 관점을 위해서는 Walter Leitsch, "Einige Beobachtungen zum politischen Weltbild Aleksandr Nevskijs", *Forschungen zur osteuropaischen Geschichte* 25(1978), pp.202-216을 참조하시오. 킵차크 칸국과 넵스키의 관계 문제에 대해 소비에트 학자들

의 구두로 된 성과들을 인용하는 것은 목적에 부합하지 않는 것 같다.

11 왜냐하면 넵스키는 몽골족이 전쟁하기 좋아하는 계절인 겨울에 튜턴 기사단과 싸웠고, 궁수들(마이클 체르니압스키는 넵스키의 궁수들이 몽골족이었다고 추정했다)을 활용했으며 적군 침입자들을 방어하는 데에 몽골에 의지하며 몽골의 군사적 지원을 받았기 때문이다.

12 *P.S.R.L.* I, col. 476. Nasonov, *Mongoly i Rus'*, pp.50-51에서는 넵스키가 반란에서 역할을 수행했음을 보여주려고 했다. 증거들은 그 반대의 사실을 드러내고 있는데도 말이다. 만약에 나소노프가 주장했던 것처럼 세금 징수 청부업자들이 킵차크 칸국과 갈등 관계에 있던 대몽골 제국으로부터 왔다고 한다면, 아마도 넵스키는 킵차크 칸국이 토벌대를 보내는 것을 단념시키려고 설득할 필요가 없었을 것이다.

13 *NPL*, s.a. 1257, pp.82-83.

14 Ibid., s.a. 1269, pp.88-89.

15 *P.S.R.L.* V, p.228; *Gramoty Velikogo Novgoroda i Pskova*, ed. S. N. Valk(Moscow-Leningrad, 1949), #15, p.26(이후로는 *GVNP*로 약칭한다).

16 *GVNP* #3, 1270, p.13은 첫 번째 예다. 약간의 변화와 더불어 이러한 표현은 1471년에 노브고로드와 이반 3세가 맺은 조약을 통해서도 반복되었다. Ibid., #26-27, p.48.

17 가장 민족주의적인 대러시아 역사 서술은 키예프 공국의 전체 인구가 동북쪽으로 이동했다고 주장했다. 그래서 대러시아인은 키예프 공국의 후손들이었고, 우크라이나인은 몽골 정복 이후에 드네프르강 유역으로 이동한 폴란드인 등의 후손들이었다는 것이다. 이렇게 과장된 관점에 이의를 제기하는 연구로는 M. Grushevskii(Hrushevsky), *Ocherki po istorii Kievskoi zemli ot smerta Yaroslava do kontsa XIV stoletiia*, pp.427-497이 있는데, 여기에서는 엘리트가 이주하면서 키예프 지역에는 지배자가 없는 농민의 자치 공동체가 남아 있었기 때문에 몽골족이 '민주화' 효과를 가져왔다는 이상화되고 근거가 없는 이론을 진전시켰다. 그루셉스키의 결론에 대한 논평으로는 Presniakov, *Lektsii po russkoi istorii*, II, pp.18-20을 참조하시오.

18 *P.S.R.L.* I, s.a. 1300, col. 485. Charles J. Halperin, "The Tatar Yoke and Tatar Oppression", *Russia Mediaevalis*, 간행 예정 논문[이 논문은 1984년에 간행된 *Russia Mediaevalis* 5-1에 수록되었다]을 참조하시오. 연대기 작가들은 아마도 러시아에 대한 타타르의 억압을 공식적으로 용인된 정교회를 적대시하는

타타르의 어떤 특정한 행위로 간주하지는 않은 것 같다.

19 Michael Zdan, "The Dependence of Halych-Volyn Rus' on the Golden Horde", *Slavonic and East European Review* 35:85(June, 1957), pp.505-522에서는 갈리시아-볼히니아에 대한 몽골의 영향력을 축소시키고 있다.

20 갈리시아-볼히니아 연대기는 이러한 원정에 참여하는 데에 있어서 공작들이 타타르족의 '의도'(volia/nevolia)에 좌우되었다고 서술한다.

21 이러한 이해는 I. B. Grekov, *Vostochnaia Evropa i upadok Zolotoi ordy*(na rubezhe XIV-XV vv.)(Moscow, 1975)로 인해 생겨난 것 중 하나이고, 그레코프의 더 이른 시기의 연구인 *Ocherki po istorii mezhdunarodnykh otnoshenii vostochnoi Evropy XIV-XVI vv.*(Moscow, 1963)에도 드러나 있다. 이는 또한 베르나드스키의 책들에도 해당된다.

22 Nasonov, *Mongoly i Rus'*, pp.71-77; *Troitskaia letopis'*, s.a. 1297, pp.347-348.

23 *P.S.R.L.* IV, p.249와 V, p.202. 여기에서 인용한 것은 노브고로드 제4연대기와 소피아Sofia 제1연대기의 출처로, 1448년에 편집되었다고 추정되는 것을 새롭게 해석한 것으로 보인다.

24 트베르의 미하일 일대기의 가장 이른 연대기 판본은 *P.S.R.L.* V, pp.207-215에 있다. V. A. Kuchkin, *Povesti o Mikhaile Tverskom. Istoriko-ekstologiches-koe issledovanie*를 참조하시오.

25 *NPL*, s.a. 1325, p.97.

26 *P.S.R.L.* XV, col. 42-44. 예를 들면, L. V. Cherepnin, "Istochniki po istorii antimongol'skogo vosstaniia v Tveri v 1327 g.", *Arkheograficheskii ezhe-godnik za 1958*(1960), pp.37-53과 *Obrazovanie russkogo tsentralizovan-nogo gosudarstva v XIV-XV vv.: Ocherki sotsial'no-ekonomicheskoi i politicheskoi istorii Rusi*(Moscow, 1960), pp.475-496을 참조하시오. 존 펜넬은 그의 "The Tver Uprising of 1327: A Study of the Sources", *Jahrbücher für Geschichte Osteuropas* 15(1967), pp.161-179와 *The Emergence of Moscow, 1304-1359*, pp.105-110의 곳곳에서 러시아의 저항을 일으키기 위해 촐칸이 트베르로 파견된 것이라고 주장했다.

27 *Troitskaia letopis'*, s.a. 1348, p.369.

28 펜넬의 *The Emergence of Moscow, 1304-1359*는 여기에서 결론을 내리고 있기 때문에 타타르족과 싸울 때에 모스크바가 흥기하는 두 번째 국면을 논의

하지는 않는다.

29 *Troitskaia letopis'*, s.a. 1362, 1363, p.378.

30 내전 기간 동안에 러시아에 대해 이루어진 킵차크 칸국의 중앙집권화 정책이 가진 한계를 이해하지 못하고 있는 것은 그레코프I. B. Grekov의 *Vostochnaia Evropa i upadok Zolotoi ordy*의 결점들 중 하나다.

31 *Dukhovnye i dogovornye gramoty*, #9, p.26은 트베르가 타타르족에 대항하는 군사적 공수 동맹에 동의해서 트베르와 모스크바 사이에 맺어진 1375년의 조약 조항이다. 앞으로 따라야 할 정책들은 모스크바가 결정했다. 벨리아미노프Vel'iaminov는 훗날에 모스크바 공국 군대에 사로잡혔고, 모스크바의 붉은 광장에서 공개 처형을 당했다.

32 Halperin, "The Russian Land and the Russian Tsar", p.39를 참조하시오.

33 Ibid., pp.39-44의 곳곳과 pp.7-82. Charles J. Halperin, "The Six-Hundredth Anniversary of the Battle of Kulikovo Field, 1380-1980, in Soviet Historiography", *Canadian-American Slavic Studies*, 간행 예정 논문[이 논문은 1984년에 간행된 *Canadian-American Slavic Studies* 18-3에 수록되었다]을 참조하시오.

34 Halperin, "The Russian Land and the Russian Tsar", pp.44-48. 1382년에 타타르족에 의한 기만, 기습의 활용은 킵차크 칸국이 1380년 이전보다 약해졌고, 모스크바 공국의 군대를 정당한 야전野戰에서 상대할 수 없다는 것을 알았음을 암시한다는 주장을 받아들일 수 없게 만들고 있다.

35 모스크바의 성장에 관한 클류쳅스키V. O. Kliuchevskii의 유명한 강의에서 그는 모스크바의 정치적 성장에 공헌한 요인으로 타타르의 공격 노선으로부터 지리적으로 떨어져 있었다는 점을 제시했다. 그는 모스크바가 타타르의 동맹이 되어 타타르족이 모스크바를 공격하려고 하지 않았던 14세기의 일정 시기를 근거로 추정을 한 것 같다. 타타르족은 1237~1238년과 1382년에 모스크바를 약탈했고, 1408년에는 포위 공격을 했으며 1439년에는 성문까지 도달했다. 1571년에는 크림 칸국의 타타르족이 크렘린을 장악하지는 않았지만, 실질적으로 도시를 잿더미로 만들었다.

36 Halperin, "The Russian Land and the Russian Tsar", pp.48-52. 1382년의 모스크바 약탈이 모스크바의 명성을 바꾸게 하지는 못했던 것처럼, 티무르는 1380년 쿨리코보 평원 전투의 승리자와 전쟁을 하는 것을 두려워했다는 주장이 제기되기도 했다! 티무르는 저항의 가능성 때문에 원정을 쉽게 단념하는 사

람이 아니었다.

37 Ibid., pp.52-53.

38 Ibid., pp.53-57.

39 *P.S.R.L.* XVIII, p.168.

40 Ibid., pp.171-172.

41 Ibid., pp.193-196. 모스크바의 내전에서 타타르족이 수행한 역할과 킵차크 칸 국이 모스크바 공국의 계승 분쟁에 관여했다는 점은 추가적으로 참신한 분석 이 이루어질 가치가 있다.

42 Ibid., pp.267-268.

| 6장 몽골의 지배에 대한 러시아의 '이론' |

1 Robert Blake and Richard Frye, "The History of the Nation of Archers(Mongols) by Grigor of Akanc", *Harvard Journal of Asiatic Studies* XII:3-4(December, 1949), p.297.

2 Ihor Ševčenko, "The Decline of Byzantium Seen Through the Eyes of Its Intellectuals", *Dumbarton Oaks Papers* XV(1961), pp.167-176.

3 Hok-lam Chan, "Liu Ping-chung(1216-1274). A Buddhist Taoist Statesman at the Court of Kubilai Khan", *T'oung Pao* 53(1967), pp.98-146; John Dardess, "Ming T'ai-tsu on the Yüan: An Autocrat's Assessment of the Mongol Dynasty", *Bulletin of Sung-Yüan Studies* 14(1978), pp.6-11.

4 Halperin, "Russia and the 'Tatar Yoke': Concepts of Conquest, Liberation, and the Chingissid Idea", *Archivum Eurasiae Medii Aevi*, II(1982), pp.97-107은 이 문제에 대한 필자의 연구의 아주 이른 시기의 모습을 보여주고 있다. 이제는 Halperin, *The Tatar Yoke*(Columbus, Ohio), 출간 예정[이 책은 1985년에 출간되었고, 2009년에는 그 개정판이 출간되었다]을 참조하시오.

5 Gian Andri Bezzola, *Die Mongolen in abenländischen Sicht(1220-1270). Ein Beitrag zur Frage der Volkerbegegnung*(Bern, 1974).

6 I. I. Sreznevskii, *Materialy dlia slovaria drevnerusskogo iazyka*, 3 vv.(St. Petersburg, 1893-1912), v. II col. 976: pleniti = vziat' v plen(사로잡다), zavoevat'(패배시키다), pokorit'(정복하다), uvlich'(생포하다), soblaznit'(속이다?).

7 1251년에 네브루이Nevrui는 수즈달리아 지역을 '약탈plenenie'하는 것을 주도했다(*Novgorodskaia pervaia letopis*', p.304). 1258년에 타타르족은 리투아니아 지역을 '차지했다vziasha'(ibid., p.82). 1402년에 타타르족은 니즈니 노브고로드를 '약탈했다popleniv'(ibid., p.402). 1399년에 러시아인들은 타타르 지역을 '약탈했다plenisha'(*Troitskaia letopis*', p.453). 1357년에 아무라트Amurat 칸은 대주교 알렉세이Alexei가 그의 아내를 치료하기 위해 킵차크 칸국으로 오지 않는다면 러시아 지역을 '약탈pleniti'하겠다고 위협한다(*P.S.R.L.* XV, cols. pp.422-428). 15세기 중반의 연대기들에 따르면, 1293년에 차르 디우덴Diuden은 블라디미르, 페레이아슬라블Pereiaslavl', 모스크바, 볼로크Volok, 그리고 14곳의 다른 도시를 '차지했고vziasha' 많은 기독교도를 '생포했다plenisha'(*P.S.R.L.* IV, p.44). 1375년에 모스크바 공국의 군대가 트베르 공국의 많은 도시를 '점령하고 차지했다plenisha i vziasha'고 전해진다(*P.S.R.L.* XXIV, pp.130-131). 1471년에는 비아트카Viatka의 사람들이 사라이를 '차지했다vziasha'(*P.S.R.L.* XXVII, p.135). 16세기의 니콘 연대기 작가는 1405년에 투로프Turov의 주교가 도시 키예프와 볼히니아 전체 지역을 '약탈pleniti'하기 위해 샤디베크Shadibek 칸을 불러왔다고 기록하고 있다(*P.S.R.L.* XI, p.192). 1340년에 노브고로드의 하위 계급chern'은 노브고로드의 경계 도시인 토르조크Torzhok의 보야레의 촌락들을 '약탈했다plenisha'(*P.S.R.L.* X, p.212).

8 *Voinskie povesti drevnei Rusi*, pp.9-19.

9 이것은 *Troitskaia letopis*', p.219에 있는 1238년 항목에도 기록되어 있는 바로 그 감상이다.

10 로렌티아 연대기, *P.S.R.L.* I, cols. pp.460-468. 히파티아 연대기의 서술, *P.S.R.L.* II, cols. pp.778-782에는 중대한 한 가지 혁신적 사항이 포함되어 있다. 블라디미르의 공작들은 타타르족의 '종복들poruchniki'이 되는 것을 바라지 않는다는 것인데, 아마도 서로 간의 신뢰poruka를 표시하기 위해 이 용어를 시대착오적이면서 확실히 아주 특이하게 활용한 예가 될 것이다. 전반적으로 서술이 다른 노브고로드 제1연대기의 기록(*Novgorodskaia pervaia letopis*', pp.286-289, 74-77)은 표준적인 어휘를 사용하고 있다. 이와 같은 패턴은 1240년의 키예프 '점령'에 대한 묘사에서도 유지되고 있다: *P.S.R.L.* I, col. 470, *P.S.R.L.* II, cols. pp.784-787. 일부가 잔존하고 있는 『러시아 지역의 파괴 이야기*Slovo o pogibeli russkoi zemli*』에서는 타타르족의 명칭도 언급하지 않으면서 그들과의 관계를 단절시키고 있다. Begunov, *Pamiatnik russkoi literatury XIII v. 'Slovo o pogibeli russkoi zemli*', pp.187-194의 곳곳을 참조하시오.

11 *P.S.R.L.* II, cols. pp.871-874, 881-882, 888, 891-895, 897. '의도'는 지시된 평화라고 하는 일방적인 결정을 의미하는 데에도 사용될 수 있었다. 1269년에 대바스카크 아르가만은 그의 '의도volia'에 따라 독일인들이 모두 평화 조약을 받아들일 것을 강요했다(*Novgorodskaia pervaia letopis'*, pp.88, 319).

12 Kargalov, *Vneshnepoliticheskie faktory razvitiia feodal'noi Rusi*, pp.135-136.

13 야를리크라는 단어는 13세기의 연대기들에서는 나오지 않는다. 킵차크 칸국이 자치적으로 분리되어 나오기 전에는 그 통치자들이 칸이라는 칭호를 취할 수도 없었고, 칸의 특권인 야를리크를 발포할 수도 없었다. 오히려 킵차크 칸국의 통치자들은 특허장을 발포했는데, 이는 러시아어의 그라모타gramota로 적확하게 번역될 수 있다. 13세기의 러시아 사료들은 킵차크 칸국으로부터 발행된 그라모타들을 언급하고 있다(예를 들면, *Gramoty Velikogo Novgoroda i Pskova*, p.13). A. P. Grigor'ev, "K rekonstruktsii tekstov zolotoordynskikh iarlykov XIII-XV vv.", *Istoriografiia i istochnikovedeniia istorii stran Azii i Afriki* V(Leningrad, 1980), pp.16-17을 참조하시오. 아마도 13세기 러시아 공작들은 킵차크 칸국의 통치자를 통해서 카라코룸의 대칸으로부터 야를리크를 받았을 것이고, 혹은 사라이의 통치자들이 대칸으로부터 허락을 받아 야를리크를 발포했을 것이다.

14 *Novgorodskaia pervaia letopis'*, pp.62-63.

15 동북부 러시아에서 인구 조사가 실시된 이후에 기록된 체르니고프의 미하일 일대기가 아마도 남부 러시아에서도 인구 조사가 있었다고 조작했던 것으로 보인다. 일대기의 완벽한 원문은 노브고로드 제1연대기의 훗날 개정본에서만 찾아볼 수 있고, 로렌티아 연대기나 히파티아 연대기 혹은 노브고로드 제1연대기의 이전 판본에서는 찾아볼 수 없다.

16 Cherniavsky, "Khan or Basileus", p.465.

17 Ibid., pp.465-466.

18 원문은 Begunov, *Pamiatnik russkoi literatury XIII veka 'Slovo o pogibeli russkoi zemli'*, pp.187-194에 있다.

19 *P.S.R.L.* II, cols. pp.805-806.

20 E. V. Petukhov, *Serapion Vladimirskii, russkii propovednik XIII v.*(Zapiski istoriko-filologicheskago fakul'teta St. Peterburgskago Universiteta, ch. XVII; St. Petersburg, 1888), Appendix, pp.2, 5, 8, 12, 14. 세라피온은 '타타르족'이라는

명칭을 결코 언급하지 않고 있는데, 어떤 학자들도 이것의 중요성을 알아내지 못했다.

21 Halperin, "The Russian Land and the Russian Tsar"의 곳곳을 참조하시오. 이제는 소비에트, 서구 학계에서 일반적으로 통용되는 쿨리코보 평원 전투에 대한 사료의 애국주의적인 해석은 러시아 제국의 학문에서 나온 것이다.

22 *Troitskaia letopis'*, pp.419-421과 *P.S.R.L.* IV, pp.75-87.

23 *Povesti o Kulikovskoi bitvy*, ed. M. N. Tikhomirov, V. F. Rzhiga, and L. A. Dmitriev(Moscow, 1959), pp.9-16.

24 Ibid., pp.43-76.

25 *P.S.R.L.* IV, Appendix, pp.350-351.

26 예를 들면 *P.S.R.L.* XXV, pp.327-328과 XVIII, pp.627-628.

27 *P.S.R.L.* XXII, pp.500-502. 이른바 아흐마드의 야를리크가 가진 중요성과 실제 의미는 여전히 논쟁의 여지가 있다. K. V. Bazilevich, "Yarlik Akhmed-khana Ivanu III", *Vestnik Moskovskogo Gosudarstvennogo Universiteta*, 1948 #1, pp.29-46을 참조하시오. Edward L. Keenan, "The *Yarlik* of Axmed-Khan to Ivan III: A New Reading—A Study in Literal *Diplomatica* and Literary *Turcica*", *International Journal of Slavic Linguistics and Poetics* no. 11(1967), pp.33-47은 17세기의 기원을 주장하고 있는데, 필자는 납득할 만한 점을 찾을 수가 없다. M. A. Usmanov, "Ofitsial'nye akty khanstv Vostochnoi Evropy XIV-XVI vv. i ikh izucheniia", *Arkheograficheskii ezhegodnik za 1974*(1975), p.131과 A. P. Grigor'ev, *Mongol'skaia diplomatika XIII-XV vv.*, p.28을 참조하시오.

28 *P.S.R.L.* XX, pp.339-345와 VIII, pp.207-213.

29 Cherniavsky, "Khan or Basileus", pp.459-476.

30 Ibid., pp.472-473. 필자가 각주는 삭제했다.

31 바투는 그의 생전에 칸/차르의 칭호를 취한 바가 없었는데, 부분적으로는 그가 서출(庶出)이었기 때문(칭기즈칸의 부인을 강간했던 칭기즈칸의 적 자무가Jamuga가 그의 아버지였다)[바투의 아버지가 자무가였다는 설명은 사실이 아니다. 칭기즈칸의 첫째 아들이자 바투의 아버지인 주치는 칭기즈칸의 부인이 메르키트 부족에 의해 납치되었다가 다시 돌아온 직후에 낳은 자식이었다. 그래서 바투의 아버지 주치는 메르키트 부족이 낳은 사생아라고도 불렸고, 이로 인해 바투의 정통성도 크게 훼손되었던 것이다]이고, 또 다른 부분에서는 킵차크 칸국이 몽골 세계 제국으로부터 독립을 아직

선언하지 않았기 때문이기도 하다. 그러나 13세기 말이 되면, 러시아 문인들은 바투가 차르라는 칭호를 소급해서 사용할 권리에 의문을 제기하지 않았다.

32 D. P. Golokhvastov와 정교회 수도원장인 Leonid, "Blagoveshchenskii ierei Sil'vestr' i ego poslaniia", *Chtenia v Obshchestve istorii i drevnostei rossiiskikh pri Moskovskom universitete*, #88(1874), kniga 1(January-March), pp.70-72.

33 문헌 간행물로서 가진 한계에도 불구하고 여기에서 필자는 G. N. Moiseeva, ed., & intro., *Kazanskaia istoriia*(Moscow-Leningrad, 1954), pp.45, 55-57 을 활용했다.

34 Edward L. Keenan, Jr., "Coming to Grips with the *Kazanskaya istoriya*: Some Observations on Old Answers and New Questions", *Annals of the Ukrainian Academy of Arts and Sciences in the United States*, v. 31-32(1967), pp.143-183에서는 물론 이를 17세기의 것으로 분류하고 있지만 말이다.

35 비록 그 의미는 아주 가깝지만, 단어 yarmo(부담)와 igo(멍에)는 구분되어야만 한다. 필자는 igo라는 단어가 성서 인용구가 아닌 정치적인 개념으로 아주 이른 시기에 활용된 것에 대한 해석을 목격하지 못했다. 『카잔 역사』는 이 단어를 노브고로드와 블라디미르/모스크바 대공국 사이의 관계에도 적용하고 있다!(*P.S.R.L.* XIX, p.6과 *Kazanskaia istoriia*, ed., Moiseeva, pp.54-55).

| 7장 경제와 인구에 끼친 영향 |

1 이에 대한 가장 철저한 논의는 Kargalov, *Vneshnepoliticheskie faktory razvitiia feodal'noi Rusi*, pp.173-217의 곳곳에 있다. 농촌 인구에 대해서는 pp.179-218과 카르갈로프의 "Posledstviia mongolo-tatarskogo nashestviia XIII v. dlia sel'skikh mestnostei Severo-Vostochnoi Rusi", *Voprosy istorii* 1965 #3, pp.53-58을 참조하시오. 장인을 표준적으로 다룬 내용으로는 B. A. Rybakov, *Remeslo drevnei Rusi*(Moscow-Leningrad, 1948), pp.525-538의 곳곳을 참조하시오. 소비에트의 역사가들은 몽골의 정복이 러시아 경제에 끼친 영향이 부정적이었을 뿐만 아니라 생산력을 파괴하여 경제적 발전을 지연시키는 퇴보적인 것이었다고 결론을 내렸다.

2 Robert E. F. Smith, *The Origin of Farming in Russia*(Paris, 1959); M. N.

Tikhomirov, *Drevnerusskie goroda*(Moscow, 1956).

3 V. V. Kargalov, "Mongolo-tatarskie vtorzheniia i peremeshchenie naseleniia severo-vostochnoi Rusi vo vtoroi polovnie XIII v.", *Nauchnye doklady, Vysshei Shkoly, Istoricheskie nauki* 1961 #4, pp.134-137과 그의 *Vneshnepoliticheskie faktory razvitiia feodal'noi Rusi*, pp.190-200.

4 Kargalov, *Vneshnepoliticheskie faktory razvitiia feodal'noi Rusi*, pp.162-172, 185-188.

5 Vernadsky, *The Mongols and Russia*, pp.228-232에서는 조세의 양을 계산하려는 시도를 하면서 세 가지의 불합리한 가정을 만들어냈다. 첫째, 시간이 지남에 따른 변화가 없었기 때문에 13세기부터 15세기의 연대기들의 기록을 단순한 계산으로 통합시킬 수 있다는 것이다. 둘째, 19세기 러시아 인구 조사의 인구학적인 가족 비율을 중세 러시아의 1호당 인구로 투영시킬 수 있다는 것이다. 셋째, 트마는 1만 명의 신입 병력을 의미한다는 것이다. 베르나츠키는 또한 트베르와 리아잔의 트마들의 숫자도 조작했고, 임의로 노브고로드의 세금이 2만5000루블이었다고 지정했다. 베르나츠키가 계산한 것과 같은 수치의 은을 싣고 볼가강을 따라 러시아의 배들이 내려왔다면, 사라이에 도착하기도 훨씬 전에 다 가라앉아버렸을 것이다.

6 Michel Roublev, "Le tribut aux Mongoles d'après les Testaments et Accords des Princes Russes", *Cahiers du monde russe et soviétique* VII(1966), pp.487-530, 이에 대한 번역으로 다시 간행된 것으로 "The Mongol Tribute According to the Wills and Testaments of the Russian Princes", in Michael Cherniavsky, ed., *The Structure of Russian History*(New York, 1970), pp.29-64를 참조하시오. 그리고 Roublev, "The Periodicity of the Mongol Tribute as Paid by the Russian Princes during the Fourteenth and Fifteenth Centuries", *Forschungen zur osteuropaischen Geschichte* 15(1970), pp.7-13도 참조하시오. 루블료프가 시도한 분석의 기본적인 단계는 어떤 도시 혹은 지역이 5000루블로(po) 세금을 낼 것이라는 핵심 구절의 번역을 베르나츠키가 주장했던 것처럼, 도시 한 곳당 5000루블을 뜻하는 것이 아니라고 보는 것이다. 그러나 5000루블'의'라는 구절은 세금의 총액이었음을 드러낸다. N. P. Pavlov의 논문들인 "Reshaiushchaia rol' vooruzhenoi bor'by russkago naroda v 1472-1480 gg. v okonchatel'nom osvobozhdenii Rusi ot tatarskogo iga", *Uchenye zapiski Krasnoiarskogo gosudarstvennogo*

pedagogicheskogo instituta, IV, vyp. 1, 1955, pp.182-195와 "K voprosu o russkoi dani v Zolotoiu ordu", ibid., XIII, vyp. 2, 1958, pp.74-112는 베르나츠키의 계산법을 인용하지 않았지만, 루블료프와 비슷한 결론에 도달하고 있다. 파블로프는 1380년 이전에는 한 해 세금이 1만3000~1만4000루블이었고, 1380년부터 1472년까지는 한 해 세금이 5000~7000루블이었으며 1472년부터 세금 납부가 중단되는 1476년까지는 한 해 세금이 4200루블이었고 1480년 이후에는 한 해에 대략 1000루블에 해당되는 선물을 납부했다고 계산하고 있다. 비록 루블료프처럼 효과적으로 이 점을 주장하지는 않지만, 파블로프는 전치사 po를 루블료프와 같은 방식으로 해석하고 있음이 틀림없다.(파블로프의 논문들은 소비에트의 역사학계에서 눈에 잘 띄지 않는다. 루블료프의 연구에 접근이 어려운 사람들에게만 알려졌던 것이다.)

7 *Troitskaia letopis'*, p.334. 이 발견은 마이클 체르니압스키로부터 나온 것이다.

8 Kargalov, *Vneshnepoliticheskie faktory razvitiia feodal'noi Rusi*, p.96.

9 아랍의 정복 이후에 근동 지역에서 예전의 비잔틴 제국에 속했던 지역을 아랍 측이 대하는 것에서도 대략적으로 비슷한 점이 보인다. 정치적 안정과 더불어 기독교도 납세자들의 경제적 안녕을 위한 이기적인 염려는 일부 무슬림의 행정에 약간의 제한을 야기했다. Demetrios J. Constantelos, "The Moslem Conquests of the Near East as Revealed in the Greek Sources of the Seventh and Eighth Centuries", *Byzantion* 42(1972), pp.325-357을 참조하시오.

10 Michel Roublev의 미간행 원고인 "The Scourge of God"의 4장인 "The Scourge of God."

11 Ibid.

12 Vernadsky, *The Mongols and Russia*, pp.338-344는 균형 잡힌 관점으로 몽골의 정복이 끼친 경제적 결과에 의문을 제기하면서 동방 무역이 러시아에 가져다준 이익을 주목하게 만든 공적의 측면에서 인정받을 가치가 있다. 소비에트의 중세 러시아 역사 전문가들은 동방 교역에 러시아가 참여했다는 주제에 다소 민감하게 반응하고 있고, 러시아 경제에 끼친 몽골의 부정적인 영향을 소홀히 다루고 있는 점을 극찬했던 베르나츠키 혹은 바르톨드와 같은 학자들을 비판하고 있다.

13 Janet Martin, "The Land of Darkness and the Golden Horde…"의 곳곳을 참조하시오.

14 *Gramoty Velikogo Novgoroda i Pskova*, #30, p.57.

15 고고학 연구 중에서 영어로 된 요약으로는 M. W. Thompson, compiler, *Novgorod the Great*(New York-Washington, D.C., 1967)을 참조하시오.

16 Thomas S. Noonan, "Russia's Eastern Trade, 1150-1350: The Archaeological Evidence", *Archivum Eurasiae Medii Aevi* III(1983), pp.201-264.

17 *Polnoe sobranie russkikh letopisei*, VIII, p.180.

18 Herbert Franz Schurmann, *Economic Structure of the Yüan Dynasty: Translation of Chapters 93 and 94 of the Yüan shih*(Cambridge, Mass., 1956; Harvard-Yenching Institute Studies, XVI); I. P. Petrushevskii in John Andrew Boyle, ed., *Cambridge History of Iran, v. V. Saljuq and Mongol Periods*(Cambridge, England, 1968), pp.505-514; L. O. Babaian, *Sotsial'no-ekonomicheskaia i politicheskaia istoriia Armenii v XIII-XIV vv.*(Moscow, 1969), pp.119-140을 참조하시오.

19 Jung-pang Lo, "The Controversy over Grain Conveyance during the Reign of Qubilai Qaqan, 1260-1294", *Far Eastern Quarterly* 13(1954), pp.262-285.

20 I. P. Petrushevskii, *Zemledelie i agrarnye otnosheniia v irane XIII-XIV vv.*(Moscow-Leningrad, 1960), pp.170, 173, 203-205, 222-223.

21 이러한 도시 발전에 대한 낙관적인 접근으로는 Lawrence N. Langer, "The Russian Medieval Town: From the Mongol Invasion to the End of the Fifteenth Century", University of Chicago 학위논문, 1972; Langer, "The Black Death in Russia: Its Effect Upon Urban Labor", *Russian History* II:1(1975), pp.53-67; 그리고 학위논문의 요약인 Langer, "The Medieval Russian Town", in Michael Hamm, ed., *The City in Russian History*(Lexington, Ky., 1976), pp.11-33을 참조하시오. 랭거는 몽골 문제를 직접 다루지는 않고 있다. A. M. Sakharov, *Goroda severo-vostochnoi Rusi XIV-XV vv.*(Moscow, 1959)에 나타난 소비에트의 관점도 참조하시오.

22 이 시기의 농업에 관한 논쟁적인 분석으로는 G. E. Kochin, *Sel'skoe khoziaistvo na Rusi kontsa XIII-XIV v.*(Leningrad, 1965)를 참조하시오. 불행하게도 로버트 스미스Robert E. F. Smith는 몽골 시기의 농업을 다루지 않고 있다. 몽골 이전 키예프 시기를 다룬 그의 이전 연구(각주 2번 참조)와 이후의 연구는 *Peasant Farming in Muscovy*(Cambridge, England, 1977)에 요약되어 있는데 여기에서는 몽골 이후의 시기를 다루는데 대체로 16세기에 해당된다.

23 이는 랭거의 연구로부터 필자가 추론한 것이고, 랭거의 주장은 아니다.

24 Roublev, 6장, "Conclusion" "The Scourage of God."

25 마이클 체르니압스키는 세미나에서 이 점을 밝혔다.

26 Cherepnin, *Obrazovanie russkogo tsentralizovannogo gosudarstva*, p.390에서는 상반되는 결론을 도출하고 있다.

27 Paul Bushkovitch, *The Merchants of Moscow, 1580-1650*(Cambridge, England, 1980). 그의 "Towns, Trade and Artisans in Seventeenth-Century Russia: The View from Eastern Europe", *Forschungen zur osteuro-paischen Geschichte* 27(1980), pp.215-232도 참조하시오.

8장 몽골족과 모스크바 공국의 전제정치

1 이 문제에 대한 역사 서술 중에서 가장 광범한 조사는 여전히 Cherepnin, "Istoriografiia", *Obrazovanie russkogo tsentralizovannogo gosudarstva*, pp.15-144이다.

2 예를 들면 Fennell, *The Emergence of Moscow*와 같은 서구의 연구들이 있다.

3 이는 Nasonov, *Mongoly i Rus'* 이래로 소비에트의 표준적인 관점이다. 이는 베르나츠키와 같은 대부분의 러시아 출신 망명 학자가 공유하고 있다.

4 예를 들면, 베르나츠키 혹은 펜넬에 의해서 수행된 것은 아니다.

5 Roublev, 5장, "The New Order Subverted: The Muscovite *Baskaki*", in "The Scourage of God"에서 제기되고 있는 것이다.

6 그래서 루블료프의 장(주석 5번 참조) 제목은 은유적이다.

7 Vernadsky, *The Mongols and Russia*, pp.127-130, 222-223, 362-363, 387-388은 비록 불행하게도 분산되어 있지만, 모스크바 공국이 몽골의 제도를 차용했다는 가장 해박한 논의에 해당된다.

8 러시아인들은 자신도 모르게 카르피니의 전술적 충고(Dawson, pp.43-50)를 따르고 있었다.

9 N. P. Pavlov, "Tatarskie otriazi na russkoi sluzhbe v period zaversheniia ob"edineniia Rusi", *Uchenye zapiski Krasnoiarskogo gos. ped. inst.*, t. 9, vyp. 1(1957), pp.165-177은 이러한 타타르 부대의 중요성을 축소하고 있다.

10 Thomas Esper, "Military Self-Sufficiency and Weapons Technology in

Muscovite Russia", *Slavic Review* 28:2(June, 1969), pp.185-208.

11 Peter B. Brown, "Early Modern Russian Bureaucracy: The Evolution of the Chancellery System from Ivan III to Peter the Great, 1478-1717", University of Chicago 학위논문, 1977, pp.12-13, 147과 특히 614-626.

12 Edward L. Keenan, "The *Yarlik* of Axmed Khan to Ivan III: A New Reading", pp.33-47의 곳곳을 참조하시오.

13 N. I. Veselovskii, "Tatarskoe vliianie na posol'skii tseremonial v moskovskii period russkoi istorii", Otchet Sv. *Peterburgskago Universiteta* za 1910(그리고 별개의 단행본, St. Petersburg, 1911), pp.1-19. 베셀롭스키의 가장 신뢰성 있는 연구를 기반으로 한 것으로는 Bartol'd, *Sochineniia*, IX, pp.642-664를 참조하시오.

14 Alan W. Fisher, "Muscovite-Ottoman Relations in the Sixteenth-Seventeenth Centuries", *Humaniora Islamica* I(1973), pp.207-217.

15 V. A. 리아사놉스키v. A. Riasanovskii와 니콜라스 리아사놉스키Nicholas Riasanovsky는 얌은 키예프 시기 포보즈povoz의 다른 이름일 뿐이고, 아마도 더욱 빠른 몽골 말이 있었을 것이라고 주장한다. Grekov and Iakubovskii, *Zolotaia orda i ee padenie*, pp.224-225에서는 몽골의 영향을 일부 인정한다. 포보즈는 단순히 이동하는 관료들에게 먹을 것을 제공해주었을 뿐이고, 그 용어는 모스크바 공국 사료에서는 나오지 않는다. 포보즈는 행정적으로 얌과 같은 영역에 있지 않았던 것이다.

16 Peter Olbricht, *Das Postwesen in China unter den Mongolenherrschaft im 13. und 14. Jh.*(Göttinger Asiatische Forschungen, 1; Wiesbaden, 1954).

17 Gustave Alef, "The Origin and Development of the Muscovite Postal Service", *Jahrbücher für Geschichte Osteuropas* 15(1967), pp.1-15.

18 Horace W. Dewey, "Kinship and *Poruka* before Peter the Great", paper, American Association for the Advancement of Slavic Studies Convention, Philadelphia, November 5, 1980.

19 Horace W. Dewey and Ann M. Kleimola, "Coercion by Righter(Pravezh) in Old Russian Administration", *Canadian-American Slavic Studies* 9:2(1975), pp.156-167.

20 Daniel H. Kaiser, *The Growth of Law in Medieval Russia*(Princeton, 1980) 는 내부의 인과 관계를 근거로 13세기에서 15세기 러시아 법의 발전을 설명

하고, 타타르족은 논의하지 않고 있다. 이 연구에 대한 논평인 Basil Dmy-tryshyn, *Canadian Slavonic Papers* XXIII:4(December, 1981), p.476에서는 사형, 낙인, 고문에 '자유롭게 의지'하는 것을 포함하여 중세 러시아의 절차와 실행에 끼친 몽골의 영향을 소홀히 했다고 지적하면서 카이서의 연구를 비판하고 있다.

21 Oswald P. Backus III, "Evidence of Social Change in Medieval Russian Religious Literature", in Andrew Blane, ed., *The Religious World of Russian Culture: Essays in Honor of Georges Florovsky, v. 2: Russia and Orthodoxy*(The Hague, 1975), pp.75-100을 참조하시오.

22 몽골 귀족들은 면제의 허가권을 받고 타르칸tarkhan이 되면서 세금을 면제받을 수 있었고, 타르칸이라는 용어는 똑같은 의미로 차용되어 러시아어에서도 사용되었다(그러므로 tarkhannye gramoty는 면제의 허가라는 뜻). 13세기에는 러시아 공작 혹은 귀족 중에서 이러한 특권을 소유한 사람은 없었다. 단지 러시아 정교 교회만이 몽골 지배의 재정적 의무를 면제받았다.

23 Dimitri Obolensky, *The Byzantine Commonwealth: Eastern Europe, 500-1453*(New York, 1971), pp.314-321, 특히 p.315.

24 비트포겔Wittfogel은 몽골족이 러시아에 '제도적 시한폭탄'을 심어놓았고, 그것이 킵차크 칸국의 붕괴 이후에 동양적 전제주의로 폭발했다고 썼던 반면에, 베르나츠키는 몽골 지배에 대한 모스크바 공국의 '지연된 대응'이라고 언급했다. Jaroslaw Pelenski, "State and Society in Muscovite Russia and the Mongol-Turkic System in the Sixteenth Century", *Forschungen zur osteuropaischen Geschichte* 27(1980), pp.157-167은 모스크바 공국의 일부 제도가 카잔 칸국에서 차용된 것이라고 주장하고 있다.

25 베체의 민주적 특성에 대한 이론은 클류쳅스키Kliuchevskii의 강연들을 통해 가장 광범한 신뢰를 받았고, 여기에서부터 베르나츠키, 최근에는 프로이아노프 Froianov의 논의로까지 나아갔다. 프레스니아코프Presniakov는 75년 전의 이러한 주제에 대한 합리적인 의문을 제기했다.

26 이와 상반되는 관점으로는 Vernadsky, *The Mongols and Russia*, pp.345-346을 참조하시오. Klaus Zernack, *Die burgstädtischen Volksversammlungen bei den Ost- und Westslawen. Studien zur verfassungsgeschichtlichen Bedeutung des Večes*(Osteuropastudien der Hochschulen des Landes Hessen. Reihe I. Giessiner Abhandlungen zur Agrar- und Wirtschafts-

forschungen der Europaischen Ostens. Band 33; Wiesbaden, 1967), pp.104-108, 115-116, 126, 165-175에서는 베체의 쇠퇴가 몽골의 반反베체 정책 자체보다는 러시아 도시에 대한 몽골의 약탈적 파괴에 기인한 것으로 보고 있다.

27 체르니압스키는 베체가 귀족 계급의 사회적 이익을 위한 것이었기 때문에(이는 프레스니아코프가 암시했던 바이기도 하다) 중세 러시아 귀족 행정의 변동된 구조는 귀족 계급을 위한 보야르 두마boyar duma의 기능을 더욱 효율적으로 만들었다고 주장했다. 그 결과 베체는 제도적으로 쓸모가 없어졌고, 이에 쇠퇴했다.

28 Nancy Shields Kollmann, "Kinship and Politics: The Origin and Evolution of the Muscovite Boyar Elite in the Fifteenth Century", 하버드대 학위논문, 1980.

29 예를 들면, Berthold Spuler, "Die Goldene Horde und Russlands Schicksal", *Saeculum* VI(1955), pp.397-406 혹은 Szczesniak, Szamuely, Richard Pipes의 연구가 있다.

30 Harrison E. Salisbury, *War Between Russia and China*(New York, 1969), p.31. 샐리스버리는 이제는 동료가 된 공산주의 국가 중국에 대한 러시아의 태도의 기원을 몽골족에 대한 중세 러시아인의 태도에서 추적한다(pp.29-38). 그러나 중세 러시아인들의 타타르족에 대한 적대감은 종교적이었고, 반면에 현대 러시아인들의 중국인(혹은 다른 아시아인)에 대한 증오는 정치적이고 인종적인 것이다.

31 그럼에도 불구하고 Vernadsky, *The Mongols and Russia*, p.390.

32 Cherniavsky, "Khan or Basileus", pp.459-476, 또한 재간행된 것으로는 Cherniavsky, ed., *The Structure of Russian History*, pp.65-79를 참조하시오. 화폐, 예술, 도상圖像 증거를 체르니압스키가 포괄적으로 활용하고 있지만, 그의 이론은 문헌 증거를 통해 더욱 상당히 효율적으로 적용될 수 있다.

33 투르크어와 몽골어에서 카간이 언어학적으로 칸으로 발전했다. 카간kagan → 카안ka'an → 칸kan → 칸khan.

34 히파티아 연대기에서부터 15세기 중반에 이러한 추이가 동북부 러시아 지역 연대기의 전통으로 편입되기에 이르렀다. *P.S.R.L.* II, col. 745; V, p.73; VII, p.132; XXVI, p.169를 참조하시오.

35 *P.S.R.L.* I, cols. 470, 471, 472, s.a. 1243, 1245, 1246, 1247, 1249.

36 *tsesar' Batyia*, pp.299-300에도 불구하고 *Novgorodskaia pervaia letopis'*, Kommisionyi spisok, s.a. 1245, p.298을 참조하시오.

37 *P.S.R.L.* II, s.a. 1250, col. 806에서는 칭기자 칸Chingiza kan을 언급하고 있고, s.a. 1274, cols. 871-874에서는 몽골 칸들을 '차리tsari'라고 부르고 있다.

38 Priselkov, *Khanskie yarliki russkim mitropolitam*, p.56.

39 Halperin, "The Russian Land and the Russian Tsar", pp.38-57.

40 Charles J. Halperin, "A Chingissid Saint of the Russian Orthodox Church: The 'Life of Peter, tsarevich of the Horde'", *Canadian-American Slavic Studies* 9:3(1975), pp.324-335.

41 Michael Cherniavsky, "Ivan the Terrible and the Iconography of the Kremlin Cathedral of Archangel Michael", *Russian History* II:1(1975), pp.3-28.

42 체르니압스키는 중세 러시아의 사상에서 칸의 세속적인 이미지와 바실레우스의 종교적 이미지를 대조시켜 보여줬다. 러시아에서 칸의 이미지는 세속적이었는데, 칸은 정복의 권리로 러시아를 지배했고 기독교 법률에 종속되지 않았기 때문이었다. 물론, 초원에서는 칭기즈칸의 후손들이 가진 최고의 명령에 대한 의미가 종교적이었는데 처음에는 텡그리Tengri[초원의 유목민들이 하늘을 지칭할 때 쓰는 단어]로부터 시작하여 훗날에는 불교 신앙에 의해 강화되었다. 체르니압스키는 칸의 이미지를 르네상스 시기 군주들과 같은 다른 통치자의 세속적인 이미지와는 연결시키지 않고 있다. 칸의 이미지를 기능적으로 그리고 개인적으로 독립적이었던 르네상스 시기 군주들의 그것에도 적용할 수 있을 것이다.

43 그럼에도 불구하고, Jaroslaw Pelenski, *Russia and Kazan: Conquest and Imperial Ideology*(1438-1560s)(The Hague-Paris, 1973), p.299.

9장 몽골족과 러시아 사회

1 *P.S.R.L.* II, col. 784.

2 *P.S.R.L.* XXIII, Appendix, p.168. M. E. Bychkova, *Rodoslovnye knigi XVI-XVII vv. kak istoricheskii istochnik*(Moscow, 1975), pp.147-150을 참조하시오.

3 Grekov and Iakubovskii, *Zolotaia orda i ee padenie*, p.272. 야쿠봅스키는 또한 연대기들에서 타타르족 이름에 대한 러시아식 필사의 정확성을 논하고 있다. A. Iakubovskii, "Iz istorii padeniia Zolotoi ordy", *Voprosy istorii* 1947 #2, p.40. 이는 동방학자들의 큰 찬사를 받고 있다.

4 Charles J. Halperin, "Know Thy Enemy: Medieval Russian Familiarity with the Mongols of the Golden Horde", *Jahrbücher für Geschichte Osteuropas*, 30(1982), pp.161-175.

5 이는 Vernadsky, *The Mongols and Russia*, pp.366-377의 '사회적 변화들'이라는 장의 결론이다. 그러나 농노제에 대한 몽골의 인과 관계를 보는 그의 관점들도 참조하시오.

6 N. I. Veselovskii, "Perezhitki nekotorykh tatarskikh obychaev u russkikh", *Zhivaia starina* 21:1(1912), pp.27-38은 러시아인들 사이에 행해지는 타타르 관습들 세 가지—문지방 너머로 악수하지 않는 것, 문지방 위에 편자를 걸어두는 것, 누군가를 하늘로 던지면서 경의를 표시하는 것—를 발견하고 있다. 첫 번째 관습은 문지방을 밟는 것에 대한 몽골 샤머니즘의 금기와는 동일하지 않고, 이러한 금기를 기독교도 러시아인들은 받아들이려고 하지 않는다. 벽에 멋진 도끼를 걸어두는 것과 비슷한 두 번째 관습은 기록에 남아 있지 않다. 세 번째 관습은 칸을 선출하기 위한 몽골의 예식을 반영하는 것인데, 러시아 민속에 이와 비슷한 선례가 있는 것 같지는 않고 상당히 빨리 퍼져 나간 별개의 풍습이다.

7 예를 들면 Richard Pipes, *Russia under the Old Regime*(London, 1974), p.55.

8 이는 소비에트 학계의 기본적인 관점이다. 예를 들면, I. U. Budovnits, "Ideinaia osnova rannikh narodnykh skazanii o tatarskom ige", *Trudy otdela drevnerusskoi literatury* XIV(1958), pp.170-171과 *Obshchestvenno-politicheskaia mysl' drevnei Rusi*(XI-XIV vv.)(Moscow, 1960), pp.344-347. 우크라이나의 민족주의-인민주의자 코스토마로프Kostomarov와 같은 차르주의에 대한 19세기 비평가들은 '자유를 사랑하는' 우크라이나인과 '굴종적인' 모스크바 공국 러시아인들을 대조시켰다. 이 점에서 13세기부터 15세기까지의 증거에서 동슬라브족 사이의 커다란 차이점은 드러나지 않는다.

9 Felix J. Oinas, "The Problem of the Aristocratic Origin of the Russian *Byliny*", *Slavic Review* 30:3(September, 1971), pp.513-522. 이 논의에 또 유용한 연구로는 Felix J. Oinas and S. Soudakoff, eds., *The Study of Russian Folklore*(The Hague, 1975)와 Alex E. Alexander, *Bylina and Fairy Tale: The Origin of Russian Heroic Poetry*(The Hague, 1973) 등이 있다. 필자는 키예프 시기에 그 기원을 두고 있는 요소를 가지고 있는 서사시의 표준적인 연대가 몽골 시기에 폴로브치를 타타르 악당으로 대체하면서 입을 통해 개정되

었고, 그 이후 17~19세기에 기록되었다고 가정하고 있다.

10 B. N. Putilov, "Kontseptsiia, so kotoroi nel'zia soglasit'sia", *Voprosy liter-atury* 1962 #11, pp.98-111과 "Ob istorizme russkikh bylin", *Russkii fol'klor X. Spetsifika fol'klornykh zhanrov*(Moscow-Leningrad, 1966), pp.103-126. 이러한 분석을 위해 피터 보르하이스Peter Voorheis에게 많은 신세를 졌다.

11 Michael Cherniavsky, 5장, "Russia", in Orest Ranum, ed., *National Consciousness, History and Political Culture in Early Modern Europe*(Baltimore, 1975), pp.118-143, 그리고 Halperin, "The Concept of the *ruskaia zemlia* and Medieval National Consciousness from the Tenth to the Fifteenth Centuries", pp.75-86. Irene Neander, "Die Bedeutung der Mongolenherrschaft in Russland", *Geschichte in Wissenschaft und Un-terricht* 5(1954), pp.257-270은 몽골 지배 아래에서 아시아인들과는 대조적으로 러시아인들이 유럽인들보다 정체성을 더욱 인식했을 것이라고 주장하고 있다. 모든 중세 러시아의 사료에서 '유럽'이라는 개념은 명확하지 않고, 가톨릭교도에 대한 러시아인들의 인식은 키예프 시기에 잘 형성되었다.

12 *Voinskie povesti drevnei Rusi*, pp.13-14.

13 일반적으로 여겨지고 있는 것처럼, 자돈시나가 리아잔의 소프로니Sofronii에 의해 저술되지는 않았던 것 같다. R. P. Dmitrieva, "Byl li Sofronii riazanets avtorom Zadonshchiny?", *Trudy otdela drevnerusskoi literatury* XXX-IV(1979), pp.18-25.

14 이러한 '예언'은 이론적인 것이었다. 마마이는 패배를 당한 이후에 토흐타미쉬로부터 카파의 피난처를 얻었고 그의 재산을 노린 사람들에 의해 살해되었다. 마마이를 결코 '유목민'이라고 부를 수 없다. 키예프의 사료들에서처럼 용어 '유목민'과 그 변형(예를 들면, '유목 생활을 하다')은 몽골 시기의 러시아 사료에서도 드물게 나타나는 점이 특징적인데, 아마도 러시아 독자들에게 타타르족을 유목민으로 인식시킬 필요가 없었기 때문일 것이다. *P.S.R.L.* XV, cols. 447-456, s.a. 1395에 kochevishche=유목민 막사?; *P.S.R.L.* XVIII, p.235, s.a. 1471에 kocheval(유목화된)은 훗날의 연대기에 nocheval(밤을 지새우다)로 잘못 기록되어 있다. *P.S.R.L.* XXVIII, Nikanorovskii, p.135는 1469년이라는 잘못된 연도로 되어 있지만, *Ioasafovskaia letopis'*, ed. A. A. Zimin(Moscow, 1957), p.73에서는 올바르게 수정되어 있다. K. N. Serbina, ed., *Ustiuzhskii letopis-nyi svod(Arkhangelogorodskii letopisets)*(Moscow-Leningrad, 1950), s.a. 1424,

pp.72-73에 kochev'ia(유목민 막사/땅?); 그리고 *Kazanskaia istoriia*, ed. Moiseeva에 kochevitsa, kachiuiut = 유목민 막사, 유목생활을 하다, pp.147, 48-49. 자돈시나에 대한 이 논의는 Halperin, "The Russian Land and the Russian Tsar", pp.9-22에서 인용했다.

15 V. V. Vel'iamonov-Zernov, *Issledovaniia o Kasimovskikh tsariakh i tsar-evichakh*, 4 vv.(Trudy Vostochnago otdeleniia Russkago arkheologicheskago obshchestva, tt. 9-12; St. Petersburg, 1863-1887), I, pp. 280-281.

16 Ibid., I, pp.208-210.

17 *Stepennaia kniga*, *P.S.R.L.* XXI, pp.307-311과 *Kholmogorskaia letopis'*, *P.S.R.L.* XXXIII, pp.74-75. 이 원문은 *Chet'i Minei*에서도 발견된다. 페도르의 유물이 발견된 것을 기념하는 연설인 S. M. Shpilevskii, *Velikii kniaz' smo-lenskii i iaroslavskii Fedor Rostislavich Chernyi*(Iaroslavl', 1899)를 참조하시오.

18 러시아에서 세례를 베푸는 사람인 성 블라디미르의 아내는 비잔틴 공주이자 포르피로게니타porphyrogenita(왕가의 집안에서 태어났다는 뜻으로, 그녀의 아버지가 비잔틴 황제로 즉위한 이후의 황실에서 태어났다는 것을 의미)였고, 키예프 사료에서는 그녀를 차리차 안나라고 부르고 있다. 체르니압스키는 두 명의 차리차 안나(한 사람은 비잔틴 출신, 다른 한 사람은 칭기즈 가문 출신)가 병렬되어 있는 재미있는 사실을 발견했다.

19 도시들의 목록(체르니고프, 볼가리Bolgary, 쿠마네Kumane, 코르순Korsun', 투루Turu, 카잔, 아레스크Aresk, 고르미르Gormir, 발라마티Balamaty)은 전형적인 수사적 과장을 보여주고 있다. 어떤 러시아 공작들도 크림반도에 있는 체르손Cherson(즉, 코르순)과 같은 곳 혹은 쿠마네(=킵차크, 폴로브치)가 어디이든지 간에 초원의 지역들에 대한 통치권을 받은 적이 없고, 카잔은 아직 건설되지도 않았다. 필자는 콘스탄티노플 대주교에 의해 페도르의 두 번째 결혼이 승인되었다는 것도 거짓이라고 의심하고 있다.

20 앤 클레이몰라Ann. M. Kleimola가 필자를 위해 이 문제에 친절하게 답변해줬다.

21 Vernadsky, *The Mongols and Russia*, p.270에서는 자고스킨Zagoskin의 수치를 인용하고 있다.

22 그래서 민족적 기원을 추적한 S. V. Veselovskii, *Onomastikon. Drevnerusskie imena, prozvishcha i familii*(Moscow, 1974)도 제한적으로만 활용된다.

23 S. V. Veselovskii, *Issledovaniia po istorii klassa sluzhilykh zemlevladel'* *tsev*(Moscow, 1969), p.228.

24 Veselovskii, *Issledovaniia po istorii klassa sluzhilykh zemlevladel'*
tsev(Moscow, 1969), pp.397-398(Serkizov), 403-404(Miachkov), 404-405(Oza-
kov).

25 이는 N. A. Baskakov, "Russkie familii tiurskogo proiskhozhdeniia", in
Onomastika(Moscow, 1969), pp.5-26에 대한 비치코바Bychkova의 비판이다.

26 이는 V. N. Bochkov, "'Legenda' o vyezde dvorianskikh rodov", *Arkheo-
graficheskii ezhegodnik za 1969*(1971), pp.73-93에 대한 비치코바의 또
다른 비판이다. M. E. Bychkova, "Rodoslovnye knigi serediny XVI veka",
Trudy Moskovskogo Gosudarstvennogo Istoriko-Arkhivnogo Instituta
16(1961), pp.475-480; idem, "Redaktsiia rodoslovnykh knig vtoroi po-
loviny XVI v.", *Arkheograficheskii ezhegodnik za 1962*(1963), pp.126-133;
idem, "Obzor rodoslovnykh knig XVI-XVII vv.", *Arkheograficheskii ezhe-
godnik za 1966*(1968), pp.254-275; idem, *Rodoslovnye knigi XVI-XVII vv.
kak istoricheskii istochnik*를 참조하시오.

27 Veselovskii, *Issledovaniia po istorii klassa sluzhilykh zemlevladel'tsev*,
pp.162-195. Bychkova, *Rodoslovnye knigi XVI-XVII vv. kak istoricheskii
istochnik*, p.102를 참조하시오.

28 베셀롭스키와 낸시 쉴즈 콜만Nancy Shields Kollmann은 이러한 결론에 동의하고
있고, 콜만은 베셀롭스키의 자료 중 많은 부분을 수정했다. 유라시아주의자들
은 타타르 귀족들이 모스크바 공국의 휘하로 들어온 것의 중요성을 과장했다.
그들은 타타르 귀족들이 몽골의 국가 지위(gosudarstvennost')라는 개념을 도
입하게 만들었다는 것과 그들로 인해 모스크바 공국이 몽골의 제도를 차용할
수 있었다고 단언했다. I. R.(= N. S. Trubetskoi), *Nasledie Chingis khana. V'
zgliad na russkuiu istoriiu ne s Zapada, a s Vostoka*(Berlin, 1925), p.27을
참조하시오.

29 킵차크 칸국의 성직자들에 대해서는 M. D. Poluboiarinova, *Russkie liudi v
Zolotoi orde*(Moscow, 1978), pp.22-34를 참조하시오.

30 그래서 E. Golubinskii, *Istoriia russkoi tserkvy*, II, ch. 1(St. Petersburg,
1900), pp.1-49에서 당황하고 있고, 이는 I. U. Budovnits, "Russkoe duk-
hovenstvo v pervoe stoletie mongolo-tatarskogo iga", *Voprosy istorii
religii i ateizma* VII(1959), pp.284-302의 다른 감정과 비교된다.

31 그럼에도 불구하고, Pelenskii, *Russia and Kazan'*, pp.257-259.

32 Halperin, "A Chingissid Saint of the Russian Orthodox Church", 곳곳
을 참조하시오. 차레비치 페트르Petr 이야기의 문학적 역사에 대한 이 논문 속
의 논의(p.328)에는 오류가 있다. 구소련에서 필자는 다음과 같은 '별도의' 혹
은 기본적인 판본을 조사할 기회가 있었다. Saltykov-Shchedrin Library,
Manuscript Division, Sofia Collection 1364, ff. 328-338(스크리필Skripil'에
의해 간행됨); Sofia Coll. 1389, ff. 493-501ᵛ; Solovetskii coll. 834/944, ff.
497-506ᵛ(여기에는 약간의 사소한 왜곡이 있음); Solovetskii Coll. 806/916, ff.
227-238ᵛ; F.I.286, ff. 48-56ᵛ; 그리고 Library of the Academy of Sciences,
Manuscript Division, 33.9.7은 "Skazanie o blazhennom Petre, tsareviche
ordynskom", *Pravoslavnyi sobesednik*, January, 1859, chast' pervaia,
pp.356-376으로 출간되었는데 예전에는 필자가 볼 수 없었던 것이다. 이는 모
두 16세기의 사본이고, 필자의 논문 혹은 여기에서 제시하는 문헌에 대한 분
석을 아무도 부정할 수 없을 것이다. 그러나 비록 아주 왜곡된 형태이지만, 노
브고로드의 *Cheti Minei*, Saltykov-Shchedrin Library, Manuscript Divi-
sion, Sofia Collection #1322, ff. 230ᵛ-233ᵛ에는 이야기의 후반부 원문이 포
함되어 있다. 필자는 모스크바의 *Cheti Minei*, State Historical Museum,
Manuscript Division, Synodal Coll. #995, ff. 446-450ᵛ 판본을 확인하기 위
한 허가를 받지 못했지만, 데이비드 B. 밀러David B. Miller는 그의 각주에서 모스
크바 판본이 노브고로드의 *Cheti Minei*를 베낀 것임을 친절하게 필자에게 알
려줬다. *Cheti Minei* 판본에 있는 특정한 변화를 여기에서 드러내지는 못하지
만, 원문의 중요한 의미를 바꾼 것은 아니다. *Cheti Minei* 판본은 분명하게 2차
자료이기 때문에 아마도 더 이른 시기에 별개로 기록된 것이 아니라 이야기가
연대기 내용에 포함되었을 가능성은 낮다.

33 John L. I. Fennell, "The Ideological Role of the Russian Church in the
First Half of the Fourteenth Century", in *Gorski Vijenac. A Garland
of Essays Offered to Professor Elizabeth Hill*(Cambridge, England, 1970),
pp.105-111은 칸들의 판단을 보여주는 문헌들로부터 러시아 교회의 타타르족
에 대한 태도에 관한 결론을 이끌어내고 있다.

34 *Pamiatniki russkogo prava* III, pp.421-423.

35 Charles J. Halperin, "Sixteenth-Century Foreign Travel Accounts to
Muscovy: A Methodological Excursus", *The Sixteenth Century Journal*

VI:2(October, 1975), p.97.

36 그럼에도 G. M. Prokhrov, *Povest' o Mitiae(Rus' i Vizantiia v epokhu Ku-likovskoi bitvy)*(Leningrad, 1978)에서는 러시아 정교 신비주의자들은 시종일관 반타타르 정책을 추구했고, 사제 미티아이Mitiai와 같은 반신비주의 러시아 성직자는 친親타타르 성향을 가지고 있었다고 주장한다. 이러한 개념은 Meyen-dorff, *Byzantium and the Rise of Russia*를 따르고 있는 것이다.

37 D. N. Ushakov, *Tolkovyi slovar' russkogo iazyka*, IV(Moscow, 1940), col. 689. 언어학적으로 테렘의 기원이 하렘에 있지는 않다. 몽골족은 이슬람교로 개종하고 나서야 비로소 하렘 제도를 받아들였다.

38 Grekov and Iakubovskii, *Zolotaia orda i ee padenie*, p.120.

39 그럼에도 Dorothy Atkinson, "Society and the Sexes in the Russian Past", in Atkinson, Alexander Dallin, and Gail W. Lapidus, eds., *Women in Russia*(Stanford, 1977), pp.13-14.

40 Suzanne Janosik McNally, "From Public Person to Private Prisoner: The Changing Place of Women in Medieval Russia", State University of New York at Binghamton 학위논문, 1976, pp.142-148, 253-256은 이러한 방식으로 테렘에 접근하고 있다. 16세기의 사회적 변화에 대해서는 Halperin, "Master and Man in Muscovy", pp.vii-xxi을 참조하시오.

41 George Vernadsky, "A propos des origines du servage de 'kabala' dans le droit russe", *Revue historique du droit français et étranger*, 4 ser., 14(1935), pp.360-367은 초기의 연구다. 모스크바 공국의 카발라 노예에 대한 중요한 저작으로는 I. I. Smirnov, *Ocherki politicheskoi istorii Russkogo gosudarstva 30-50-kh godov XVI veka*(Moscow, 1958), pp.379-385; V. M. Paneiakh, *Kabal'noe kholopstvo v XVI v.*(Leningrad, 1957); V. M. Paneiakh, *Kholopstvo v XVI-XVII vv*(Leningrad, 1975), pp.11-27, 105-131, 185-219를 참조하시오. 필자는 Richard Hellie, *Slavery in Russia 1450-1725*(Chicago, 1982)는 보지 못했다.

42 Vernadsky, *The Mongols and Russia*, p.390.

43 Jack M. Culpepper, "The Legislative Origin of Peasant Bondage in Muscovy", *Forschungen zur osteuropaischen Geschichte* 14(1969), pp.162-237과 Richard Hellie, *Enserfment and Military Change in Muscovy*(Chicago, 1971)를 참조하시오. 러시아에서 농노제가 발전한 것을 몽골족의 탓으로 돌리

는 것에 반대하는 더 나아간 주장은 동유럽과 중앙 유럽에서 다양하게 나타 난 '2차 농노제'와 러시아 농노제가 동시에 출현했으며 그러므로 몽골족은 책 임이 없다고 본다. 극도로 유라시아주의 성향을 드러낸 베르나츠키의 초기 연 구에서 그는 러시아의 농노제를 몽골 지배를 물리치려는 군사적 필요성에서 찾 지 않고, 전사는 자기의 소속 부대를 떠날 수 없고 이를 어기면 사형에 처해진 다는 칭기즈칸의 야사 조항에서 그 기원을 추적했고 베르나츠키는 여기에서 농노제의 본질을 찾았다. G. V. Vernadskii, *O sostave velikoi Yasy Chingis khana*(Studies in Russian and Oriental History, ed. G. Vernadsky, #1; Brussels, 1939), pp.17-18과 George Vernadsky, "The Scope and Contents of Chin-giz Khan's Yasa", pp.347-348. 몽골의 관습법은 러시아 삼림 지대에서는 적 용되지 않았을 것이고, 전쟁터에서 도망가는 것에 대한 군사적 규정은 민간 사 회의 제도와는 관련이 없을 것이다.

44 원문은 *Khozhenie za tri moria Afanasiia Nikitina 1466-1472 gg.*(Moscow, 1st ed., 1948; 2nd ed., 1958)에 있다. 니키틴의 여행에 대해서는 수많은 불가사 의한 점이 여전히 남아 있다. 원문에 관해 상당한 도움이 되는 연구로는 Ia. S. Lur'e, "Izdanie bez tekstologa", *Russkaia literatura* 1960 #3, pp.220-223과 "Podvig Afanasiia Nikitina(K 500-letiiu nachala ego puteshestviia)", *Izvestiia Vsesoiuznogo Geograficheskogo obshchestva* t. 99, 1967, #5, pp.435-442와 같은 간과되었던 것들과 Gail Lenhoff, "Beyond Three Seas: Afanasij Nikitin's Journey from Orthodoxy to Apostasy", *East European Quarterly* XIII:4(1979), pp.431-447; "The Making of the Medieval Russian Journey", University of Michigan 학위 논문, 1978, 6장, "Afanasij Nikitin's Journey Beyond Three Seas", pp.198-248; 그리고 "The Case Against Afanasij Nikitin", paper, American Association for the Advancement of Slavic Studies Convention, Philadelphia, November 6, 1980의 고무적인 연구들을 참조하시오. 필자는 학위 논문의 관련된 장과 학술회의에서 발표했 던 글을 필자가 활용할 수 있도록 해준 것에 대해서 렌호프Lenhoff 교수에게 매 우 감사드린다.

1 N. S. Borisov, "Russkaia arkhitektura i mongolo-tatarskoe igo(1238-1300)", *Vestnik Moskovskogo Universiteta, Istoriia*, #6, 1976, pp.63-79.

2 그럼에도 불구하고, D. S. Likhachev, *Kul'tura Rusi vremeni Andreia Rubleva i Epifaniia Premudrogo(konets XIV-nachalo XV vv.)*(Moscow-Leningrad, 1962), pp.23-25.

3 그럼에도 불구하고, John Fennell in John Fennell and Anthony Stokes, *Early Russian Literature*(Berkeley, 1974), pp.80-81.

4 M. N. Tikhomirov, "Vossozdanie russkoi pis'mennoi traditsii v pervye desiatiletiia tatarskogo iga", *Vestnik istorii mirovoi kul'tury* 1957 #3, pp.3-13.

5 12세기 블라디미르-수즈달리아의 건축과 로마네스크 건축 양식 사이에는 몇몇 유사점들이 존재한다.

6 푸시킨은 몽골족이 무어인은 아니었다고 단언했다. 무어인이 스페인에게 도입했던 아리스토텔레스와 대수학을 몽골족이 러시아로 가져오지는 않았기 때문이다. 이러한 비교는 러시아가 몽골족이 가지고 있었던 것들을 차용했을 수도 있기 때문에 불합리한 추론이라고 할 수 있다.

7 Thomas S. Noonan, "Medieval Russia, the Mongols, and the West: Novgorod's Relations with the Baltic, 1100-1350", *Medieval Studies* 37(1975), pp.316-339.

8 이 문화 시대에 대한 다양한 관점으로는 Likhachev, *Kul'tura Rusi vremeni Andreia Rubleva i Epifaniia Premudrogo*; Riccardo Picchio, "On Russian Humanism: The Philological Revival", *Slavia* 44:2(1975), pp.161-171; Henrik Birnbaum, "Serbian Models in the Literature and Literary Language of Medieval Russia", *Slavic and East European Journal* 23:1(Spring, 1980), pp.1-13을 참조하시오.

9 D. S. Likhachev, *Kul'tura Rusi epokhi obrazovaniia russkogo natsional'nogo gosudarstva(konets XIV-nachalo XVI vv.)*(Moscow-Leningrad, 1946), pp.63-64에도 불구하고 갈리시아-볼히니아와 블라디미르-수즈달리아 연대기의 전통들은 15세기 중반이 되어서야 통합되었고, 이러한 시간 지체는 몽골족과는 아무런 관련이 없고 러시아의 정치 발전 기능 때문에 발생했다.

10 그럼에도 불구하고, D. S. Likhachev, *Natsional'noe samosoznanie drevnei Rusi. Ocherki iz oblasti russkoi literatury XI-XVII vv.*(Moscow-Leningrad, 1945), pp.65-67.

11 L. N. Gumilev, *Khunnu. Sredinnaia Aziia v drevnie vremena*(Moscow, 1960), pp.94-98.

12 Hugh F. Graham, "Digenis Akritas and the *Devgenievo Dejanie*—A Reappraisal", *Studies in Medieval Culture* IV/3(1974), pp.483-495; Graham, "The Tale of Devgenij", *Byzantinoslavica* 29(1968), pp.51-91; Graham, "*Digenis Akritas* as a Source for Frontier History", *Actes du XIVe Congrès International des Études Byzantines, Bucarest 6-12 Septembre 1971*, v. 2(Bucarest, 1975), pp.321-329.

13 I. Iu. Krachkovskii, *Ocherki po istorii russkoi arabistiki*(=*Izbrannye sochineniia*, t. V; Moscow-Leningrad, 1958), pp.13-28.

14 D. S. Likhachev, *Poetika drevnerusskoi literatury*(Leningrad, 1967), pp.11-13에서는 다양한 사회적, 문화적 요소들을 통해 설명하면서 옛 러시아 문학이 동방의 문학에 침투하지 않은 것은 역설이라고 서술하고 있다.

15 Michael Cherniavsky, "Ivan the Terrible as a Renaissance Prince", *Slavic Review* 27(1968), pp.195-211을 참조하시오.

Akty sotsial'no-ekonomicheskoi istorii severo-vostochnoi Rusi kontsa XIV-nachala XVI vv., III. Moscow, 1964.

Alef, Gustave. "The Origin and Development of the Muscovite Postal Service." *Jahrbücher für Geschichte Osteuropas* 15(1967), pp.1-15.

Alexander, Alex E. *Bylina and Fairy Tale: The Origin of Russian Heroic Poetry.* The Hague, 1973.

Ali-Zade, A. A. *Sotsial'no-ekonomicheskaia I politicheskaia istoriia Azerbaidzhana XIII-XIV vv.* Baku, 1956.

Alin, V. V. "Rus' na bogatyrskikh zastavakh." *Voprosy istorii* 1968 #12, pp.99-115, 1969 #1, pp.136-152.

Allsen, Thomas T. "Mongol Census-Taking in Rus', 1245-1275." *Harvard Ukrainian Studies* V:1(March, 1981), pp.32-53.

_____. "Prelude to the Western Campaigns: Mongol Military Operations in the Volga-Ural Region, 1217-1237." *Archivum Eurasiae Medii Aevi* III(1983), pp.5-24.

Alpatov, M. A. *Russkaia istoricheskaia mysl' i Zapadnaia Evropa XII-XVII vv.* Moscow, 1973.

Anderson, Perry. *Passages from Antiquity to Feudalism*. London, 1974.[한글 번역본은 페리 앤더슨, 『고대에서 봉건제로의 이행』, 유재건·한정숙 옮김, 현실문화, 2014.]

Atkinson, Dorothy. "Society and the Sexes in the Russian Past." In Dorothy Atkinson, Alexander Dallin, and Gail W. Lapidus, eds., *Women in Russia*. Stanford, 1977, pp.3-38.

Ayalon, David. "The Great Yāsa of Chinghiz Khan: A Reexamination." *Studia Islamica* #33(1971), pp.97-140; #34(1971), pp.151-180.

Babaian, L. O. *Sotsial'no-ekonomicheskaia i politicheskaia istoriia Armenii v XIII-XIV vekakh*. Moscow, 1969.

Backus, Owald P. "Evidence of Social Change in Medieval Russian Religious Literature." In Andrew Blane, ed., *The Religious World of Russian Culture: Essays in Honor of Georges Florovsky*. Volume 2: *Russia and Orthodoxy*. The Hague, 1975, pp.75-100.

Bartol'd, V. V. *Raboty po istorii vostokovedeniia = Sochineniia*, tom IX. Moscow, 1977.

Baskakov, N. A. "Russkie familii tiurskogo proiskhozhdeniia." in *Onomastika*(Moscow, 1969), pp.5-26.

Bazilevich, K. V. "Iarlyk Akhmed-khana Ivanu III." *Vestnik Moskovskogo Gosudarstvennogo Universiteta* 1948 #1, pp.29-46.

Begunov, Iu. K. *Pamiatnik russkoi literatury XIII v. "Slovo o pogibeli russkoi zemli."* Moscow-Leningrad, 1965.

Berezin, I. N. "Ocherk vnutrennogo ustroistva ulusa Dzhuchieva." *Trudy Vostochnago Otdeleniia Russkago arkheologicheskago obshchestva* 8(1864), pp.387-494.

Beskrovnii, L. G., et al. *Kulikovskaia bitva. sbornik statei*. Moscow, 1980.

Beyerly, Elizabeth. *The Europocentric Historiography of Russia: An Analysis of the Contributions by Russian Emigre Historians in the USA, 1925-1955*. The Hague-Paris, 1973.

Bezzola, Gian Andri. *Die Mongolen in abenländischen Sicht(1220-1270). Ein Beitrag zur Frage der Völkerbegegnung*. Bern, 1974.

Billington, James. *The Icon and the Axe. An Interpretive History of Russian Culture*. New York, 1966.

Birnbaum, Henrik. "Serbian Models in the Literature and the Literary Language of Medieval Russia." *Slavic and East European Journal* 23:1(Spring, 1979), pp.1-13.

Black, J. L. *Nicholas Karamzin and Russian Society in the Nineteenth Century: A Study in Russian Political and Historical Thought.* Toronto, 1975.

_____. "Nicholas Karamzin's Scheme for Russian History." *New Review* VIII:4-IX:3(September, 1969), pp.16-33.

_____. "The *Primechaniia*: Karamzin as a 'Scientific' Historian of Russia." In J. L. Black, ed., *Essays on Karamzin: Russian Man-of-Letters, Political Thinker, Historian, 1766-1826.* The Hague-Paris, 1975, pp.127-147.

_____. "The 'State School' Interpretation of Russian History: A Re-Appraisal of its Genetic Origins." *Jahrbücher für Geschichte Osteuropas* 21(1973), pp.509-530.

Blake, Robert and Frye, Richard, trs. "The History of the Nation of Archers(Mongols) by Grigor of Akanc." *Harvard Journal of Asiatic Studies* XII:3-4(December, 1949), pp.269-399.

Bochkov, V. N. "'Legenda' o vyezde dvorianskikh rodov." *Arkheograficheskii ezhegodnik za 1969*(1971), pp.73-93.

Borisov, N. S. "Otechestvennaia istoriografiia o vliianii tataro-mongol'skogo nashestviia na russkuiu kul'turu." *Problemy istorii SSSR* V(Moscow, 1976), pp.129-148.

_____. "Russkaia arkhitektura i mongolo-tatarskoe igo(1238-1300)." *Vestnik Moskovskogo Universiteta. Istoriia,* #6, 1976, pp.63-79.

Böss, Otto. *Die Lehre der Eurasier: Ein Beitrag zur russischen Ideengeschichte des 20 J.* Veröffentlichungen des Osteuropa-Instituts München, Band XV. Wiesbaden, 1961.

Boyle, John Andrew, ed. *Cambridge History of Iran,* v. V: *Saljuq and Mongol Periods.* Cambridge, England, 1968.

Boyle, John Andrew, tr. & ed. *Juvaini, The History of the World Conqueror.* 2 vols. Manchester-Cambridge, Mass., 1958.

Brown, Peter B. "Early Modern Russian Bureaucracy: The Evolution of the Chancellery System from Ivan III to Peter the Great, 1478-1717", University of Chicago 학위논문, 1977, 2 vols.

Budovnits, I. U. "Ideinaia osnova rannikh narodnykh skazanii o tatarskom ige." *Trudy otdela drevnerusskoi literatury* XIV(1958), pp.169-175.

_____. *Obshchestvenno-politicheskaia mysl' drevnei Rusi(XI-XIV vv.)*. Moscow, 1960.

_____. "Russkoe dukhovenstvo v pervoe stoletie mongolo-tatarskogo iga." *Voprosy istorii religii i ateizma* VII(1959), pp.284-302.

Burns, Robert Ignatius, S. J. *Islam under the Crusaders: Colonial Survival in the Thirteenth-Century Kingdom of Valencia*. Princeton, 1973.

_____. "Spanish Islam in Transition: Acculturative Survival and its Price in the Christian Kingdom of Valencia." In Speros Vryonis, ed., *Islam and Cultural Change in the Middle Ages*. Wiesbaden, 1975, pp.87-105.

Bushkovitch, Paul. *The Merchants of Moscow, 1580-1640*. Cambridge, England, 1980.

_____. "Towns, Trade and Artisans in Seventeenth-Century Russia: The View from Eastern Europe", *Forschungen zur osteuropaischen Geschichte* 27(1980), pp.215-232.

Bychkova, M. E. "Obzor rodoslovnykh knig XVI-XVII vv." *Arkheograficheskii ezhegodnik za 1966*(1968), pp.254-278.

_____. "Redaktsiia rodoslovnykh knig vtoroi poloviny XVI v." *Arkheograficheskii ezhegodnik za 1962*(1963), pp.126-133.

_____. *Rodoslovnye knigi XVI-XVII kak istoricheskii istochnik*. Moscow, 1975.

_____. "Rodoslovnye knigi serediny XVI veka." *Trudy Moskovskogo Gosudarstvennogo Istoriko-Arkhivnogo Instituta* 16(1961), pp.475-480.

Chan, Hok-lam. "Liu Ping-chung(1216-1274). A Buddhist Taoist Statesman at the Court of Kubilai Khan", *T'oung Pao* 53(1967), pp.98-146.

Ch'en, Paul Heng-chao. *Chinese Legal Tradition under the Mongols. The Code of 1291 as Reconstructed*. Princeton, 1979.

Cherepnin, L. V. "Istochniki po istorii anti-mongol'skogo vosstaniia v Tveri v 1327 g." *Arkheograficheskii ezhegodnik za 1958*(1960), pp.37-53.

_____. *Istoricheskie vzgliady klassikov russkoi literatury*. Moscow, 1968.

_____. *Obrazovanie russkogo tsentralizovannogo gosudarstva v XIV-XV vv.: Ocherki sotsial'no-ekonomicheskoi i politicheskoi istorii Rusi.* Moscow, 1960.

Cherniavsky, Michael. "Ivan the Terrible and the Iconography of the Kremlin Cathedral of Archangel Michael." *Russian History* 2:1(1975), pp.3-28.

_____. "Ivan the Terrible as a Renaissance Prince." *Slavic Review* 27(1968), pp.195-211.

_____. "Khan or Basileus: An Aspect of Russian Medieval Political Theory." *Journal of the History of Ideas* 20(1959), pp.459-476. Rpt. in Cherniavsky, ed., *The Structure of Russian History.* New York, 1970, pp.65-79.

_____. "The Old Believers and the New Religion." *Slavic Review* 21(1966), pp.1-39.

_____. Chapter V, "Russia." In Orest Ranum, ed., National Consciousness, History and Political *Culture in Early Modern Europe.* Baltimore, 1975, pp.118-143.

_____. *Tsar and People. Studies in Russian Myths.* New Haven, 1961, 1970.

_____. "What Is a Russian?" 미간행 논문.

Chumachenko, E. G. *V. O. Kliuchevskii – istochnikoved.* Moscow, 1970.

Cleaves, Francis Woodman. "The Fifteen Palace Poems by K'o Chiu-ssu." *Harvard Journal of Asiatic Studies* 20(1957), pp.391-479.

_____. "The Historicity of the Baljuna Covenant." *Harvard Journal of Asiatic Studies*, 18(1955), pp.357-421.

Constantelos, Demetrius J. "The Moslem Conquests of the Near East as Revealed in the Greek Sources of the Seventh and Eighth Centuries." *Byzantion* 42(1972), pp.325-357.

Culpepper, Jack M. "The Legislative Origins of Peasant Bondage in Muscovy." *Forschungen zur osteuropaischen Geschichte* 14(1969), pp.162-237.

Dardess, John. "Ming T'ai-tsu on the Yüan: An Autocrat's Assessment of the Mongol Dynasty." *Bulletin of Sung-Yüan Studies* 14(1978), pp.6-11.

Davis, R. H. C. "Wiliiam of Tyre", in Derek Baker, ed. *Relations between East and West in the Middle Ages.* Edinburgh, 1973, pp.64-76.

Dawson, Christopher, ed. & intro. *Mission to Asia. Narratives and Letters of the Franciscan Missionaries in Mongolia and China in the Thirteenth and Fourteenth Centuries.*(예전에는 *The Mongol Mission,* 1955로 간행되었다.) New York, 1966.

de Rachewiltz, Igor. "The Hsi-yu lu of Yeh-lü Ch'u-ts'ai." *Monumenta Serica* 21(1962), pp.1-128.

_____. "Some Remarks on the Dating of the Secret History of the Mongols." Monumenta Serica 24(1965), pp.185-206.

_____. "Some Remarks on the Ideological Foundations of Chinghis Khan's Empire." *Papers on Far Eastern History*(of the Australian National University) 7(1973), pp.21-36.

Dewey, Horace W. "Kinship and *Poruka* before Peter the Great." Paper, American Association for the Advancement of Slavic Studies Convention, Philadelphia, November 5, 1980.

_____. "Sentimentalism in the Historical Writings of N. M. Karamzin." In *American Contributions to the Fourth International Congress of Slavists. Moscow, September 1958*(s' Gravenhage, 1958), pp.41-50.

Dewey, Horace W. and Kleimola, Ann M. "Coercion by Righter(Pravezh) in Old Russian Administration." *Canadian-American Slavic Studies* 9:2(1975), pp.156-167.

Dimnik, Martin. *Mikhail, Prince of Chernigov and Grand Prince of Kiev, 1224-1246.* Toronto, 1981.

Dmitrieva, R. P. "Byl li Sofronyi riazanets avtorom Zadonshchiny?" *Trudy otdela drevnerusskoi literatury* 34(1979), pp.18-25.

Dukhovnye i dogovornye gramoty velikikh i udel'nykh kniazei XIV-XVI vv., ed. L. V. Cherepnin. Moscow-Leningrad, 1950.

Egorov, V. L. "Gosudarstvennoe i administrativnoe ustroistvo Zolotoi Ordy." *Voprosy istorii* 1972 #2, pp.32-42.

Esper, Thomas. "Military Self-Sufficiency and Weapons Technology in Muscovite Russia." *Slavic Review* 28:2(June, 1969), pp.185-208.

Evans, Bergan. *Dictionary of Quotations.* New York, 1968.

Fedorov-Davydov, G. A. *Kochevniki Vostochnoi Evropy pod vlast'iu zoloto-ordynskikh khanov: Arkheologicheskie pamiatniki.* Moscow, 1966.

_____. Monety Moskovskoi *Rusi(Moskva v bor'be za nezavisimoe i tsentral-izovannoe gosudarstvo)*. Moscow, 1981.

_____. *Obshchestvennyi stroi Zolotoi ordy*. Moscow, 1973.

Fennell, John L. I. "Andrej Jaroslavovič and the Struggle for Power in 1252: An Examination of the Sources." *Russia Mediaevalis* I(1973), pp.49-63.

_____. *The Emergence of Moscow, 1304-1359*. Berkeley and Los Angeles, 1968.

_____. "The Ideological Role of the Russian Church in the First Half of the Fourteenth Century." In *Gorski Vijenac. A Garland of Essays Offered to Professor Elizabeth Hill*. Cambridge, England, 1970, pp.105-111.

_____. "The Struggle for Power in North-East Russia, 1246-1249: An Investigation of the Sources." *Oxford Slavonic Papers* 7(1974), pp.112-121.

_____. "The Tver' Uprising of 1327: A Study of the Sources." *Jahrbücher für Geschichte* Osteuropas 15(1967), pp.161-179.

Fennell, John L. I. and Stokes, Anthony. *Early Russian Literature*. Berkeley, 1974.

Fisher, Alan W. "Crimean Separatism in the Ottoman Empire." In William W. Haddad and William Ochsenwald, eds., *Nationalism in a Non-National State: The Dissolution of the Ottoman Empire*. Columbus, 1977, pp.57-76.

_____. *The Crimean Tatars*. Stanford, 1978.

_____. "Muscovite-Ottoman Relations in the Sixteenth and Seventeenth Centuries." *Humaniora Islamica* 1(1973), pp.207-213.

_____. "The Ottoman Crimea in the Mid-Seventeenth Century: Some Problems and Preliminary Considerations." *Harvard Ukrainian Studies* III/IV(Eucharisterion-Pritsak Festschrift), Part 1(1979-1980), pp.215-226.

_____. "The Ottoman Crimea in the Sixteenth Century." *Harvard Ukrainian Studies* V:2(June, 1981), pp.135-170.

_____. "Les Rapports entre l'Empire Ottoman et le Crimée: l'aspect financier." *Cahiers du monde russe et soviétique* XIII/3(1972), pp.368-381.

_____. *The Russian Annexation of the Crimea*. Cambridge, England, 1970.

Foust, Clifford M. *Muscovite and Mandarin: Russia's Trade with China and Its Setting*. Chapel Hill, 1969.

Gibb, H. A. R., tr. *Ibn Batuta, Travels in Asia and Africa 1325-1354*. New York, 1929.[이븐 바투타 여행기의 한글 번역본은 『이븐 바투타 여행기』, 정수일 역주, 창작과비평사, 2001.]

Golden, Peter B. "The Polovci Dikii." *Harvard Ukrainian Studies* III/ IV(1979-1980)(Eucharisterion-Pritsak Festschrift), Part 1, pp.296-309.

_____. "The Question of the Rus' Qaganate." *Archivum Eurasiae Medii Aevi* II(1982), pp.77-97.

Golokhvastov, D. P. and Leonid 정교회 수도원장, "Blagoveshchenskii ierei Sil'vestr' i ego poslania", *Chteniia v Obshchestve istorii i drevnostei ros-siiskikh pri Moskovskom universitete*, #88, 1874, kniga 1(January-March), pp.69-87.

Golubinskii, E. *Istoriia russkoi tserkvy*, t. II ch. 1. Moscow, 1900, rpt. The Hague, 1969.

Graham, Hugh. F. "Did Institutionalized Education Exist in Pre-Petrine Russia?" In Don Karl Rowney and G. Edward Orchard, eds., *Russian and Slavic History*. Columbus, 1976, pp.260-273.

_____. "Digenis Akritas and the *Devgenievo Dejanie* – A Reappraisal." *Studies in Medieval Culture* IV/3(1974), pp.483-495.

_____. "*Digenis Akritas* as a Source for Frontier History." *Actes du XIVe Congrès International des Études Byzantines, Bucarest 6-12 Septembre 1971*, v. 2(Bucarest, 1975), pp.321-329.

_____. "The Tale of Devgenij." *Byzantinoslavica* 29(1968), pp.51-91.

Gramoty Velikogo Novgoroda i Pskova. Ed. S. N. Valk. Moscow-Leningrad, 1949.

Grekov, B. D. Kievan Russia. Tr. Y. Sdobnikov. Moscow, 1959.

Grekov, B. D. and Iakubovskii, A. Iu. *Zolotaia orda i ee padenie*. Moscow-Leningrad, 1950.

Grekov, I. B. *Ocherki po istorii mezhdunarodnykh otnoshenii Vostochnoi Evropy XIV-XVI vv*. Moscow, 1963.

_____. *Vostochnaia Evropa i upadok Zolotoi ordy(na rubezhe XIV-XV vv.)*. Moscow, 1975.

Grigor'ev, A. P. "K rekonstruktsii tekstov zolotoordynskikh iarlykov XIII-XV vv." *Istoriografiia i istochnikovedeniia istorii stran Azii i Afriki* V(Leningrad, 1980), pp.15-38.

_____. *Mongol'skaia diplomatika XIII-XV vv*.(Chingizidskie zhalovannye gramoty). Leningrad, 1978.

Grigor'ev, V. V. "Ob otnosheniiakh mezhdu kochevymi narodami i osedlymi gosudarstvami." *Zhurnal Ministerstva Narodnago Prosveshcheniia* ch. 17(1875), otdel nauk(III), pp.1-27.

Grothusen, Klaus-Detlev. *Die Historische Rechtsschule Russlands. Ein Beitrag zur russischen Geistesgeschichte in der zweite Hälfte das 19 Jahrhunderts.* Giessen, 1962.

_____. "Die russische Geschichtswissenschaft des 19 Jh. als Forschungsaufgabe.", *Jahrbücher für Geschichte Osteuropas* 8(1960), pp.32-61.

_____. "S. M. Solov'ev's Stellung in der russischen Historiographie." *Forschungen zur osteuropaischen Geschichte* 4(1956), pp.7-103.

Grushevskii(Hrushevsky), M. *Ocherki istorii Kievskoi zemli ot smerti Yaroslava do kontsa XIV stoletiia.* Kiev, 1891.

Gudzii, N. K. *Khrestomatiia po drevnei russkoi literatury.* 7th ed. Moscow, 1962.

Gumilev, L. N. *Khunnu. Sredinnaia Aziia v drevnie vremena.* Moscow, 1960.

_____. "Les Mongoles au XIIIᵉ siècle et la Slovo o polku Igoreve." *Cahiers du monde russe et soviétique* VII:1(January-March, 1966), pp.37-57.

_____. *Poiski vymyshlennogo tsarstva(Legenda o "Gosudarstve presvitra Ioanna").* Moscow, 1970.

_____. "Udel'no-lestvichnaia sistema u tiurok v VI-VIII vv.(K voprosu o rannykh formakh gosudarstvennosti)." *Sovetskaia Etnografiia* 1959 #3, pp.11-25.

Halecki, Oscar. *The Limits and Divisions of European History.* New York, 1950.[한글 번역본은 오스카 할레키, 『유럽사의 경계境界와 구분區分』, 최영보 옮김, 탐구당, 1993.]

Halperin, Charles J. "A Chingissid Saint of the Russian Orthodox Church: The 'Life of Peter, *tsarevich* of the Horde'." *Canadian-American Slavic Studies* 9:3(1975), pp.324-335.

_____. "The Concept of the *ruskaia zemlia* and Medieval National Consciousness from the Tenth to the Fifteenth Centuries." *Nationalities Papers* 8:1(Spring, 1980), pp.75-86.

_____. "The Concept of the Russian Land from the Ninth to the Fourteenth Centuries." *Russian History* 2:1(1975), pp.29-38.

_____. "The Defeat and Death of Batu." *Russian History* 10:1(1983), pp.50-65.

_____. "George Vernadsky, Eurasianism, the Mongols and Russia." *Slavic Review* 41:3(Fall, 1982), pp.477-493.

_____. "The Ideology of Silence: Prejudice and Pragmatism on the Medieval Religious Frontier." *Comparative Studies in Society and History* 26:3(July 1984), pp.442-466.

_____. "Know Thy Enemy: Medieval Russian Familiarity with the Mongols of the Golden Horde." *Jahrbücher für Geschichte Osteuropas*, 30(1982), pp.161-175.

_____. "Medieval Myopia and the Mongol Period of Russian History." *Russian History* 5:2(1978), pp.188-191.

_____. "Now you see them, now you don't: A Note on the First Appearance of the *Rhos(Rus)* in Byzantium." *Canadian-American Slavic* Studies 7:4(Winter, 1973), pp.494-497.

_____. "Master and Man in Muscovy." In A. E. Presniakov, *The Tsardom of Muscovy*. Tr. R. Price. Gulf Breeze, Fla., 1978, pp.vii-xxi.

_____. "Russia and the Steppe: George Vernadsky and Eurasianism." *Forschungen zur osteuropaischen Geschichte*, 간행 예정.[이 논문은 1985년에 간행된 *Forschungen zur osteuropaischen Geschichte* 36에 수록되었다.]

_____. "Russia and the 'Tatar Yoke': Concepts of Conquest, Liberation, and the Chingissid Idea." *Archivum Eurasiae Medii Aevi*, II(1982), pp.99-107.

_____. "Russia in the Mongol Empire in Comparative Perspective." *Harvard Journal of Asiatic Studies* 43:1(June, 1983), pp.239-261.

_____. "The Russian Land and the Russian Tsar: The Emergence of Muscovite Ideology, 1380-1408." *Forschungen zur osteuropaischen Geschichte* 23(1976), pp.7-103.

_____. "The Six-Hundredth Anniversary of the Battle of Kulikovo Field, 1380-1980, in Soviet Historiography." *Canadian-American Slavic Studies*, 간행 예정.[이 논문은 1984년에 간행된 *Canadian-American Slavic Studies* 18-3에 수록되었다.]

_____. "Sixteenth-Century Foreign Travel Accounts to Muscovy: A Methodological Excursus", *The Sixteenth Century Journal* 6:2(October, 1975), pp.89-111.

_____. "Soviet Historiography on Russia and the Mongols." *Russian Review* 41:3(July, 1982), pp.306-322.

_____. *The Tatar Yoke*. Columbus, Ohio. 출간 예정.[이 책은 1985년에 출간되었고, 그 개정본은 2009년에 출간되었다.]

_____. "The Tatar Yoke and Tatar Oppression." *Russia Mediaevalis*, 간행 예정.[이 논문은 1984년에 간행된 *Russia Mediaevalis* 5-1에 수록되었다.]

_____. "*Tsarev ulus*: Russia in the Golden Horde." *Cahiers du monde russe et soviétique* 23:2(April-June, 1982), pp.257-263.

Hellie, Richard. *Enserfment and Military Change in Muscovy*. Chicago, 1971.

Hsiao, Ch'i-ch'ing. *The Military Establishment of the Yüan Dynasty*. Cambridge, Mass., 1978.

Hugo, Victor. *Le Rhin*. Paris, 1900.

Hung, William. "The Transmission of the Book Known as *The Secret History of the Mongols*." *Harvard Journal of Asiatic Studies* 14(1951), pp.433-492.

Hurwitz, Ellen S. "Kievan Rus' and Medieval Myopia." *Russian History* 5:2(1978), pp.176-187.

_____. *Prince Andrej Bogoljubskij: The Man and The Myth*. Studia Historica et Philologica, XII, Sectio Slavica 4. Firenze, 1980.

I. R.(Prince Nikolai S. Trubetskoi). *Nasledie Chingis khana. V"zgliad na russkuiu istoriiu ne s Zapada, a s Vostoka*. Berlin, 1925.

Iakubovskii, A. Iu. "Iz istorii izucheniia mongolov perioda XI-XIII vv." *Ocherki po istorii russkogo vostokovedeniia*[sb. 1](Moscow, 1953), pp.31-95.

_____. "Iz istorii padeniia Zolotoi Ordy." *Voprosy istorii* 1947 #2, pp.30-45.

_____. "Kniga B. Ia. Vladimirtsova 'Obshchestvennyi stroi Mongolov' i perspektivy dal'neishego izucheniia Zolotoi Ordy." *Istoricheskii sbornik*. Institut istorii A. N. SSSR, t. V. Moscow-Leningrad, 1936, pp.293-313.

Ikonnikov, S. V. *Opyt russkoi istoriografii*. 2 vols. Kiev, 1891-1908.

Illeritskii, V. E. "O gosudarstvennoi shkole v russkoi istoriografii." *Voprosy istorii* 1959 #5, pp.141-159.

Ioasafovskaia letopis'. Ed. A. A. Zimin. Moscow, 1957.

Iugov, A. "Daniil Galitskii i Aleksandr Nevskii." *Voprosy istorii* 1945 #3-4, pp.99-107.

Kaiser, Daniel H. *The Growth of Law in Medieval Russia*. Princeton, 1980.

Karamzin, N. M. *Istoriia gosudarstva Rossiiskago*. 12 vols. St. Petersburg, 1892.

Kargalov, V. V. "Baskaki." *Voprosy istorii* 1972 #5, pp.212-216.

_____. "Mongolo-tatarskie vtorzheniia i peremeshchenie naseleniia severo-vostochnoi Rusi vo vtoroi polovnie XIII v." *Nauchnye doklady Vysshei Shkoly. Istoricheskie nauki*. 1961 #4, pp.134-147.

_____. "Polovetskie nabegi na Rusi." *Voprosy istorii* 1965 #9, pp.68-73.

_____. "Posledstviia mongolo-tatarskogo nashestviia XIII v. dlia sel'skikh mestnostei Severo-Vostochnoi Rusi." *Voprosy istorii* 1965 #3, pp.53-58.

_____. "Sushchestvovali li na Rusi 'voenno-politicheskaia baskacheskaia organizatsiia' mongol'skikh feodalov?" *Istoriia SSSR* 1962 #1, pp.161-165.

_____. *Vneshnepoliticheskie faktory razvitiia feodal'noi Rusi. Feodal'naia Rus' i kochevniki*. Moscow, 1967.

Karpovich, Michael. "Klyuchevskii and Recent Trends in Russian Historiography." *Slavonic and East European Review* 21:56(1943), pp.31-39.

_____. "Pushkin as a Historian." In Samuel Hazzard Cross and Ernest J. Simmons, eds., *Centennial Essays for Pushkin*. Cambridge, Mass., 1937, and New York, 1967, pp.181-200.

Kataev, I. M. "Tatary i poraboshchenie imi Rusi." In M. V. Dovnar-Zapol'skii, ed., *Russkaia istoriia v ocherkakh i stat'iakh*. Moscow, 1909, pp.564-575.

Keenan, Edward L., Jr. "Coming to Grips with the Kazanskaya istoriya:

Some Observations on Old Answers and New Questions." *Annals of the Ukrainian Academy of Arts and Sciences in the United States* v. 31-32(1967), pp.143-183.

_____. "The *Yarlik* of Axmed-Khan to Ivan III: A New Reading – A Study in Literal *Diplomatica* and Literary *Turcica*." *International Journal of Slavic Linguistics and Poetics* 11(1967), pp.33-47.

Khozhenie za tri moria Afanasiia Nikitina 1466-1472 gg. Ed. B. D. Grekov and V. P. Adrianova-Peretts. Moscow, 1948, 2nd ed., 1958.

Kireeva, R. A. V. O. *Kliuchevskii kak istorik russkoi istoricheskoi nauki.* Moscow, 1966.

Kliuchevskii, V. O. *Drevnerusskiia zhitiia sviatykh kak istoricheskii istochnik.* Moscow, 1871.

_____. *Kurs russkoi istorii,* 5 vv.(= *Sochineniia,* 8 vv., vv. 1-5), II. Moscow, 1957.

Kloss, B. M. "O vremeni sozdanii russkogo Khronografa." *Trudy otdela drevnerusskoi literatury* 26(1971), pp.244-255.

Kochin, G. E. *Sel'skoe khoziaistvo na Rusi kontsa XIII-XIV v.* Leningrad, 1965.

Kollmann, Nancy Shields. "Kinship and Politics: The Origin and Evolution of the Muscovite Boyar Elite in the Fifteenth Century." Harvard University 학위논문, 1980.

Kotwicz, W. "Formules initiales des documents mongoles au XIII-me et XIV-me siècles." *Rocznik Orientalistyczny* 10(1934), pp.131-157.

_____. "Les Mongoles, promoteurs de l'idée de paix universelle au début du XIII siècle." In *La Pologne au VII-e Congrès International des Sciences Historiques.* Warsaw, 1933.

Krachkovskii, I. Iu. *Izbrannye sochineniia.* t. V. *Ocherki po istorii russkoi arabistiki.* Moscow-Leningrad, 1958.

Kuchkin, V. A. *Povesti o Mikhaile Tverskom. Istoriko-tekstologicheskoe issledovanie.* Moscow, 1974.

Kudriashev, K. V. *Polovetskaia step': ocherki istoricheskoi geografii.* Geograficheskoe obshchestvo SSSR. Zapiski, novaia seriia, t. 2. Moscow, 1948.

Langer, Lawrence N. "The Black Death in Russia: Its Effect Upon Urban Labor." *Russian History* 2:1(1975), pp.53-67.

_____. "The Medieval Russian Town." In Michael Hamm, ed., *The City in Russian History*. Lexington, Kentucky, 1976, pp.11-33.

_____. "Plague and the Russian Countryside: Monastic Estates in the Late Fourteenth and Fifteenth Centuries." *Canadian-American Slavic Studies* 10:3(Fall, 1976), pp.351-368.

_____. "The Russian Medieval Town: From the Mongol Invasion to the End of the Fifteenth Century", University of Chicago 학위논문, 1972.

Lattimore, Owen. "Chinghis Khan and the Mongol Conquests." *Scientific American* 209(August, 1963), pp.54-68.

_____. *Inner Asian Frontiers of China*. 1940; Boston, 1962.

_____. "The Social History of Mongol Nomadism." In W. G. Beasley and E. G. Pulleybank, eds., *Historical Writings on the Peoples of Asia*. v. 3: *Historians of China and Japan*. London, 1961, pp.328-343.

_____. *Studies in Frontier History. Collected Papers 1928-1958*. London, 1962.

Leitsch, Walter. "Einige Beobachtungen zum politischen Weltbild Aleksandr Nevskys." *Forschungen zur osteuropaischen Geschichte* 25(1978), pp.202-216.

Lenhoff, Gail Diane. Chapter VI. "Afanasij Nikitin's Journey Beyond Three Seas." In "The Making of the Medieval Russian Journey." University of Michigan 학위 논문, 1978, pp.198-248.

_____. "Beyond Three Seas: Afanasij Nikitin's Journey from Orthodoxy to Apostasy." *East European Quarterly* XIII:4(1979), pp.431-447.

_____. "The Case Against Afanasii Nikitin." Paper, American Association for the Advancement of Slavic Studies Convention, Philadelphia, November 6, 1980.

Likhachev, D. S. *Chelovek v literature drevnei Rusi*. 1958, 2nd ed. Moscow, 1970.

_____. *Kul'tura Rusi epokhi obrazovaniia russkogo natsional'nogo gosudarstva(konets XIV-nachalo XVI v.)*. Leningrad, 1946.

_____ . *Kul'tura Rusi vremeni Andreia Rubleva i Epifaniia Premudrogo(konets XIV-nachalo XV v.)*. Moscow-Leningrad, 1962.

_____ . *Natsional'noe samosoznanie drevnei Rusi. Ocherki iz istorii oblasti russkoi literatury XI-XVII vv.* Moscow-Leningrad, 1945.

_____ . *Poetika drevnerusskoi literatury.* Leningrad, 1967.

_____ . *Razvitie russkoi literatury X-XVII vekov. Epokhi i stili.* Leningrad, 1973.

_____ . *Russkie letopisi i ikh kul'turno-istoricheskoe znachenie.* Moscow-Leningrad, 1947; rpt. The Hague, 1966.

_____ . *Velikoe nasledie: Klassicheskie proizvedeniia literatury drevnei Rusi.* Moscow, 1975.

Limonov, Iu. A. "Iz istorii vostochnoi torgovli Vladimiro-Suzdal'skogo kniazhestva." In *Mezhdunarodnye sviazi Rossii do XVII v. Sb. st.* Moscow, 1961, pp.55-63.

Lo, Jung-pang. "The Controversy over Grain Conveyance during the Reign of Qubilai Qaqan, 1260-1294." *Far Eastern Quarterly* 13(1954), pp.262-285.

Lur'e, Ia. S. "Izdanie bez tekstologa." *Russkaia literatura* 1960 #3, pp.220-223.

_____ . *Obshcherusskie letopisi XIV-XV vv.* Leningrad, 1976.

_____ . "Podvig Afanasiia Nikitina(K 500-letiiu nachala ego puteshestviia)." *Izvestiia Vsesoiuznogo Geograficheskogo obshchestva*, t. 99, 1967, #5, pp.435-442.

Mancall, Mark. *Russia and China: The Diplomatic Relations to 1728.* Cambridge, Mass., 1971.

Martin, Janet. "The Land of Darkness and the Golden Horde. The Fur Trade under the Mongols. XIII-XIV Centuries." *Cahiers du monde russe et soviétique* XIX:4(1978), pp.401-422.

Mavrodin, V. V. "Levoberezhnaia Ukraina pod vlast'iu tataro-mongolov." *Uchenye zapiski Leningradskogo gosudarstvennogo universiteta*, #32, vyp. 2, 1939, pp.39-65.

Mavrodina, R. M. "Rus' i kochevniki", in *Sovetskaia istoriografiia Kievskoi Rusi.* Leningrad, 1978, pp.210-221.

Meyendorff, John. *Byzantium and the Rise of Russia. A Study of Byzantine-Russian Relations in the Fourteenth Century*. Cambridge, England, 1981.

McGrew, R. E. "Notes on the Princely Role in Karamzin's *Istoriya gosu-darstva Rossisskogo*." *American Slavic and East European Review* 18(1959), pp.12-24.

McNally, Suzanne Janosik. "From Public Person to Private Prisoner: The Changing Place of Women in Medieval Russia." State University of New York at Binghamton 학위논문, 1976.

McNeill, William H. *Europe's Steppe Frontiers 1500-1800*. Chicago, 1964.

Miliukov, Paul. "Eurasianism and Europeanism in Russian History." In *Festschrift Th. G. Masaryk zum 80 Geburtstage*. I. *Der russische Gedanke*. Bonn, 1931, pp.225-236.

_____. *Glavnye techeniia russkoi istoricheskoi mysli*. St. Petersburg, 1913.

_____. "Iuridicheskaia shkola v russkoi istoriografii(Solov'ev, Kavelin, Chicherin, Sergeevich)." *Russkaia mysl'* 1886, VI, pp.80-92.

Mills, James Cobb, Jr. "The Russian Autocracy in the Writings of A. E. Presniakov." *Laurentian University Review* 10:1(November, 1977), pp.47-65.

_____. "Presniakov in Two Worlds: A 'Bourgeois' Historian and the Soviet Revolution." 미간행 논문.

Minorsky, V. "Pūr-i Bahā and his Poems." In Minorsky, *Iranica. Twenty Articles*. Publications of the University of Teheran, #775. Teheran, 1964(원본은 1956), pp.292-305.

_____. "Pūr-i Bahā's 'Mongol Ode'." In Minorsky, *Iranica. Twenty Articles*. Publications of the University of Teheran, #775. Teheran, 1964(원본은 1954), pp.274-291.

Moiseeva, G. N., ed. *Kazanskaia istoriia*. Moscow-Leningrad, 1954.

Moses, Larry W. "A Theoretical Approach to the Process of Inner Asian Confederation." *Études Mongoles* 5(1974), pp.113-122.

_____. *The Political Role of Mongol Buddhism*. Indiana University Uralic and Altaic Series, v. 133. Bloomington, 1977.

Mote, F. W. "The Growth of Chinese Despotism: A Critique of Wittfogel's Theory of Oriental Despotism as Applied to China." *Oriens Extremis*

8:1(1961), pp.1-41.

Müller, Lüdolf. *Das Metropoliten Ilarion, Lobrede auf Vladimir den Heiligen und Glaubensbekenntnis*. Wiesbaden, 1962.

Nasonov, A. N. *Istoriia russkogo letopisaniia XI-nachala XVIII veka. Ocherki i issledovaniia*. Moscow, 1969.

_____. "Lavrent'evskaia letopis' i Vladimirskoe velikokniazheskoe letopisanie pervoi poloviny XIII v." *Problemy istochnikovedeniia XI*(1963), pp.429-480.

_____. "Letopisnye pamiatniki Tverskogo kniazhestva. Opyt rekonstruktsii tverskogo letopisaniia s XIII do kontsa XV v." *Izvestiia Akademii Nauk*. VII seriia. otd. gumanitarmykh nauk. 1930, #9, pp.707-738; #10, pp.739-773.

_____. *Mongoly i Rus'. Istoriia Tatarskoi politiki na Rusi*. Moscow-Leningrad, 1940.

_____. ed., *Novgorodskaia pervaia letopis' starshego i mladshego izvodov*. Moscow-Leningrad, 1950.

Neander, Irene. "Die Bedeutung der Mongolenherrschaft in Russland." *Geschichte in Wissenschaft und Unterricht* 5(1954), pp.257-270.

Nechkina, M. V. *Vasilii Osipovich Kliuchevskii. Istoriia zhizni i tvorchestva*. Moscow, 1974.

Nikitine, Boris. "Les contacts spirituels entre la Russie et l'Asie." *Russie et Chrétienité* no. 1(1946), pp.3-21.

Noonan, Thomas S. "Medieval Russia, the Mongols, and the West: Novgorod's Relations with the Baltic, 1100-1350." *Medieval Studies* 37(1975), pp.316-339.

_____. "Russia's Eastern Trade, 1150-1350: The Archaeological Evidence." *Archivum Eurasiae Medii Aevi* III(1983), pp.201-264.

_____. "Suzdalia's Eastern Trade in the Century Before the Mongol Conquest." *Cahiers du monde russe et soviétique* XIX:4(1978), pp.371-384.

Novosel'skii, A. A. *Bor'ba moskovskogo gosudarstva s Tatarami v pervoi polovine XVII veka*. Moscow-Leningrad, 1948.

Obolensky, Dimitri. *The Byzantine Commonwealth: Eastern Europe, 500-1453*. New York, 1971.

Oinas, Felix J. "The Problem of the Aristocratic Origin of the Russian *Byliny.*" *Slavic Review* 30:3(September, 1971), pp.513-522.

Oinas, Felix J. and Soudakoff, S., eds. *The Study of Russian Folklore.* The Hague, 1975.

Olbricht, Peter. *Das Postwesen in China unter den Mongolenherrschaft im 13. und 14. Jh.* Göttinger Asiatische Forschungen, 1. Wiesbaden, 1954.

Orchard, G. Edward. "The Eurasian School of Russian Historiography." *Laurentian University Review* X:1(November, 1977), pp.97-106.

Pamiatniki drevne-russkogo kanonicheskago prava. chast' pervaia: *Pamiatniki XI-XV v. = Russkaia istoricheskaia biblioteka,* VI. 2nd ed., St. Petersburg, 1908.

Pamiatniki prava perioda obrazovaniia russkogo tsentralizovannogo gosudarstva XIV-XV vv. = Pamiatniki russkogo prava, III. Moscow, 1955.

Paneiakh, V. M. *Kabal'noe kholopstvo v XVI v.* Leningrad, 1967.

_____. *Kholopstvo v XVI-XVII vv.* Leningrad, 1975.

Parkhomenko, Vladimir. "Kievskaia Rus' i Khazariia(Rol' khazarskogo torgovogo kapitala v istorii Kievskoi derzhavy)." *Slavia* 6(1927), pp.380-387.

_____. "Sledy polovetskogo eposa v letopisiakh." *Problemy istochnikovedeniia* 3(1940), pp.391-393.

Pavlov, P. N. "K voprosu o russkoi dani v Zolotoiu Ordu." *Uchenye zapiski Krasnoiarskogo* Gos. Ped. Instituta, t. XIII, vyp. II(1958), pp.74-112.

_____. "Reshaiushchaia rol' vooruzhenoi bor'by russkago naroda v 1472-1480 gg. v okonchatel'nom osvobozhdenii Rusi ot tatarskogo iga." *Uchenye zapiski Krasnoiarskogo* Gos. Ped. Instituta, t. IV, vyp. I, 1955, pp.182-195.

_____. "Tatarskie otriazi na russkoi sluzhbe v period zaversheniia ob"edineniia Rusi." *Uchenye zapiski Krasnoiarskogo Gos. Ped. Instituta,* t. IX, vyp. I, 1957, pp.165-177.

Pelenski, Jaroslaw. *Russia and Kazan: Conquest and Imperial Ideology(1438-1560s).* The Hague-Paris, 1973.

_____. "State and Society in Muscovite Russia and the Mongol-Turkic System in the Sixteenth Century." *Forschungen zur osteuropaischen Geschichte* 27(1980), pp.156-167.

Perfecky, George A., tr. *The Hypatian Codex. Part II. The Galician-Volynian Chronicle. An Annotated Translation.* Munich, 1973.

Petrushevskii, I. P. *Zemledelie i agrarnye otnosheniia v irane XIII-XIV vv.* Moscow-Leningrad, 1960.

Petukhov, E. V. *Serapion Vladimirskii, russkii propovednik XIII v.* Zapiski istoriko-filologicheskago fakul'teta St. Peterburgskago universiteta, ch. XVII. St. Petersburg, 1888.

Philipp, Werner. *Ansätze zum geschichtlichen und politischen Denken in Kiewen Russland.* Breslau, 1940.

Picchio, Riccardo. "On Russian Humanism: The Philological Revival." *Slavia* 44:2(1975), pp.161-171.

Pipes, Richard. *Russia under the Old Regime.* London, 1974.

Pletneva, S. A. "Pechenegi, torki i polovtsy v iuzhnorusskikh stepiakh." *Trudy Volgo-Donskoi Arkheologicheskoi ekspeditsii. Materialy i issledovaniia po arkheologii SSSR*, #62. Moscow-Leningrad, 1958, pp.151-226.

_____. "Polovetskaia zemlia." In *Drevnerusskie kniazhestva X-XIII vv.* Moscow, 1975, pp.260-300.

Polnoe sobranie russkikh letopisei. 35 vv. to date. Moscow-St. Petersburg-Leningrad, 1841-1980.

Poluboiarinova, M. D. *Russkie liudi v zolotoi orde.* Moscow, 1978.

Povest' vremennykh let. 2 vv., ed. V. P. Adrianova-Peretts. Moscow-Leningrad, 1950.

Povesti o Kulikovskoi bitvy. ed. M. N. Tikhomirov, V. F. Rzhiga, and L. A. Dmitriev. Moscow, 1959.

Prawer, Joshua. *The Latin Kingdom of Jerusalem. European Colonialism in the Middle Ages.* London, 1972.

Presniakov, A. E. *Lektsii po russkoi istorii. t.* II: *Zapadnaia Rus' i Litovsko-russkoe gosudarstvo.* Moscow, 1939.

_____. *Obrazovanie velikorusskago gosudarstva. Ocherki po istorii XIII-XV stoletiia.* Petrograd, 1918.

Priselkov, M. D. *Istoriia russkogo letopisaniia XI-XV vv.* Leningrad, 1940.

_____. *Khanskie yarliki russkim mitropolitam.* Zapiski Istoriko-filologicheskago fakul'teta Imp. Petrogradskago Universiteta, #133. Petrograd, 1916.

Prokhorov, G. M. *Povest' o Mitiae(Rus' i Vizantiia v epokhu Kulikovskoi bitvy)*. Leningrad, 1978.

Puchkovskii, L. S. "Mongol'skaia feodal'naia istoriografiia." *Uchenye zapiski instituta vostokovedeniia* VI(1953), pp.131–146.

Putilov, B. N. "Kontseptsiia, s kotoroi nel'zia soglasit'sia." *Voprosy literatury* 1962 #11, pp.98–111.

_____. "Ob istorizme russkikh bylin." *Russkii fol'klor.* t. X. *Spetsifika fol' klornykh zhanrov*(1966), pp.103–126.

Raeff, Marc. "Patterns of Russian Imperial Policy Towards the Nationalities." In Edward Allworth, ed., *Soviet Nationality Problems*. New York, 1971, pp.22–42.

Rasovskii, R. A. "K voprosu o proiskhozhdenii Codex Cumanicus." *Seminarium Kondakovianum* III(1929), pp.193–214.

_____. "O roli Chernykh Klobukov v istorii drevnei Rusi." *Seminarium Kondakovianum* I(1927), pp.93–109.

_____. "Pechenegi, Torki i Berendei na Rusi i v Ugrii." *Seminarium Kondakovianum* VI(1933), pp.1–66.

_____. "Polovtsy. I. Proiskhozhdenie Polovtsev." *Seminarium Kondakovianum* VII(1935), pp.245–262.

_____. "Polovtsy. II. Razselenie Polovtsev." *Seminarium Kondakovianum* VIII(1936), pp.161–182.

_____. "Polovtsy. III. Predelia 'polia polovetskago'." *Seminarium Kondakovianum* IX(1937), pp.71–85; X(1938), pp.155–178.

_____. "Polovtsy. IV. Voennaia istoriia polovtsev." *Seminarium Kondakovianum* XI(1939), pp.95–128.

_____. "Rol' polovtsev v voinakh Asenei s vizantiiskoi i Iatinskoi imperiiami v 1188–1207 gg." *Spisanie na B"Igarskata Akademiia na Naukite*, kn. 58. Sofia, 1939, pp.203–211.

_____. "Rus', Chernye Klobuky i Polovtsy v XII v." *Bulgarsko-Istorichesko Drushtvo, Izvestiia* 16/18. Sbornik v pamet' na Prof. P. Nikov. Sofia, 1940, pp.369–378.

_____. "Rus' i kochevniki v epokhu Vladimira Sviatago." *Vladimirskii sbornik v pamiat' 950-letiia kreshcheniia Rusi(988-1938)*. Belgrade, 1938, pp.149-154.

Riasanovsky, Nicholas V. "Asia Through Russian Eyes." In Wayne S. Vucinich, ed., *Russia and Asia*. Stanford, 1972, pp.3-29.

_____. "The Emergence of Eurasianism." *California Slavic Studies* 4(1967), pp.39-72.

_____. *A History of Russia*. 3rd ed. New York, 1977.[한글 번역본은 랴자놉스키·스타인버그, 『러시아의 역사』, 조호연 옮김, 까치, 2011.]

_____. "Prince N. S. Trubetskoy's 'Europe and Mankind'." *Jahrbücher für Geschichte Osteuropas* 13(1964), pp.207-220.

Riasanovsky, Valentin A. *Fundamental Principles of Mongol Law*. 1937; Bloomington, 1965.[한글 번역본은 랴자놉스키, 『몽골의 관습과 법』, 서병국 옮김, 한국학술정보, 2005.]

_____. "The Influence of Ancient Mongol Culture and Law on Russian Culture and Law." *Chinese Social and Political Science Review* 20:4(January, 1937), pp.499-530.

_____. glava IV. "Vopros o mongol'skom vliianii na russkuiu kul'turu." In Riasanovsky, *Obzor russkoi kul'tury. Istoricheskii ocherk*. Eugene, Oregon, 1947, pp.281-311.

Roublev, Michel, "The Periodicity of the Mongol Tribute as Paid by the Russian Princes during the Fourteenth and Fifteenth Centuries." *Forschungen zur osteuropaischen Geschichte* 15(1970), pp.7-13.

_____. "The Scourge of God." 미간행 논문.

_____. "Le tribut aux Mongoles d'après les Testaments et Accords des Princes Russes." *Cahiers du monde russe et soviétique* VII(1966), pp.487-530. Tr. as "The Mongol Tribute According to the Wills and Testaments of the Russian Princes." In Michael Cherniavsky, ed., *The Structure of Russian History*. New York, 1970, pp.29-64.

Rüss, Harmut. "Das Reich von Kiew." In Manfred Hellmann, ed., *Handbuch der Geschichte Russlands*. Band I, *Von der Kiewer Reichsbildung bis zum Moskauer Zartum*, Lieferung 3-6(Stuttgart, 1979-1980), pp.199-429.

Rybakov, B. A. *Remeslo drevnei Rusi.* Moscow-Leningrad, 1948.

_____. "Rus' i Khazariia(k istoricheskoi geografii Khazarii)." In *Akademiku B. D. Grekovu ko dniu 70-letiiu. Sb. st.* Moscow, 1952, pp.76-88.

Rubinshtein, N. L. *Russkaia istoriografiia.* Moscow, 1941.

Safargaliev, M. G. *Raspad Zolotoi Ordy.* Saransk, 1960.

Sakharov, A. M. *Goroda severo-vostochnoi Rusi XIV-XV vv.* Moscow, 1959.

_____. "Les Mongoles et la civilization russe." *Contributions à l'histoire russe(Cahiers d'histoire mondiales).* Neuchâtel, 1958, pp.77-97.

Salisbury, Harrison E. *War Between Russia and China.* New York, 1969.

Saunders, John Joseph. *The History of the Mongol Conquests.* New York, 1971.

Schurmann, Herbert Franz. *Economic Structure of the Yüan Dynasty: Translation of Chapters 93 and 94 of the Yüan shih.* Harvard-Yenching Institute Studies, XVI. Cambridge, Mass., 1956.

_____. "Mongolian Tributary Practices of the Thirteenth Century." *Harvard Journal of Asiatic Studies* 19(1956), pp.304-389.

Seiden, Jacob. "The Mongol Impact on Russia from the Thirteenth Century to the Present: Mongol Contributions to the Political Institutions of Muscovy, Imperial Russia, and the Soviet State." Georgetown University 학위논문, 1971.

Semenov, A. A. "K voprosu o zolotoordynskom termine 'baskak'", *Izvestiia A. N. SSSR, otd. literatury i iazyka,* 1947, t. VI, vyp. 2, pp.137-147.

Serbina, K. N., ed. *Ustiuzhskii letopisnyi svod(Arkhangelogorodskii letopisets).* Moscow-Leningrad, 1950.

Ševčenko, Ihor. "The Decline of Byzantium Seen Through the Eyes of Its Intellectuals." *Dumbarton Oaks Papers* 15(1961), pp.167-186.

Shastina, N. F. "Obraz Chingiskhana v srednevekovoi literature mongolov." In S. L. Tikhvinskii ed., *Tataro-Mongoly v Azii i Evrope.* Moscow, 1970, pp.435-454.

Shpilevskii, S. M. *Velikii kniaz' smolenskii i iaroslavskii Fedor Rostislavich Chernyi.* Iaroslavl', 1899.

Silfen, Paul H. *The Influence of the Mongols on Russia: A Dimensional His-*

tory. Hicksville, New York, 1974.

Sinor, Denis. "The Barbarians." *Diogenes* 18(1957), pp.47-60.

_____. "Horse and Pasture in Inner Asian History." *Oriens Extremis* 19(1972), pp.171-182.

"Skazanie o blazhennom Petre, tsareviche Ordynskom." *Pravoslavnyi sobesednik*, January, 1859, chast' pervaia, pp.356-376.

Skripil', M. O. "Povest' o Timofee Vladimirskom." *Trudy otdela drevnerusskoi literatury* 8(1961), pp.287-307.

Smirnov, I. I. *Ocherki politicheskoi istorii Russkogo gosudarstva 30-50-kh godov XVI veka*. Moscow, 1958.

Smith, John Masson. "Mongol and Nomadic Taxation." *Harvard Journal of Asiatic Studies* 30(1970), pp.46-85.

Smith, Robert E. F. *The Origin of Farming in Russia*. Paris, 1959.

_____. *Peasant Farming in Muscovy*. Cambridge, England, 1977.

Soloviev, S. M. *Istoriia Rossii s drevneishikh vremen*. 15 vv. Moscow, 1963.

Spuler, Berthold. *Die Goldene Horde. Die Mongolen in Russland*. Leipzig, 1943; 2nd exp. ed., Wiesbaden, 1965.

_____. "Die Goldene Horde und Russlands Schicksal." *Saeculum* VI(1955), pp.397-406.

_____. *Die Mongolen in Iran: Politik, Verwaltung, und Kultur der Ilchanzeit, 1220-1350*. Leipzig, 1939; 2nd exp. ed., Berlin, 1955.

Sreznevskii, I. I. *Materialy dlia slovaria drevnerusskogo iazyka*, 3 vv. St. Petersburg, 1893-1912.

Stevenson, Burton, ed. *Macmillan Book of Proverbs, Maxims, and Famous Sayings*. New York, 1948.

Surruys, Henry. "Mongol Altan 'Gold' = Imperial." *Monumenta Serica* 21(1961), pp.357-378.

_____. "A Mongol Prayer to the Spirit of Činggis-qan's Flag." In Louis Ligeti, ed., *Mongolian Studies*(Bibliotheco Orientalis Hungarica, XIV. Amsterdam, 1970), pp.527-535.

Szamuely, Tibor. *The Russian Tradition*. New York, 1975.

Szczesniak, B. "A Note on the Character of the Tartar Impact upon the Russian State and Church." *Études Slaves et Est-Européens* 17(1972), pp.92-98.

Tataro-Mongoly v Azii i Evrope. sbornik statei, ed. S. L. Tikhvinskii. Moscow, 1970.

Tikhomirov, M. N. *Drevnerusskie goroda*. Moscow, 1956.

_____. "Vossozdanie russkoi pis'mennoi traditsii v pervye desiatiletiia Tatarskogo iga." *Vestnik istorii mirovoi kul'tury* 1957 #3, pp.3-13.

Troitskaia letopis'. Rekonstruktsiia teksta, ed. M. D. Priselkov. Moscow-Leningrad, 1950.

Tvorogov, O. V. "Redaktor XVII veka." In *Poetika i stilistika russkoi literatury. Pamiati akademika Viktora Vladimirovicha Vinogradova*. Leningrad, 1971, pp.44-52.

Ushakov, D. N. *Tolkovyi slovar' russkogo iazyka*. IV. Moscow, 1940.

Usmanov, M. A. "Ofitsial'nye akty khanstv Vostochnoi Evropy XIV-XVI vv. i ikh izuchenie", *Arkheograficheskii ezhegodnik za 1974*(1975), pp.117-135.

_____. *Zhalovannye akty Dzhuchieva ulusa, XIV-XVI vekov*. Kazan', 1979.

V.P.(= V. A. Parkhomenko), "Polovtsy i Rus'." *Slavia* 16(1939), pp.598-601.

Vásáry, István. "The Golden Horde Term 'Daruga' and Its Survival in Russia." *Acta Orientalia Academiae Scientiarium Hungaricae* XXX:2(1976), pp.187-197.

_____. "The Origin of the Institution of *Basqaqs*." *Acta Orientalia Academiae Scientiarium Hungaricae* XXXII:2(1978), pp.201-206.

Vel'iaminov-Zernov, V. V. *Issledovaniia o Kasimovskikh tsariakh i tsarevichakh*, 4 vv. Trudy Vostochnago Otdeleniia Russkago Arkheologicheskago Obshchestva, tt. 9-12. St. Petersburg, 1863-1887.

Vernadsky, George. "A propos des origines du servage de 'kabala' dans le droit russe." *Revue historique du droit français et étranger*, 4 ser., 14(1935), pp.360-367.

_____. *Ancient Russia*. Vol. 1 of George Vernadsky and Michael Karpovich, *A History of Russia*. New Haven, 1943.

_____. "Dva podviga sv. Aleksandra Nevskogo." *Evraziiskii vremennik* IV(1925), pp.318-337.

_____. "Ivan Groznyi i Simeon Bekbulatovich." In *To Honor Roman Jakob-*

son. Essays on the Occasion of His Seventieth Birthday, Vol. III. The Hague, 1967, pp.2133-2151.

_____. *Kievan Russia*. Vol. 2 of George Vernadsky and Michael Karpovich, *A History of Russia*. New Haven, 1948.

_____. *The Mongols and Russia*. Vol. 3 of George Vernadsky and Michael Karpovich, *A History of Russia*. New Haven, 1953. [한글 번역본은 게오르기 베르낫스키 지음, 『몽골제국과 러시아』, 김세웅 옮김, 선인, 2016.]

_____. *Nachertanie russkoi istorii*. ch. 1. Prague, 1927.

_____. *O Sostave velikoi Yasy Chingis khana*. Studies in Russian and Oriental History, ed. G. Vernadsky, #1. Brussels, 1939.

_____. "The Scope and Contents of Chinghis Khan's Yasa." *Harvard Journal of Asiatic Studies* 3(1938), pp.337-360.

_____. "Zolotaia orda, Egipet i Vizantiia v ikh vzaimootnosheniiakh v tsarstvovanii Mikhaila Paleologa." *Seminarium Kondakovianum* 1(1927), pp.73-84.

Veselovskii, N. I. "Perezhitki nekotorykh tatarskikh obychaev u russkikh." *Zhivaia starina* 21(1912), pp.27-38.

_____. "Tatarskoe vliianie na posol'skii tseremonial v moskovskii period russkoi istorii." *Otchet Sv. Peterburgskago Universiteta za 1910*, pp. 1-19, 그리고 별개의 단행본, St. Petersburg, 1911.

Veselovskii, S. V. *Issledovaniia po istorii klassa sluzhilykh zemlevladel'tsev*. Moscow, 1969.

_____. *Onomastikon. Drevnerusskie imena, prozvishcha, i familii*. Moscow, 1974.

Vladimirtsev, B. Ia. *Obshchestvennyi stroi Mongolov: Mongol'skii kochevoi feodalizm*. Leningrad, 1934.[한글 번역본은 블라디미르초프, 『몽골사회제도사』, 주채혁 옮김, 대한교과서, 1990.]

Voegelin, E. "Mongol Orders of Submission to European Powers, 1245-1255." *Byzantion* 15(1941), pp.378-413.

Voinskie povesti drevnei Rusi, ed. V. P. Adrianova-Peretts. Moscow-Leningrad, 1949.

von Mohrenschildt, Dimitri S. *Russia in the Intellectual Life of Eighteenth-*

Century France. New York, 1936.

Vryonis, Speros, Jr. "The Byzantine Legacy and Ottoman Forms." *Dumbarton Oaks Papers* 23-24(1969-1970), pp.253-308.

_____. "Byzantium and Islam, Seventh-Seventeenth Centuries." *East European Quarterly* 2(1968), pp.205-240.

Waley, Arthur. *The Secret History of the Mongols and Other Pieces*. London, 1963.[몽골비사의 한글 번역본은 『몽골비사』, 유원수 역주, 사계절, 2004; 박원길·김기선· 최형원, 『몽골비사의 종합적 연구』, 민속원, 2006.]

_____. *The Travels of an Alchemist. The Journey of the Taoist Ch'ang-ch'un from China to the Hindukush at the Summons of Chinghiz Khan, Recored by his Disciple Li Chih-ch'ang*. London, 1931, rpt. Westport, Conn., 1976.

Widmer, Eric. *The Russian Ecclesiastical Mission in Peking During the Eighteenth Century*. Cambridge, Mass. and London, 1976.

Wittfogel, Karl August. *Oriental Despotism. A Comparative Study of Total Power*. New Haven, 1957.[한글 번역본은 비트포겔, 『동양적전제주의東洋的專制主義: 총체적總體的 권력權力의 비교연구比較研究』, 구종서 옮김, 법문사, 1991.]

_____. "Russia and the East: A Comparison and Contrast." *Slavic Review* 22:4(December, 1963), pp.627-643, 656-662.

Zakirov, Salikh. *Diplomaticheskie otnosheniia Zolotoi Ordy s Egipetom*(13-14 vv.). Moscow, 1966.

Zdan, Michael. "The Dependence of Halych-Volyn' Rus' on the Golden Horde." *Slavonic and East European Review* 35:85(June, 1957), pp.505-522.

Zernack, Klaus. *Die burgstädtischen Volksversammlungen bei den Ost- und Westslawen. Studien zur verfassungsgeschichtlichen Bedeutung des Veče*. Osteuropastudien der Hochschulen des Landes Hessen. Reihe I. Giessiner Abhandlungen zur Agrar- und Wirtschaftsforschungen der Europaischen Ostens. Band 33; Wiesbaden, 1967.

Zimin, A. A. "Formirovanie istoricheskikh vzgliadov V. O. Kliuchevskogo v 60-e gody XIX v." *Istoricheskie zapiski* 69(1961), pp.178-196.

_____. "Narodnye dvizheniia 20-kh godov XIV veka i likvidatsiia sistemy baskachestva v Severo-Vostochnoi Rusi." *Izvestiia A. N. SSSR*, seriia istorii i filosofii. IX:1(1952), pp.61-65.

13세기 초, 몽골 초원에서 칭기즈칸이라는 걸출한 인물이 등장하여 몽골 제국을 세웠다. 이 제국은 짧은 시간 동안 광범한 유라시아 대륙을 군사적으로 정복했고, 몽골의 정복 이후 세계사는 이전과는 완전히 다른 방향으로 진행되었다. 특히 당시 고도로 발전한 정주 문명이었던 중국과 페르시아의 경우에는 생태 환경부터 전혀 다른 유목민들의 침입으로 인해, 또한 그들의 통치를 받으면서 상당한 역사적 변화를 경험할 수밖에 없었다. 그래서 역사가들은 이러한 변혁을 일으킨 몽골 제국에 주목하게 되었고, 몽골의 유산遺産이 무엇인지에 대한 연구를 진행해왔다. 그 노력으로 인해 중국의 몽골 정권인 원나라, 페르시아의 몽골 정권인 일 칸국에 대해서 다양한 역사적 사실들이 밝혀질 수 있었다.

　하지만 러시아의 경우에는 그렇지 못했다. 중국이나 페르시아와는 달리 러시아에서 몽골족은 상주常住하면서 통치를 하지 않았기 때문이다.

직접 몽골의 통치를 받았던 중국·페르시아 관료들이 몽골과 관련된 직접적인 자료를 남길 수 있었던 반면, 러시아 연대기들은 '침묵의 이데올로기'에 의존하면서 역사적 사실을 왜곡하여 기록했다. 이로 인해 역사가들은 러시아에 대한 몽골의 지배가 상세하게 서술되어 있지 않은 기록들 속에서 우연히 드러난 틈을 어렵게 찾아내야만 하는 상황에 놓이게 되었다. 그러나 그 틈을 찾아낸 역사가들은 그리 많지 않았고 대부분은 몽골의 러시아 지배를 부정적인 방향으로만 바라보았다. '타타르의 멍에Tatar Yoke'라고 하는 유명한 용어가 상징하는 바는 러시아 역사에 전형적인 고정관념으로 자리를 잡았던 것이다.

시야를 더욱 확대해보면, 몽골 제국 전체에 대한 기존의 관점 역시 대부분 부정적이었다고 할 수 있다. 몽골 군대가 자행한 파괴와 학살은 분명한 사실이었고, 정복 이후는 상당히 고통스러운 시기로 기록되고 있기 때문이다. 중국과 페르시아에 남겨진 방대한 분량의 기록도 피정복자의 입장에서 본 몽골의 통치를 그다지 긍정적으로 서술하지는 않았다. 러시아의 기록들도 마찬가지였다. 몽골의 영향을 받거나 우호적인 교류가 있었던 부분은 다 생략해버리고, 부정적인 이미지를 각인시킬 수 있는 내용들만 남겨놓았던 것이다. 이러한 기록들을 액면 그대로 받아들이다 보니 자연스럽게 몽골 제국의 역사를 바라보는 시선도 이에 영향을 받을 수밖에 없었다. 하지만 학문적 연구가 충실하게 진행되면서 몽골 제국을 바라보는 관점에도 변화가 나타났다. 이른바 '팍스 몽골리카'(몽골에 의한 평화)라는 용어까지 등장하면서 몽골 제국이 세계사에 끼친 긍정적인 영향을 적극적으로 분석하기 시작한 것이다. 그래서 단일한 유라시아 제국의 등장으로 인한 동서 문화 교류의 활성화, 안정된 정치 등에 주목하면서 기존의 사료들을 다르게 해석할 수 있게 되었다. 이러한 새로운 경향의 확산에 일조한 이 책은 몽골 제국의 러시아 지배에 대한 기존의 관점을 비판하고 새로운 차원에서 '침묵의 이데올로기'에 빠진 러시아 사료들에 접근하는 모습을 보여주고 있다. 그러면서 몽골의 러시아 지배가 단지 '멍에'의 차원에만 머물렀던 것이 결코 아니었음을 알려주고 있다.

또한, 이 책은 몽골 제국이 등장하기 이전 중세의 민족-종교적 접경지대가 보유하고 있는 성격을 언급하면서 서로 다른 민족 사이의 우호적인 교류와 협력의 모습들을 바라보아야 함을 역설하고 있다. 중세의 기독교도와 무슬림 간 접촉에서 발생했던 우호적인 내용들을 종교적인 이유 때문에 숨겨야만 했던 것처럼, 러시아도 이와 비슷하게 몽골과의 관계에서 긍정적인 부분들은 최대한 기록에 남기지 않으려고 했다는 것이다. 러시아는 몽골 제국을 상대하기 전에도 초원 유목민들과 관계를 맺고 그들에 대해 잘 알고 있었지만, 그러한 사실을 드러내놓고 기록하지는 않았다. 비록, 몽골족은 러시아가 새로 접한 민족이었지만 유목민들과 교류해본 경험이 있었던 러시아 사람들은 이전과 똑같은 방식으로 행동하면서 편향적인 기록만을 남겨두었던 것이다. 그래서 이 책의 저자는 '침묵의 이데올로기'에 빠진 러시아의 기록들을 비판적 거리를 두고 바라봤으며, 민족-종교적 접경지대의 특징을 염두에 두면서 양자의 관계가 항상 적대적인 것은 아니었고 그보다 훨씬 복잡하고 다면적인 모습을 보였다는 점을 강조했다.

이 책의 저자가 관점의 변화를 통해 몽골의 러시아 지배 역사를 새롭게 서술한 것은 매우 큰 의미가 있다. 그러나 아직도 극복해야 할 것이 많이 남아 있다. 그 예로 러시아를 지배한 몽골 국가의 이름에 대해 언급해보고자 한다. 일부 기록에는 몽골의 러시아 원정 총사령관이었던 바투가 황금색 장막을 사용했다는 이유로 그가 세운 국가를 금장한국金帳汗國이라고 칭했고, 이를 받아들여 영어로는 'Golden Horde'라는 용어가 사용되었다. 하지만 이 명칭은 13세기 당시의 것이 아니라 훗날의 사람들이 만들어낸 것이었다. 그리고 금장한국이라는 단어에는 바투가 이 국가를 건설했다는 의미가 포함되어 있지만, 바투는 그의 아버지인 주치(칭기즈칸의 장남)가 받은 영토를 물려받고 이를 확장했다고 보는 것이 더욱 정확하다. 그래서 최근 일부 연구자는 금장한국이라는 용어 대신에 '주치의 국가' 혹은 '바투의 국가'라는 뜻의 몽골어 '주치 울루스' '바투 울루스'라는 표현을 사용하고 있다. 이미 'Golden Horde'라는 명칭이 일반화되어 있는 실정이지만, 용어에 대한 재검토를 통해 몽골 제국사와 러시아사를 다시 살펴보는 작업은 분명 중요한 의의를 지닌다고 할 수 있다.

한편, 우리나라에서는 금장한국보다는 '킵차크 칸국'이라는 명칭이 널리 사용되고 있는 것 같다. 하지만 킵차크 칸국이라는 명칭에도 문제는 존재한다. 이는 킵차크 초원을 중심에 둔 국가라는 의미밖에는 전달하지 못하고 있기 때문이다. 또한, 몽골 제국이 정복한 민족의 이름인 킵차크가 몽골 국가의 명칭으로 사용된다는 것도 사실 너무 어색하다. 이렇게 어색함에도 불구하고 현재 통용되고 있는 킵차크 칸국이라는 용어를 그대로 사용할 수밖에 없다는 점은 몽골의 러시아 지배에 대해서 알려지지 않거나 정확하게 정의되지 않은 부분들이 아직도 상당히 많음을 보여주고 있다. 앞으로 이 시대의 역사에 대한 새로운 사실과 관점들이 계속 발굴되기를 기대하게 되는 이유다.

이 책은 아직까지 우리나라에 본격적으로 소개된 적도 없었고 여전히 미지의 공간으로 가득 차 있는 '킵차크 칸국' 관련 연구서라는 점에서 충분한 가치가 있다. 몽골 제국 역사의 심층적 분석을 위해서는 흔히 4칸국이라고 칭해지는 원나라, 일 칸국, 킵차크 칸국, 차가타이 칸국에 대해서 알아야 할 필요가 있는데, 현재까지의 몽골 제국사 연구는 주로 원나라와 일 칸국에 집중되었다. 킵차크 칸국을 다룬 이 책이 몽골 제국의 광범위함과 중세 러시아사에 대한 새로운 관점을 만들어줄 신선한 계기가 되었으면 하는 바람이다. 그리고 이 책이 몽골 제국사에 대한 관심을 러시아사와 관련하여 환기시킬 수 있다면 그것만으로도 충분히 역할을 수행한 것이라고 생각한다. 또한, 이 책의 저자가 집필한 다른 책인 『타타르의 멍에Tatar Yoke』의 개정판(Slavica Publishers, 2009)과 일본 학자 구리우자와 다케오栗生澤猛夫의 저서 『타타르의 멍에: 러시아사에서 몽골 지배의 연구タタールのくびき: ロシア史におけるモンゴル支配の研究』(도쿄대학출판회, 2007) 등을 같이 참고한다면 많은 도움을 받을 수 있을 것이다. 그리고 조지 베르나츠키George Vernadsky의 저작 『몽골제국과 러시아』(선인, 2016)의 한글 번역서 역시 참고의 가치가 있다. 앞으로 몽골 제국 및 킵차크 칸국에 관한 연구가 더욱 활발해질 수 있기를 기대한다.

끝으로, 이 책이 출간될 수 있도록 도움을 주신 분들에게 감사의 말을 드려야 할 것 같다. 우선, 이 책의 번역을 기획하시고 많이 부족한 역자에게 공부의 기회를 주신 노만수 선생님께 감사드린다. 또, 책이 깔끔하게 나올 수 있도록 편집과 교정에 힘을 써주신 글항아리의 강성민 대표님과 관계자 분들께도 감사드린다. 그리고 역자가 몽골 제국의 다양한 역사상을 배울 수 있도록 몽골 제국에 관한 각종 연구를 발표하시는 세계 학계의 여러 선생님께 고개 숙여 존경과 감사의 인사를 드리고 싶다. 마지막으로, 무엇보다도 필자의 공부를 묵묵히 그리고 아낌없이 응원해 주시는 부모님께도 감사하고 사랑한다는 말씀을 꼭 드리고 싶다.

2020년 1월
홍릉연구실에서
권용철

킵차크 칸국
중세 러시아를 강타한 몽골의 충격

1판 1쇄 2020년 6월 8일
1판 2쇄 2020년 6월 30일

지은이 찰스 핼퍼린
옮긴이 권용철
펴낸이 강성민
편집장 이은혜
기획 노만수
마케팅 정민호 김도윤 고희수
홍보 김희숙 김상만 지문희 우상희 김현지

펴낸곳 (주)글항아리 | 출판등록 2009년 1월 19일 제406-2009-000002호
주소 10881 경기도 파주시 회동길 210
전자우편 bookpot@hanmail.net
전화번호 031-955-2682(편집부) 031-955-2696(마케팅)
팩스 031-955-2557

ISBN 978-89-6735-765-8 03920

글항아리는 (주)문학동네의 계열사입니다.

이 도서의 국립중앙도서관 출판예정도서목록(CIP)은 서지정보유통지원시스템 홈페이지(http://seoji.
nl.go.kr)와 국가자료종합목록 구축시스템(http://kolis-net.nl.go.kr)에서 이용하실 수 있습니다.
(CIP제어번호 : CIP2020014760)

잘못된 책은 구입하신 서점에서 교환해드립니다.
기타 교환 문의: 031) 955-2661, 3580

geulhangari.com